Die deutsch-schottischen Wurzeln
von
Donald Trump
45. Präsident der USA

Die deutsch-schottischen Wurzeln
von
Donald Trump
45. Präsident der USA

Bibliografische Information der Deutschen Nationalbibliothek:
Die Deutsche Nationalbibliothek verzeichnet diese Publikation in der
Deutschen Nationalbibliografie; detaillierte bibliografische Daten
sind im Internet über http://dnb.dnb.de abrufbar.

Bibliographic information from the German National Library:
The German National Library lists this publication in the German
National Bibliography; detailed bibliographic data can be found on
the website at http://dnb.dnb.de

© 2017 Dr. Klaus H. Wachtmann
e-mail: wachtmann@web.de

Herstellung und Verlag / Production and Publishing:
BoD – Books on Demand, Norderstedt, Deutschland / Germany

ISBN: 978-3-7431-75969
1. Auflage / 1st edition
April 2017

Inhaltsverzeichnis

I	Einleitung	7
II	Quellen...	9
III	Übersicht..	11
IV	Generation I...	29
V	Generation II (Eltern)..	30
VI	Generation III (Großeltern).......................................	31
VII	Generation IV (Urgroßeltern)...................................	35
VIII	Generation V...	45
IX	Generation VI	62
X	Generation VII..	75
XI	Generation VIII	93
XII	Generation IX	114
XIII	Generation X	135
XIV	Generation XI	154
XV	Generation XII	166
XVI	Abstammung von König Edward III. v. England......	177
XVII	Ahnengemeinschaft mit Henry J. Heinz (1844-1919)	190

I
Einleitung

Mit seinen deutsch-schottischen Wurzeln verkörpert Donald Trump, der 45. Präsident der USA, die Einwanderungserfahrung in die USA.

Sein Vater Frederick Christ (Fred) Trump hat deutsche Wurzeln. Dessen Eltern Friedrich (Fred) Trump (1868-1918) und Elisabeth Christ (1880-1966) wurden beide in Kallstadt unweit von Dürkheim geboren, damalig ein Dorf mit ca. 1.000 Einwohner zum Königreich Bayern gehörend.

Heute wohnen in dem kleinen idyllischen Weinstädtchen Kallstadt an der Weinstraße, gelegen an der ältesten deutschen Ferienstraße, ca. 1.200 Einwohner und es gehört nun zum Bundesland Rheinland-Pfalz. Aus diesem Städtchen stammt übrigens auch die in die USA ausgewanderte Ketchup-Unternehmerfamilie Heinz, mit der die Familie Trump auch verwandschaftlich verbunden ist. Diese Verwandtschaft wird im letzten Kapitel dieses Buchs näher beleuchtet.

1885 im Alter von 16 Jahren wandert Friedrich (Fred) Trump (1868-1918) von Kallstadt in de USA aus. Von New York ging es mit dem Goldrausch ins Yukon-Gebiet im Nordwesten Kanadas, an der Grenze zu Alaska. 1901 besuchte Friedrich (Fred) Trump seine alte Heimatstadt Kallstadt und verliebte sich in Elisabeth Christ, die er 1902 in Ludwigshafen heiratete. Sie zieht zu ihm in die USA und lebt mit ihm in New York. Sie hat zeitlebens eine starke Verbindung zu ihrer alten Heimat und feiert 1960 ihren 80. Geburtstag in Kallstadt.

Seine Mutter Mary Anne MacLeod hat schottische Wurzeln. Sie kommt von der Isle of Lewis in den Äußeren Hebriden, die vor der Nordwestküste Schottlands liegen. Ihr Vater Malcom MacLeod (1866-1954) war dort Fischer und heiratete die dort beheimatete Mary Smith (1867-1963). Noch immer ist diese Gegend vom Fischen dominiert, neuerdings gibt es auch einen wachsenden Tourismus. Sie wandert 1930 von Schottland in die USA aus.

I
Einleitung

Zahlreiche Vorfahren von Donald Trump, auf deutscher wie auch auf schottischer Seite, konnten bis zur 12. Generation zurückverfolgt werden und stellen nach Generationen geordnet den überwiegenden Teil des Buches dar. Von einigen Vorfahren wurden auch deren Geschwister sowie Nichten und Neffen ermittelt.

Zudem wird im vorletzten Kapitel die Abstammung Donald Trumps vom englischen König Eduard III. v. England (1312-1377) über 22 Generationen hinweg aufgezeigt.

Hierbei erfolgt die Numerierung der Ahnen nach dem Kekule-System. Der Proband, somit Donald Trump, erhält die Nummer 1. Die weiteren Nummern berechnet man dadurch, dass jeder Vater einer Person den doppelten Wert erhält, jede Mutter einer Person den doppelten Wert plus 1 erhält. Also erhält der Vater von Donal Trump die Nummer 2, seine Mutter die 3. Die Großeltern erhalten somit die Nummern 4 und 5 auf der väterlichen Seite und die Nummern 6 und 7 auf der mütterlichen Seite. Alle männlichen Vorfahren des Probanden haben im Kekule-Nummerierungssystem gerade Zahlen, alle weiblichen ungerade.

Diese Nummerierungsmethode wird weltweit genutzt und ist auch bekannt als Eytzinger Methode, von Michaël Eytzinger, ein in Österreich geborener Historiker, der die Grundlagen des Systems 1590 publizierte[1].

Eytzingers Metode wurde auch von Jerónimo de Sosa in seinem Werk „Noticia de la gran casa de los marqueses de Villafranca" von 1676 verwendet und populär durch den von Stephan Kekule v. Stradonitz 1898 publizierten „Ahnentafel-Atlas"[2].

---

[1] Michael Eytzinger (~1530-1598) • Thesaurus principum hac aetate in Europa viventium • Köln, 1590 • Beschreibung und Illustration seiner neuen Nummerierungsmethode an Hand von Genealogien von 42 europäischen Herrscherhäusern

[2] Stephan Kekule v. Stradonitz (1863-1933) • Ahnentafel-Atlas. Ahnentafeln zu 32 Ahnen der Regenten Europas und ihrer Gemahlinnen • Berlin, J. A. Stargardt, 1898-1904

II
Quellen

Gedruckte Literatur

- R. Gordon • „A Genealogical History of the Earldom of Sutherland" (1813) • Edinburgh
- R. MacKay • „History of The House and Clan of MacKay" (1829) • Edinburgh
- D. M. Rose • „Historical notes; or Essays on the 15 and 45" (1897) • Edinburgh
- H. G. Forney • „The Descendants of Johann Adam Forney 1557-1963"
- K. H. Wachtmann • Dossier Clan MacLeod, Schottland (1999)
- K. H. Wachtmann • Dossier Familien in Kallstadt wie Heinz/Trump (2005)
- K. H. Wachtmann • The Roots of Donald Trump - 45th President of the United States (2017) • ISBN: 978-3-7431-5263-2

Kirchenbücher

- Katholische Kirchenbücher und Register, beinhaltend Taufen, Eheschließungen und Bestattungen
- Evangelische Kirchenbücher und Register, beinhaltend Taufen, Eheschließungen und Bestattungen

Genealogiedatenbanken

- www.familysearch.org • The Church of Jesus Christ of Latter-day Saints

II
Quellen

- www.ancresty.de • Ancestry Information Operations Unlimited Company, Ireland

- http://wc.rootsweb.ancestry.com • Ancestry Information Operations Unlimited Company, Ireland

- gedbas • Verein für Computergenealogie e.V., Dortmund

- FindAGrave.com • Find A Grave Inc., Lehi/UT

Internetbasierte Informationen

- verfügbare und allgemein zugängliche Informationen veröffentlicht im Internet auf individuellen Seiten oder auf Plattformen

III
Übersicht

Zahlreiche Vorfahren von Donald Trump, auf deutscher wie auch auf schottischer Seite, konnten bis zur 12. Generation zurückverfolgt werden.

Bis zur Generation VI konnten alle Vorfahren vollständig identifiziert werden.

Tab.: Vorfahren der Generation I-XII.

Generation	Anz. der möglichen Ahnen	Anz. der identifizierten Ahnen	Anteil der identifizierten Ahnen	Beziehung
I	1	1	100 %	
II	2	2	100 %	Eltern
III	4	4	100 %	Großeltern
IV	8	8	100 %	Urgroßeltern
V	16	16	100 %	Ur-Urgroßeltern
VI	32	32	100 %	
VII	64	32	50 %	
VIII	128	40	31 %	
IX	256	55	21 %	
X	512	58	11 %	
XI	1024	50	5 %	
XII	2048	34	2 %	

III
Übersicht

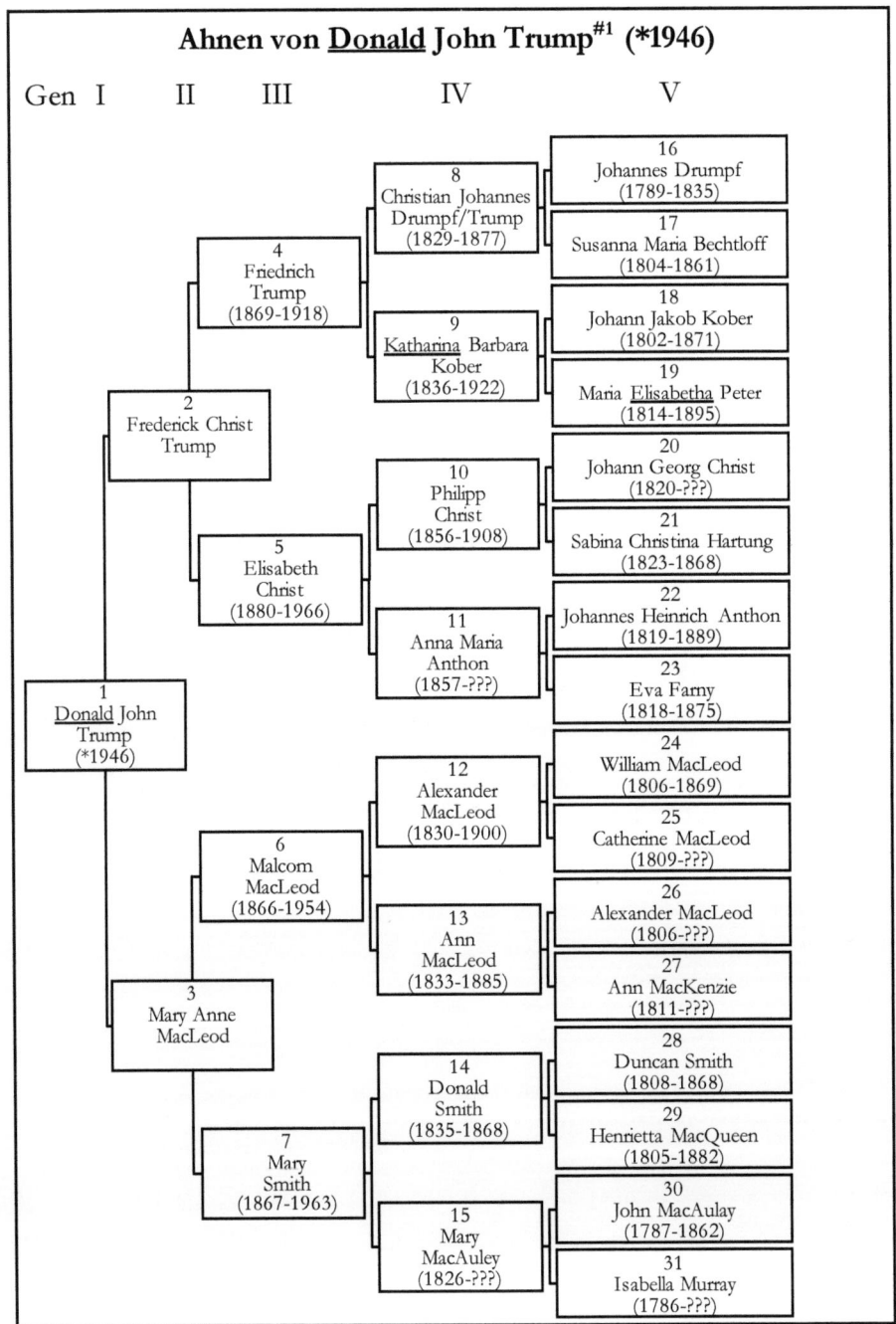

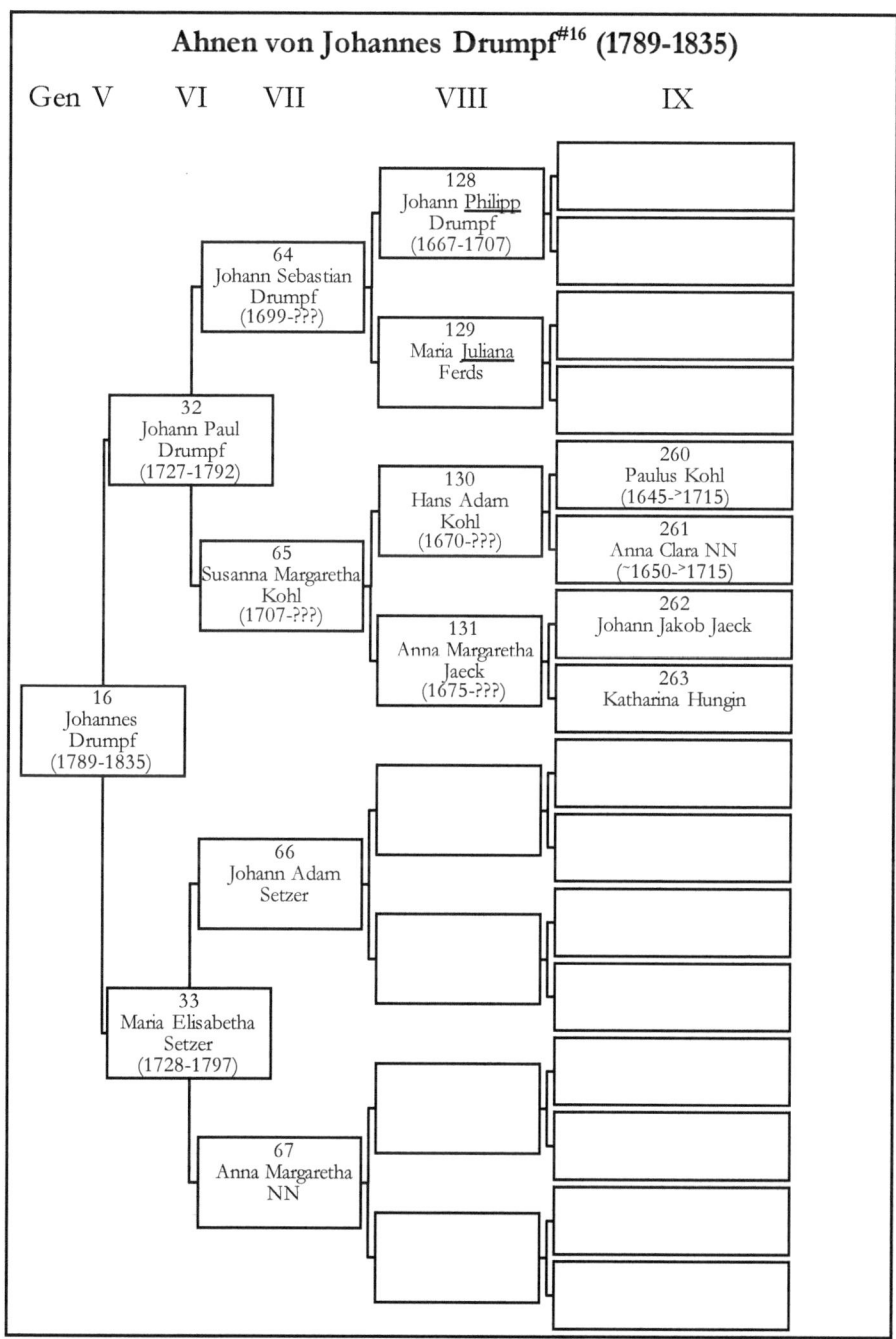

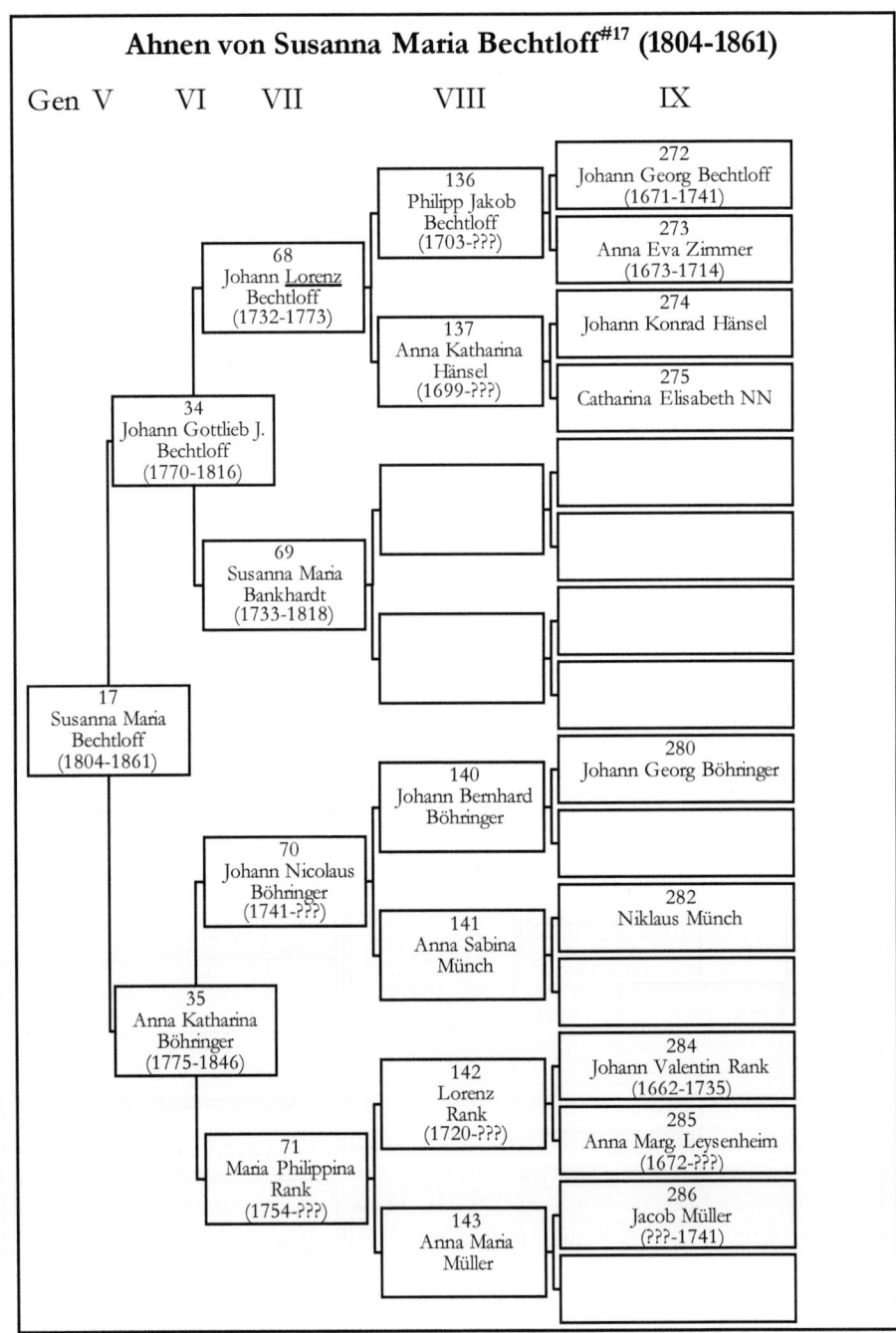

III
Übersicht

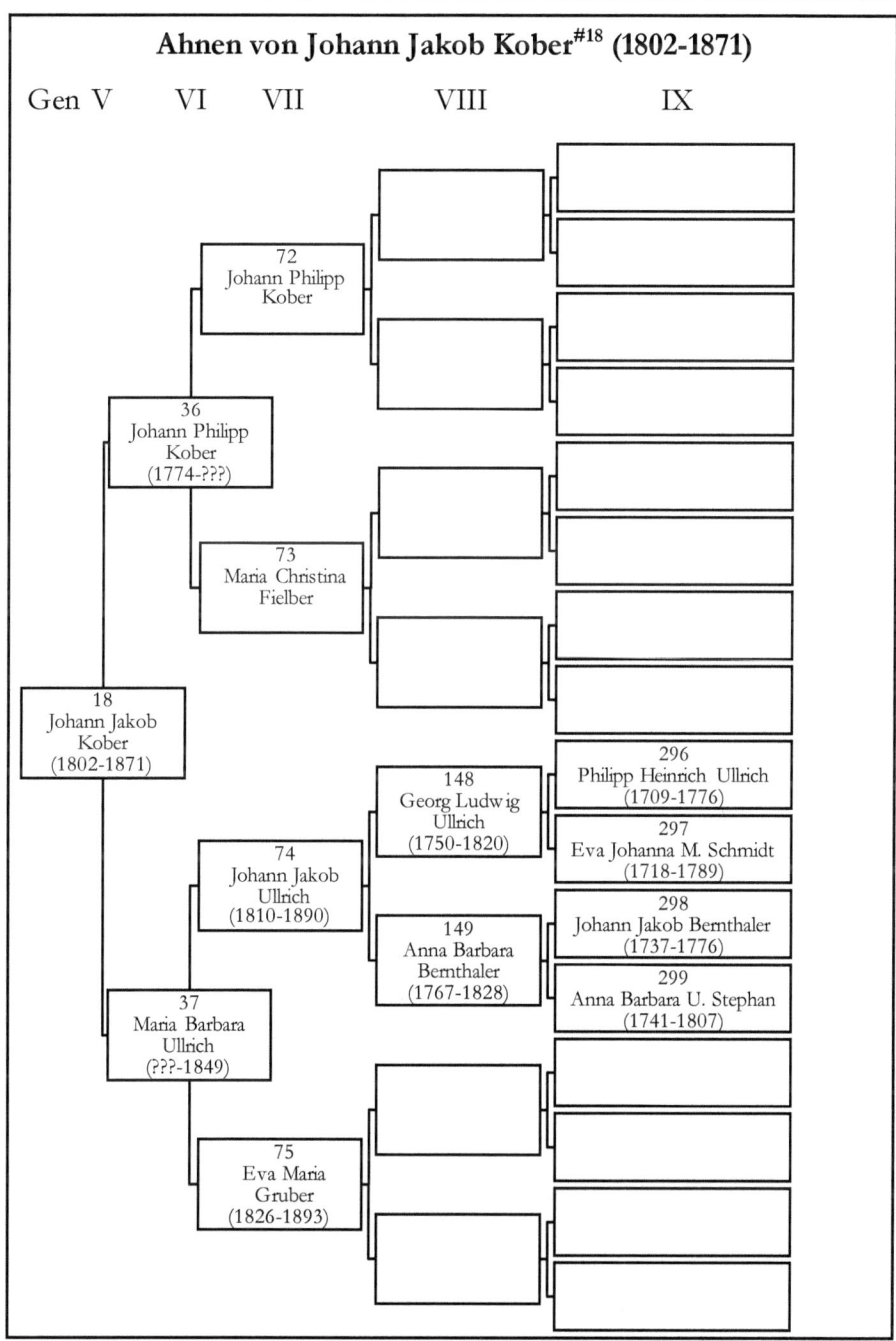

III
Übersicht

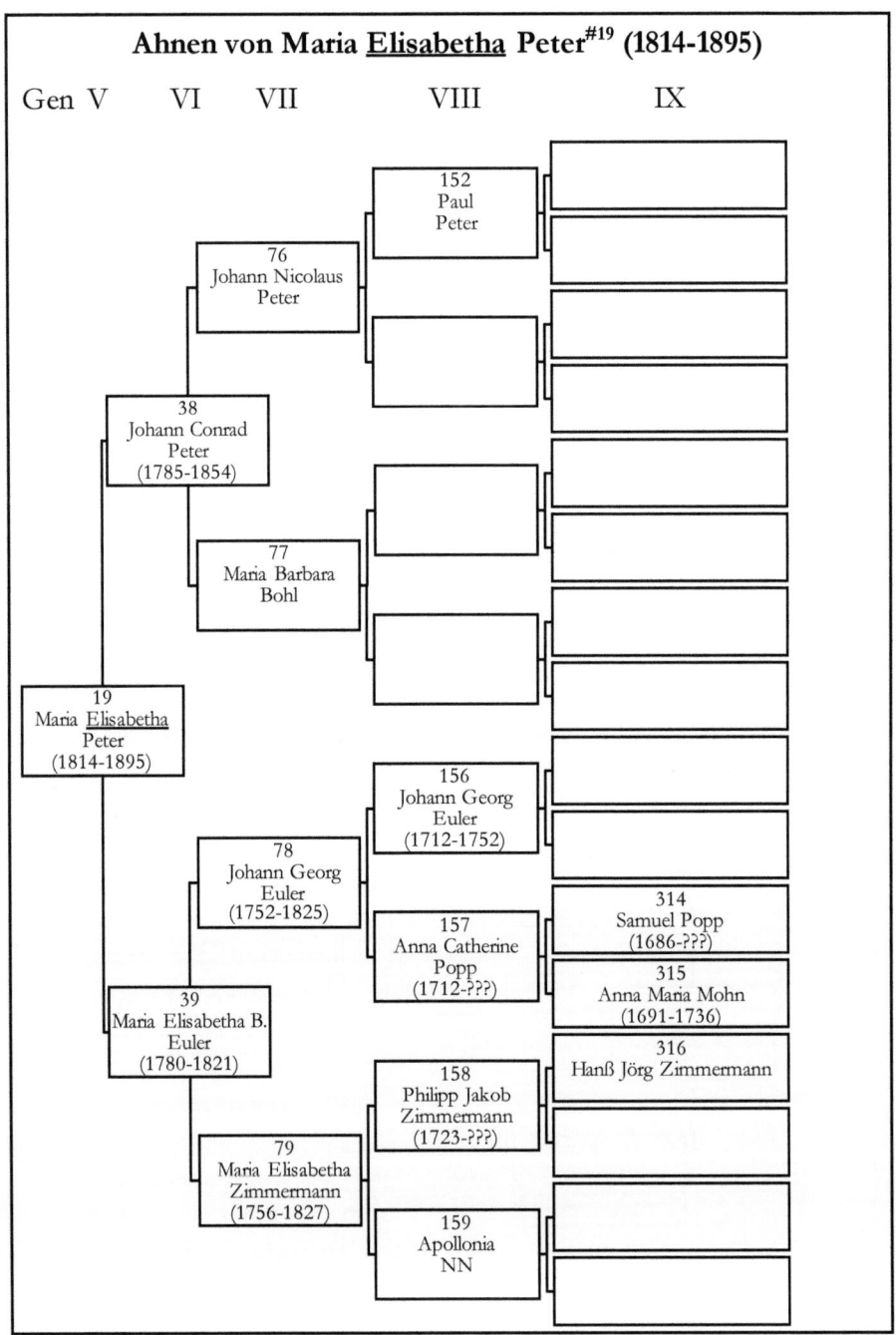

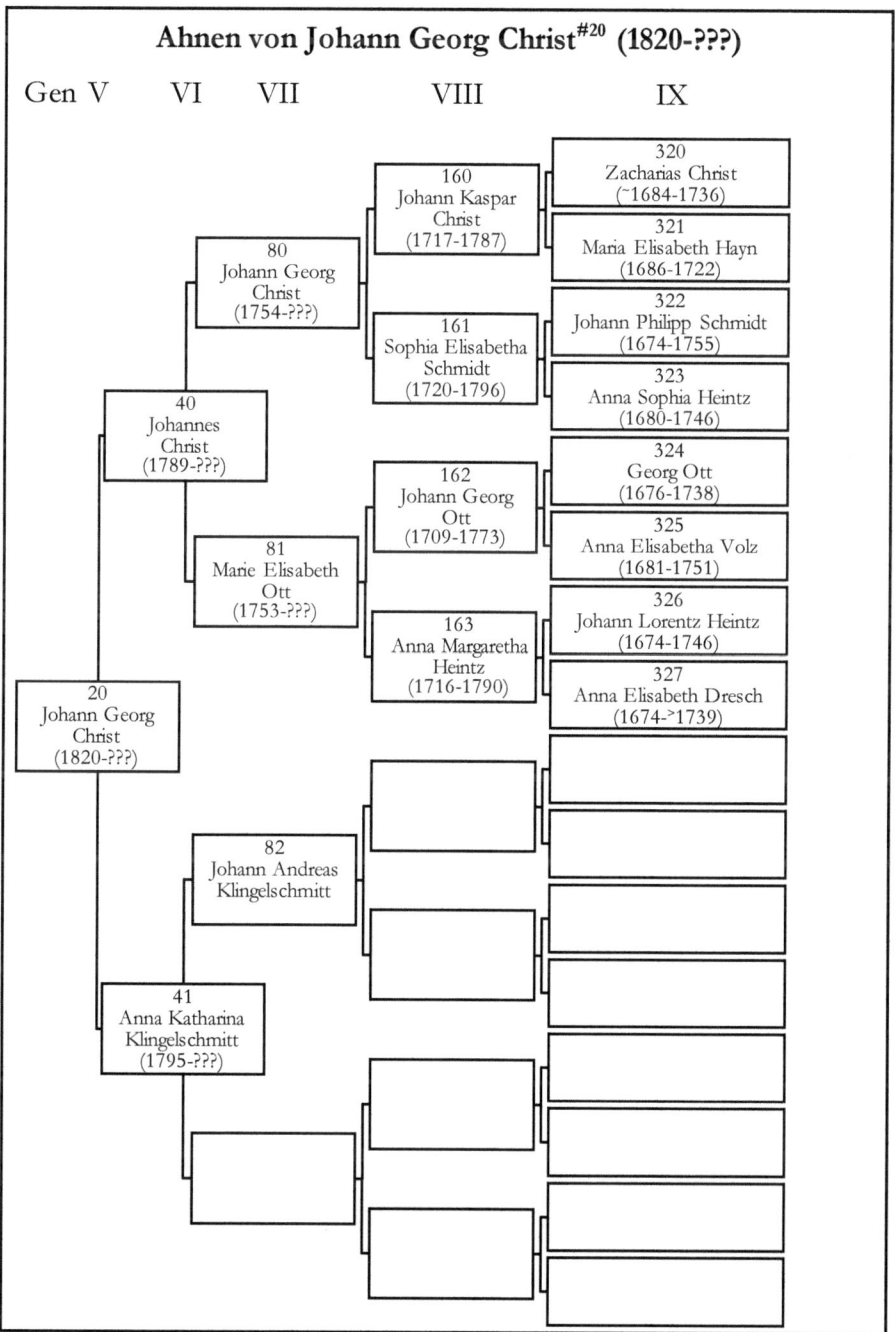

III
Übersicht

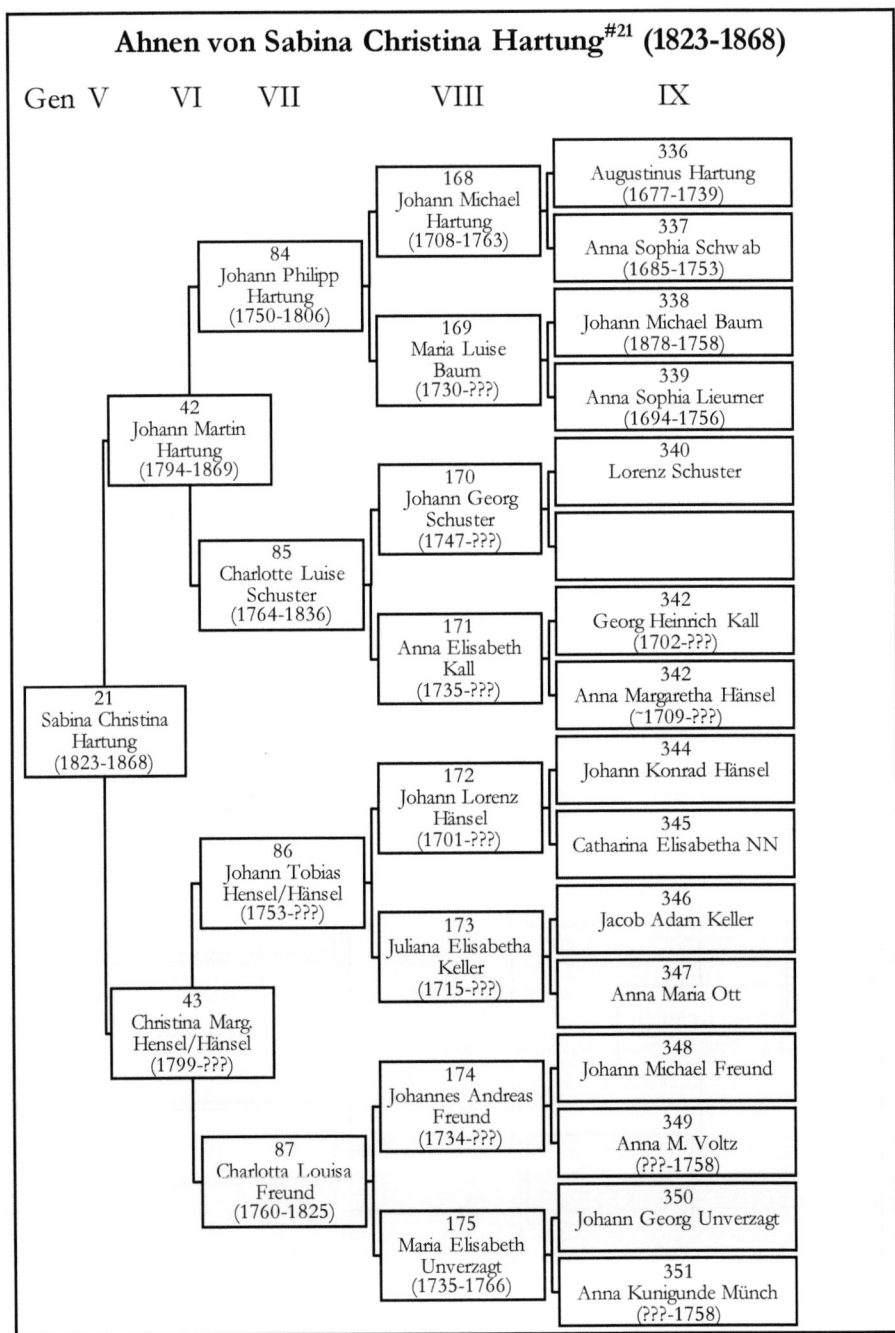

III
Übersicht

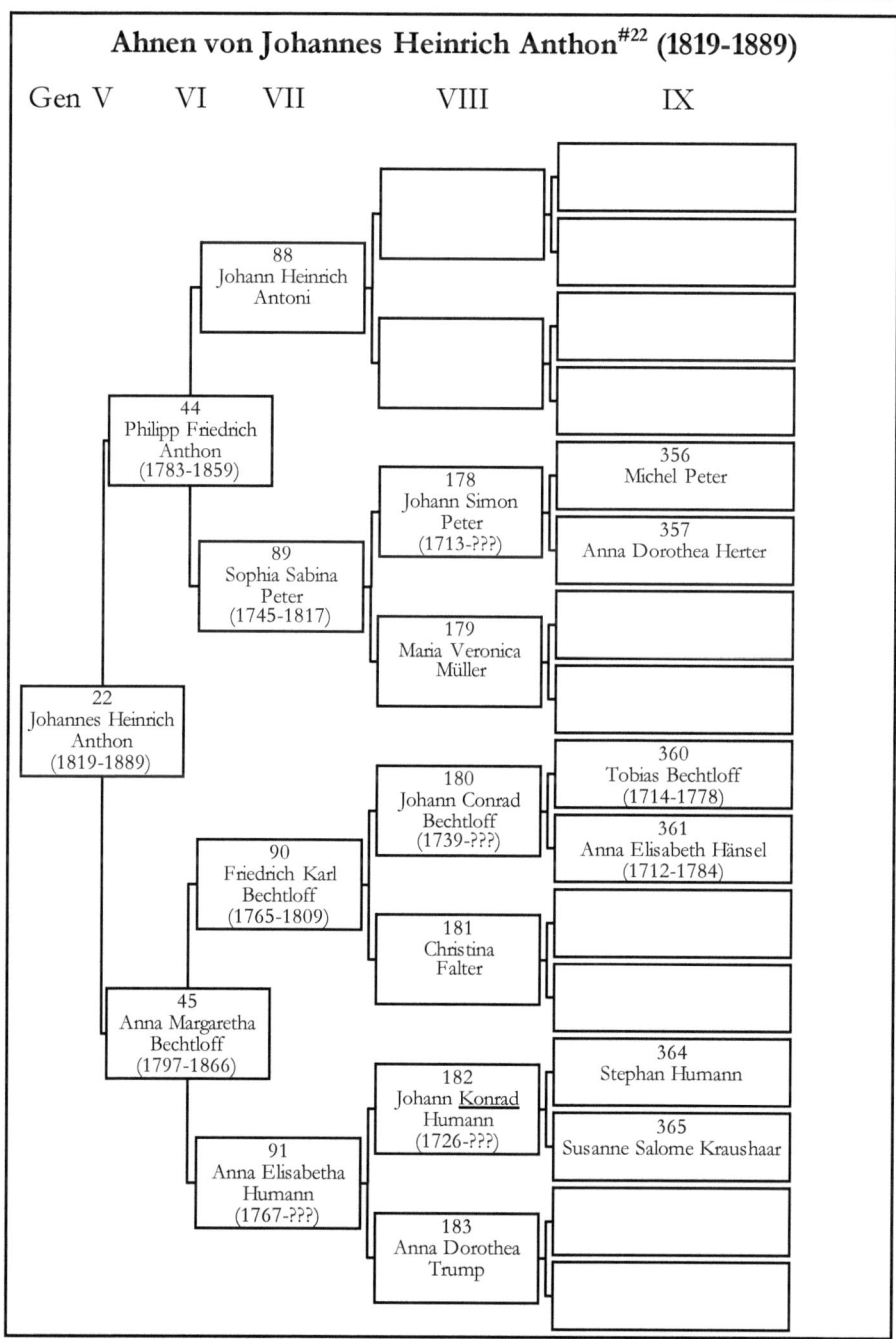

III
Übersicht

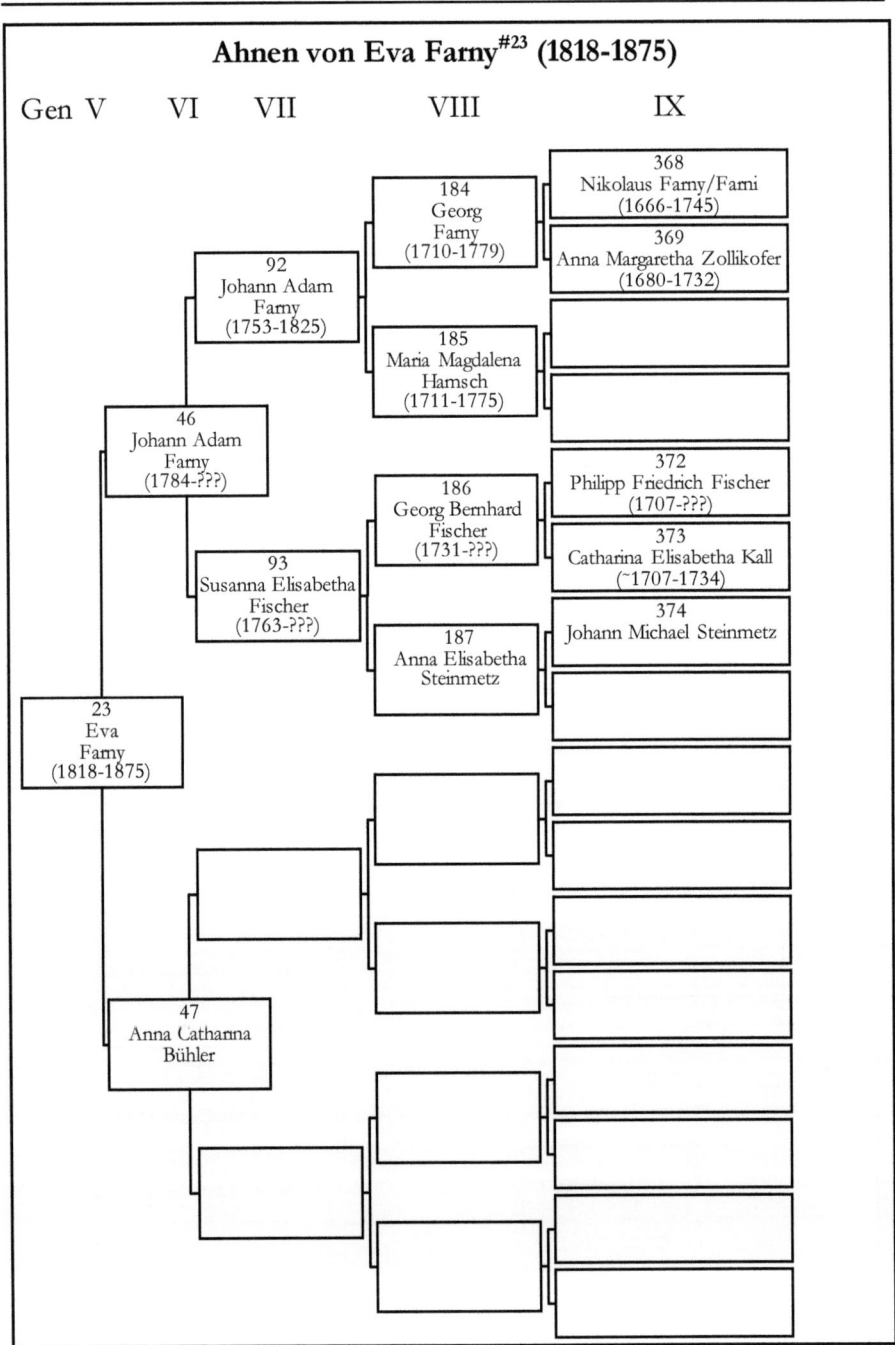

III
Übersicht

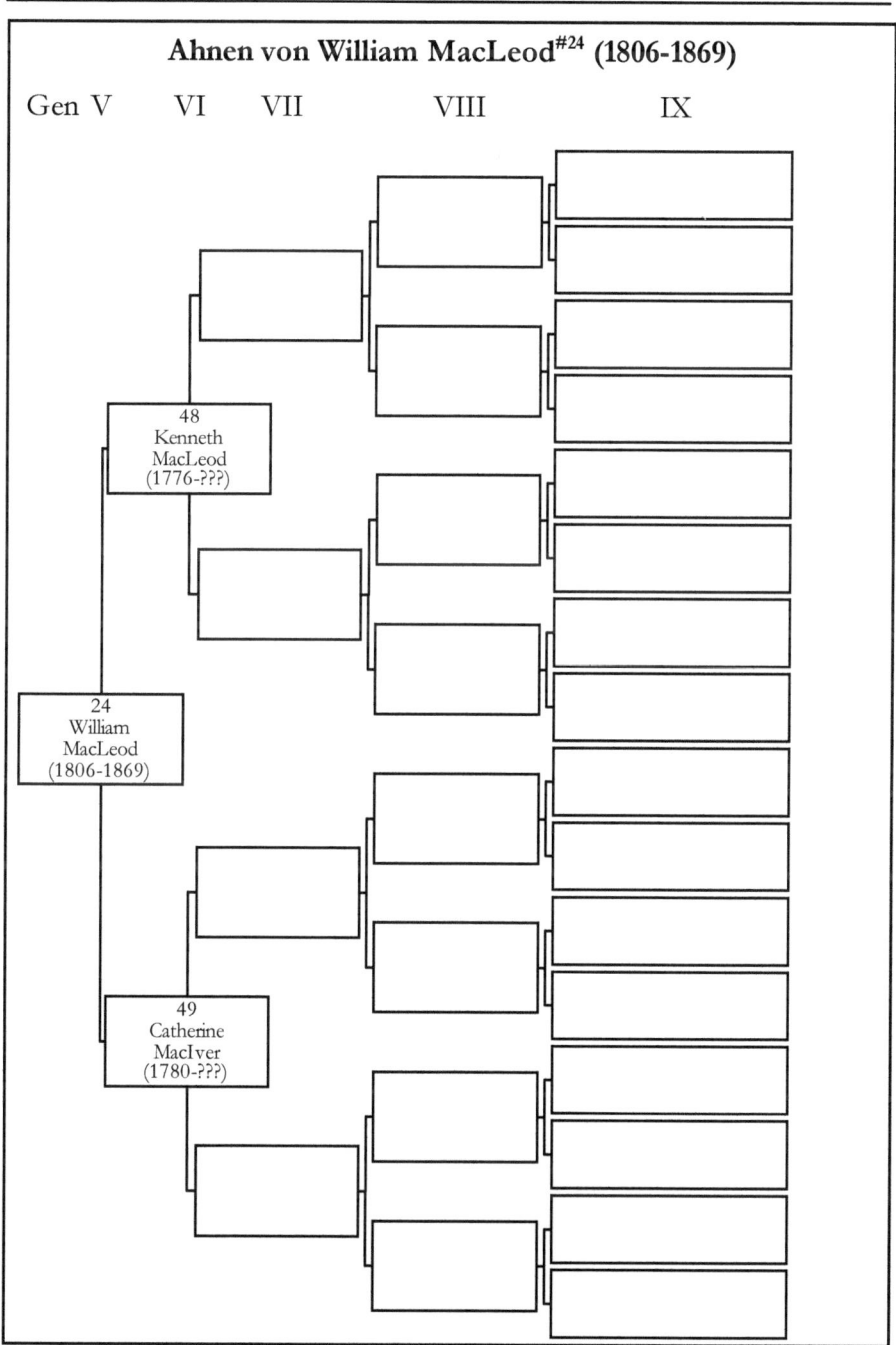

III
Übersicht

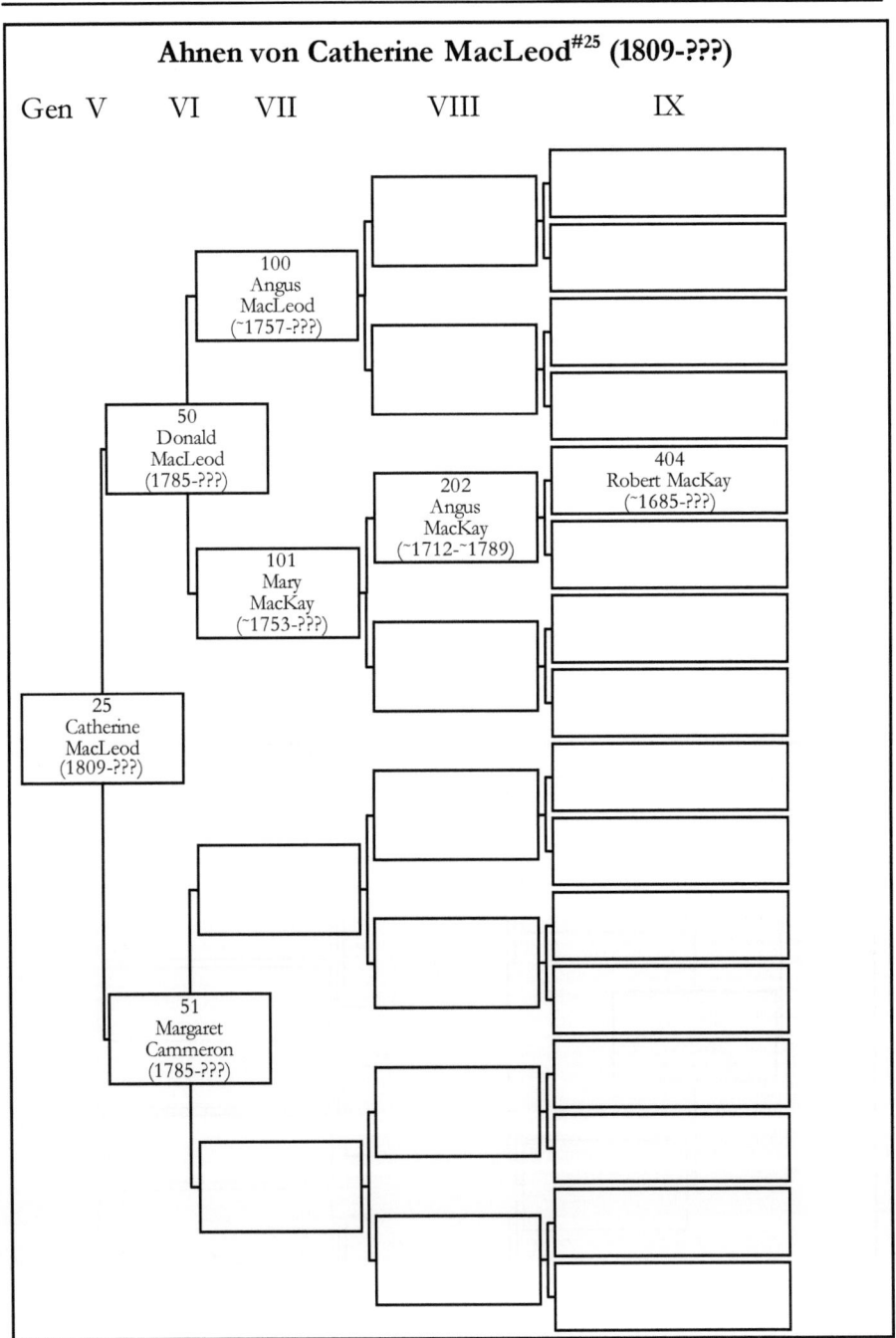

III
Übersicht

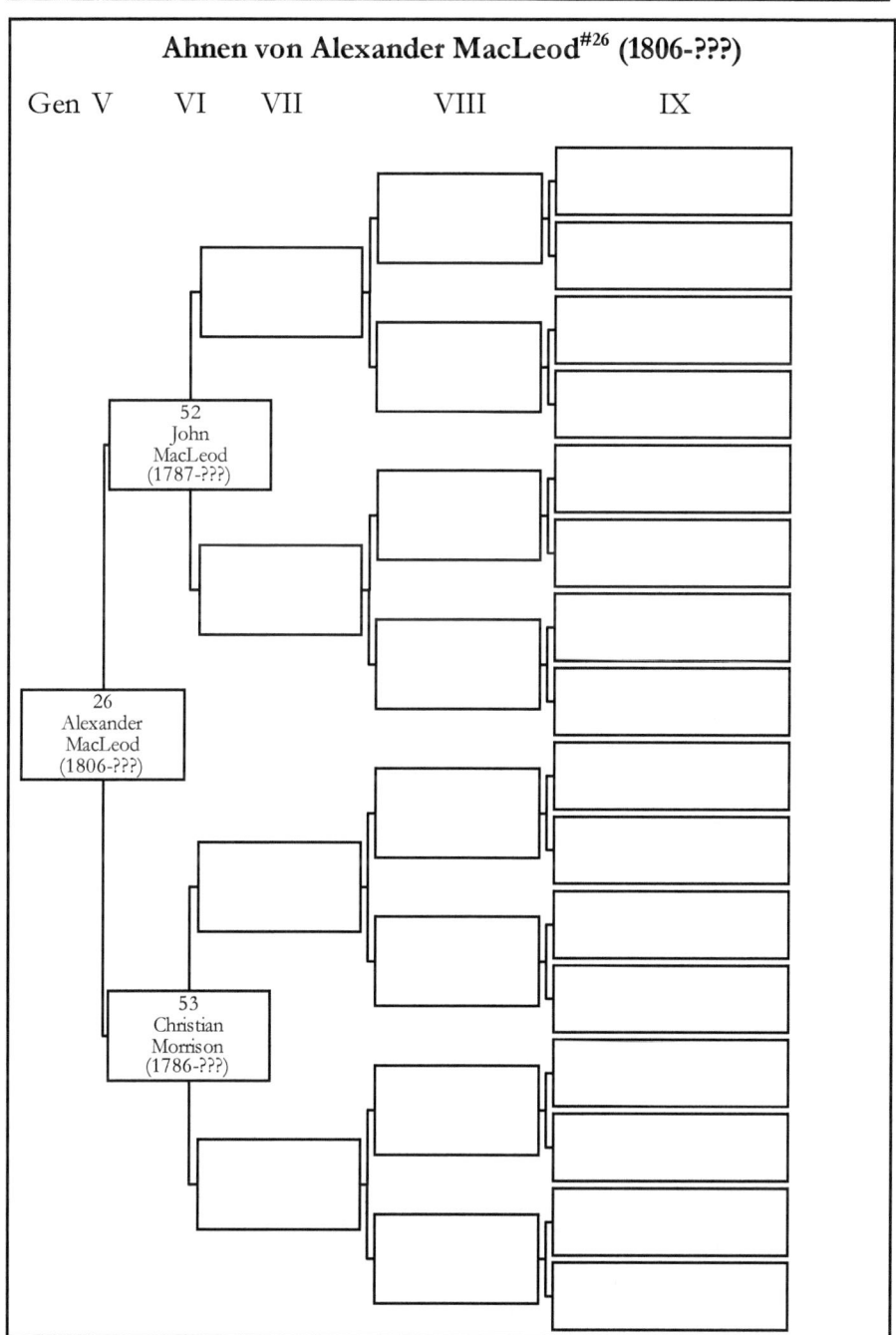

III
Übersicht

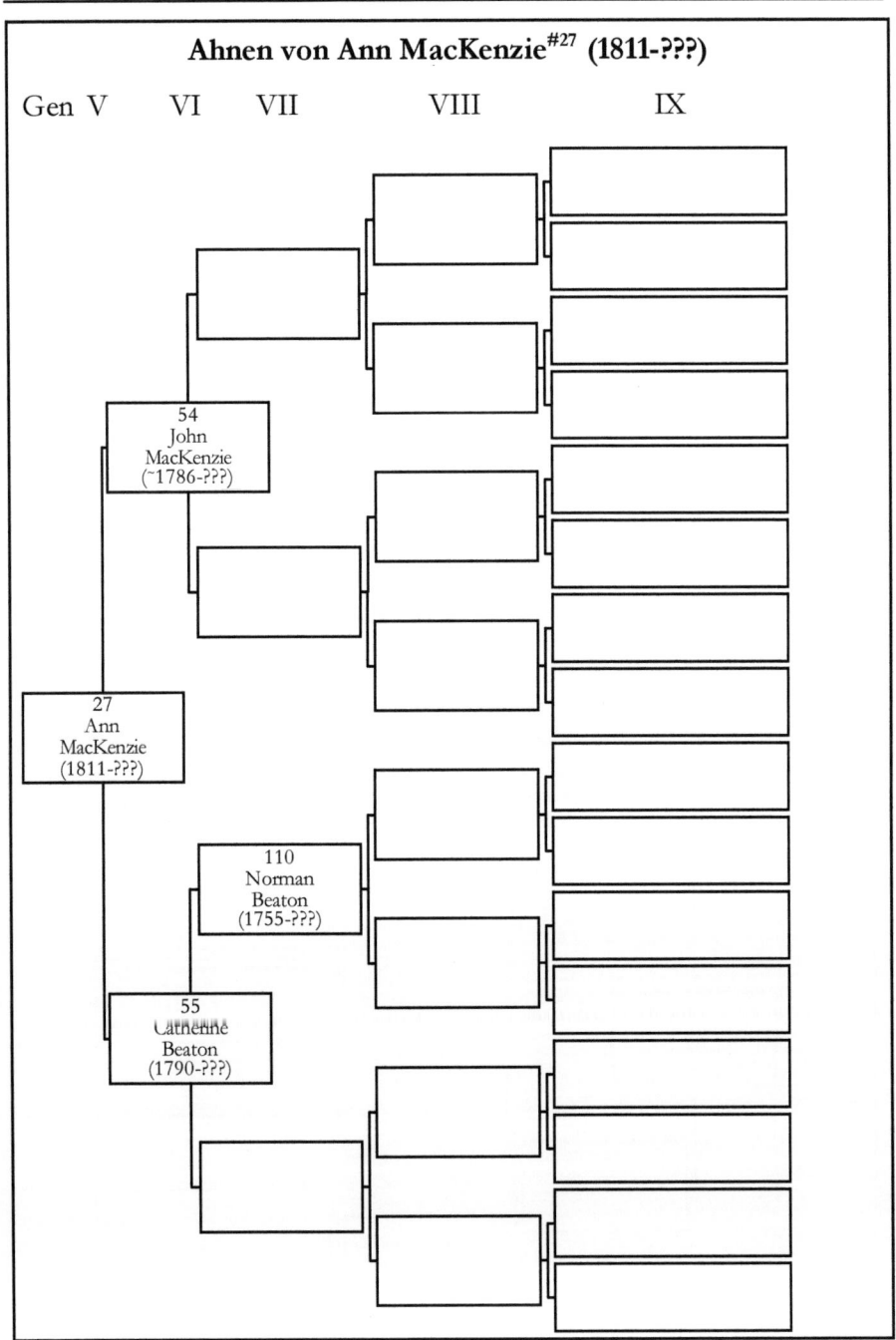

III
Übersicht

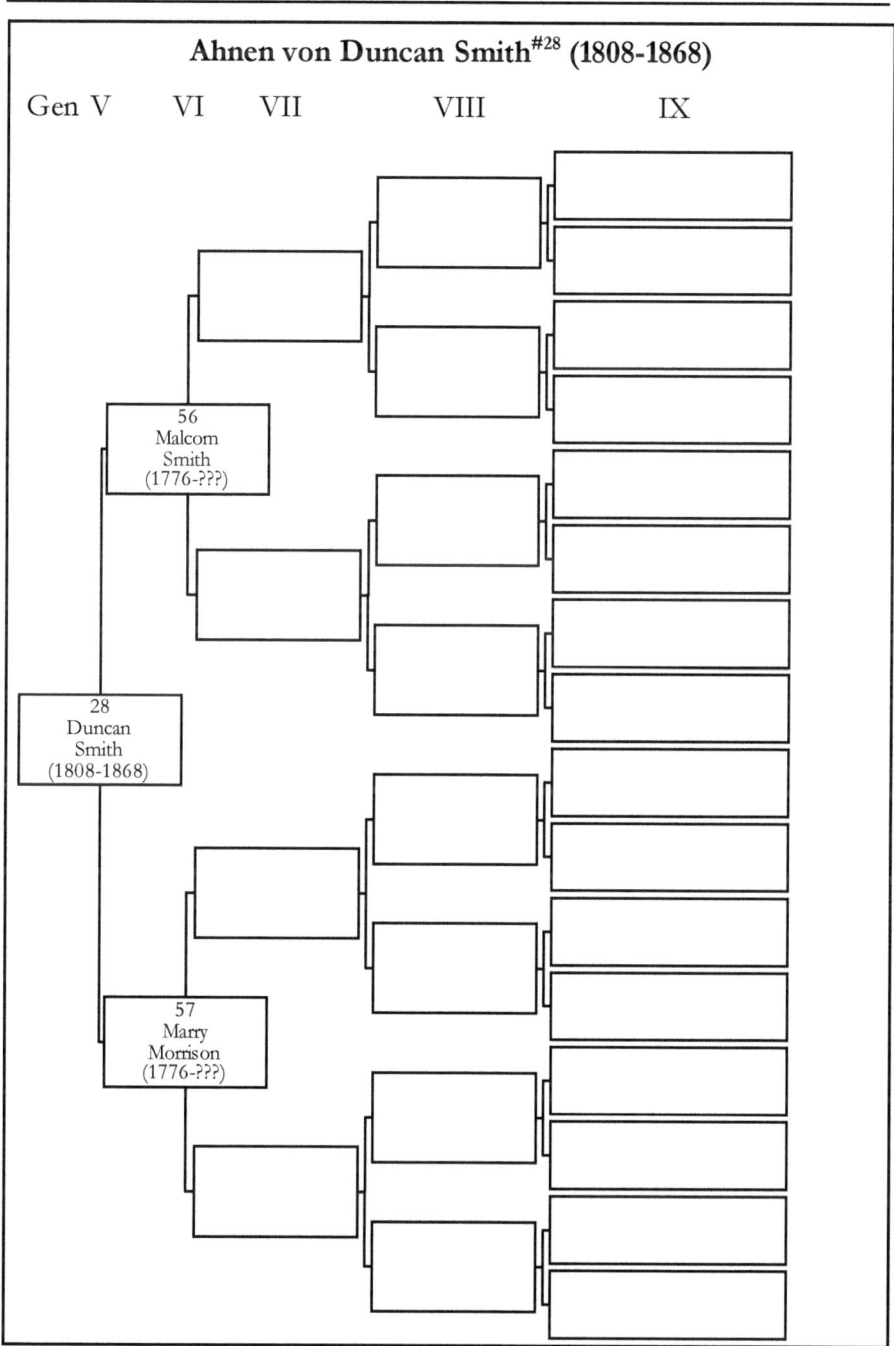

III
Übersicht

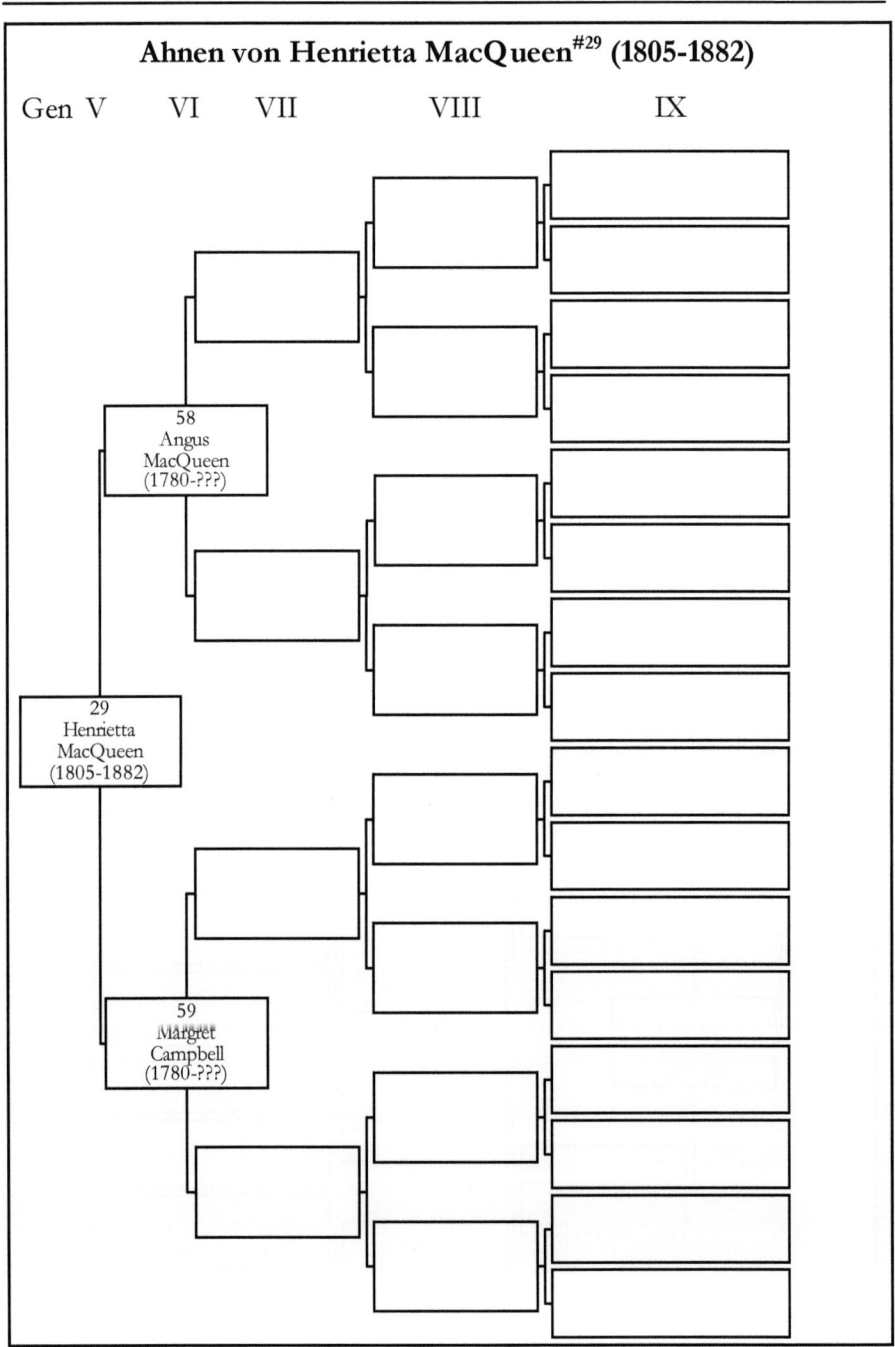

III
Übersicht

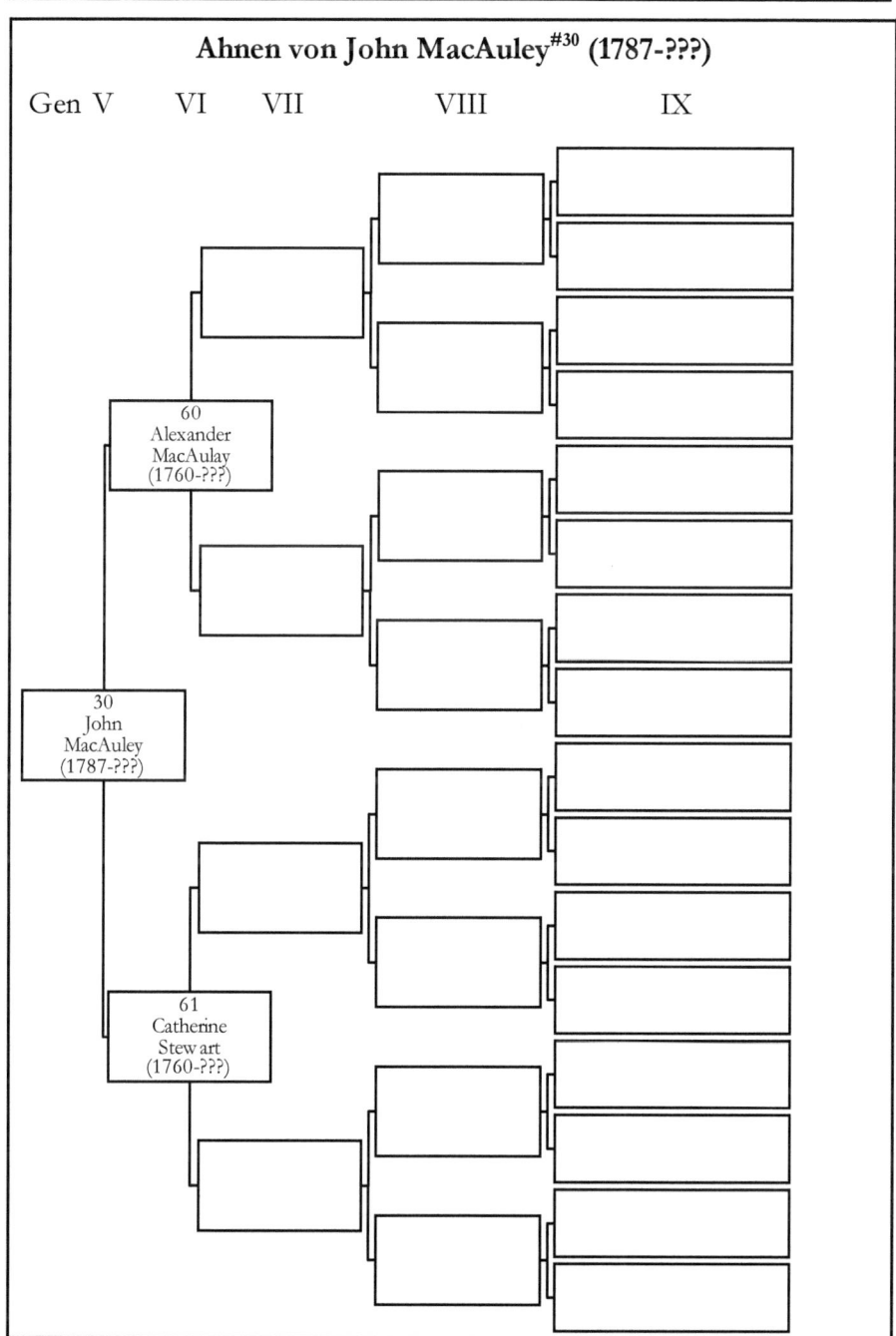

III
Übersicht

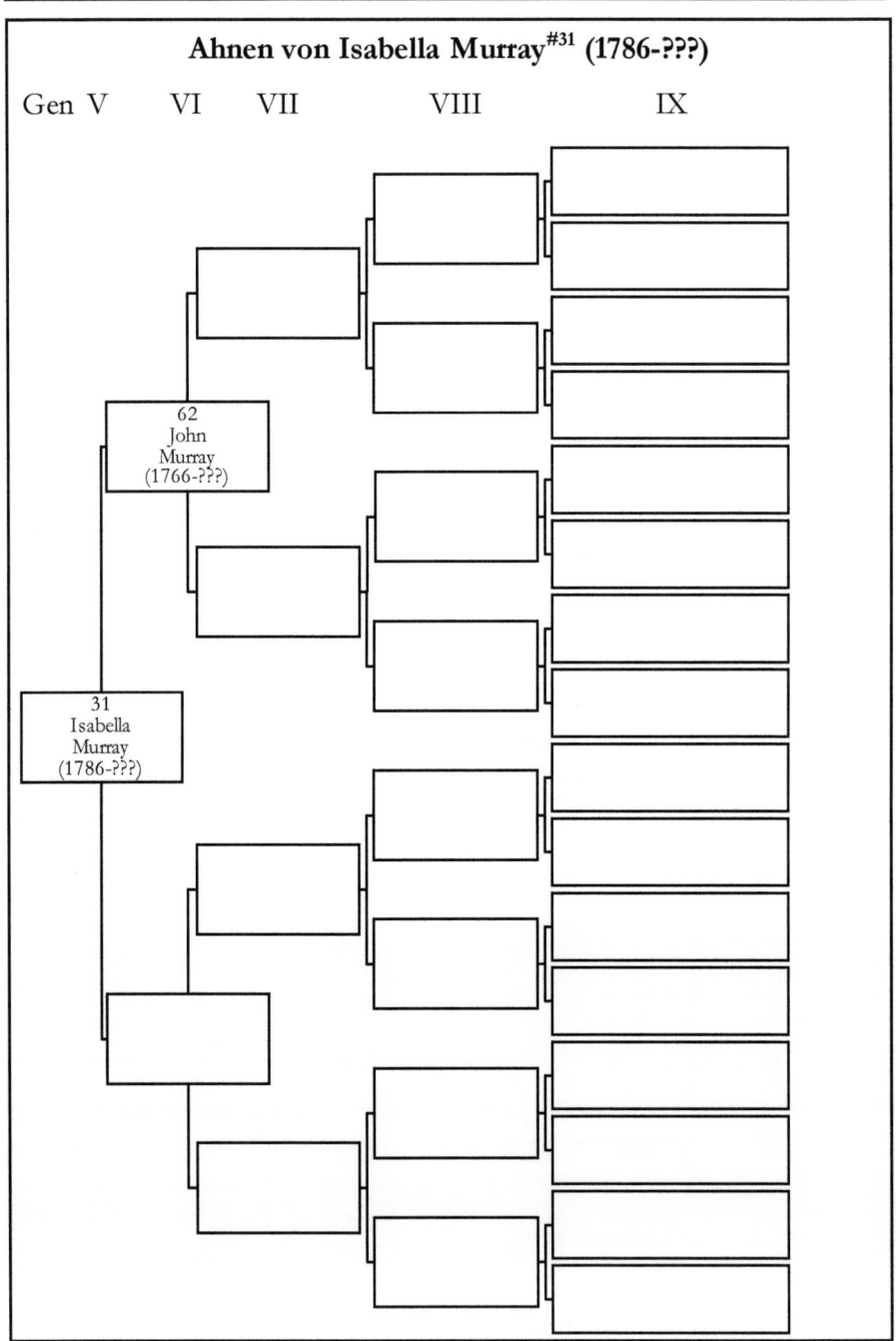

IV
Generation I

#1   Trump, <u>Donald</u> John (*1946)

Ⓥ Frederick Christ (Fred) Trump[#2] • Ⓜ Mary Anne MacLeod[#3] • *14.06.1946 New York, USA

amerikanischer Unternehmer • Politiker • 45. Präsident der USA

V
Generation II
(Eltern)

#2   Trump, Frederick Christ (Fred)

Ⓥ Friedrich (Fred) Trump[#4] (1869-1918) • Ⓜ Elisabeth Christ[#5] (1880-1966) • ∞ New York, USA mit Mary Anne MacLeod[#3] • Ⓚ <u>Donald John</u>[#1] (*1946 New York, USA)

- Elisabeth (Betty) Trump[#2a]
- Fredrick John George Trump[#2b]

#3   MacLeod, Mary Anne

Ⓥ Malcom MacLeod[#6] (1866-1954) • Ⓜ Mary Smith[#7] (1867-1963) • ∞ New York, USA mit Frederick Christ (Fred) Trump[#2] • Ⓚ <u>Donald John</u>[#1] (*1946 New York, USA)

- Malcom MacLeod[#3a]
- Donald MacLeod[#3b]
- Christina MacLeod[#3c]
- Katie Ann MacLeod[#3d]
- William MacLeod[#3e]
- Annie MacLeod[#3f]
- Catherine MacLeod[#3g]
- Mary Joann MacLeod[#3h]
- Alexander MacLeod[#3i]

VI
Generation III
(Großeltern)

#4   **Trump, Friedrich (Fred) (1869-1918)**

Ⓥ Christian Johannes Trump/Drumpf[#8] (1829-1877) • Ⓜ <u>Katharina</u> Barbara Kober[#9] (1836-1922) • *14.03.1869 Kallstadt, Dürkheim • ∞26.08.1902 Ludwigshafen mit Elisabeth Christ[#5] (1880-1966) • Ⓚ Elisabeth (Betty)[#2a]; Frederick Crist (Fred)[#2]; Frederick John George[#2b] • +30.03.1918 Woodhaven, Queens, New York, USA

07.10.1885-19.10.1885 Überfahrt von Bremen nach New York, USA mit dem Dampfschiff Eider • U.S. Einwanderungsliste führt ihn als „Friedrich Trumpf" mit letztem Wohnort „Kallstadt", Geburtsland Deutschland und Beruf „Farmer"

- Johannes Trump[#4a] (1860-1861) • *16.09.1860 Kallstadt, Dürkheim • ∪ev 16.09.1860 Kallstadt, Dürkheim • □16.08.1861 Kallstadt, Dürkheim

- Katharina Trump[#4b] (1861-1949) • *21.09.1861 Kallstadt, Dürkheim • ∪ev 21.09.1861 Kallstadt, Dürkheim • ∞11.10.1884 Manhattan, New York, USA mit Gottfried Friedrich Eduard Schuster[1] (1857-1918) • Ⓚ Katherine (<u>Kate</u>) (*1885 New York, USA); Louise (*1887 New York, USA); Emma (*~1891 New York, USA); Edward William (*1895 Manhattan, Kings, New York, USA); Susan F. (*1899 New York, USA); Elizabeth (*1904 New York, USA) • +1949 New York, USA

- Luise Sybilla Trump[#4c] (1865-1931) • ∪ev 07.05.1865 Kallstadt, Dürkheim • ∞~1899 New York, USA mit Georg Schuster[2] (1844-1923) • +02.11.1931 Manhattan, New York, USA

---

[1] Gottfried Friedrich Eduard Schuster (1857-1918) • *08.05.1857 Kallstadt, Dürkheim • +06.04.1918 New York, USA

[2] Georg Schuster (1844-1923) • Ⓥ Johann Georg Schuster (1817-1899) • Ⓜ Johanna Lutz (1819-???) • *27.08.1844 Kallstadt, Dürkheim • +03.08.1923 New York, USA

VI
Generation III (Großeltern)

- Konrad Trump[#4d] (1867-1868) • *17.11.1867 Kallstadt, Dürkheim • ∪ev 17.11.1867 Kallstadt, Dürkheim • +/□ 07.04.1868 Kallstadt, Dürkheim

- Jakob Trump[#4e] (1869-1911) • *14.03.1869 Kallstadt, Dürkheim • ∪ev 11.10.1863 Kallstadt, Dürkheim • ∞27.08.1892 Kallstadt, Dürkheim mit Elisabetha Böhringer (1867-1934) • Ⓚ Charlotte (*1890); Katharina (*1897 Kallstadt, Dürkheim); Johannes (*1900 Kallstadt, Dürkheim) • +24.10.1911 Kallstadt, Dürkheim

- Elisabeth Trump[#4f] (1873-1960) • ∪ev 09.02.1873 Kallstadt, Dürkheim • ∞20.06.1896 Kallstadt, Dürkheim mit Karl Freund[1] (1867-1945) • Ⓚ Friedrich Ludwig (*1894 Kallstadt, Dürkheim); Barbara (*1896 Kallstadt, Dürkheim); Philippine (*1898 Kallstadt, Dürkheim); Elisabeth (*1900 Kallstadt, Dürkheim); Karl August (*1905 Kallstadt, Dürkheim); Eduard (*1907 Kallstadt, Dürkheim); Adolf (*1908 Kallstadt, Dürkheim); Philipp (*1912 Kallstadt, Dürkheim) • +1960 Kallstadt, Dürkheim

- Barbara Trump[#4g] (1876-1913) • *19.03.1876 Kallstadt, Dürkheim • ∪ev 19.03.1876 Kallstadt, Dürkheim • ∞10.06.1897 Kallstadt, Dürkheim mit Heinrich Weisenborn[2] (1864-1937) • Ⓚ Elisabetha (*1898 Kallstadt, Dürkheim); Frieda (*1903 Kallstadt, Dürkheim); Heinrich (*1904 Kallstadt, Dürkheim); Ludwig (*1911 Kallstadt, Dürkheim) • +04.01.1913 Freudenheim, Mannheim

#5 Christ, Elisabeth (1880-1966)

Ⓥ Philipp Christ[#10] (1856-1908) • Ⓜ Anna Maria Anthon[#11] (1857-???) • *10.10.1880 Kallstadt, Dürkheim • ∪ev 24.10.1880 Kallstadt, Dürkheim • ∞26.08.1902 Ludwigshafen mit Friedrich (Fred) Trump[#4] (1869-1918)

---

[1] Karl Freund (1867-1945) • Ⓥ Karl Freund (1839-1921) • Ⓜ Maria Magdalena Elisabetha Heinz (1842-1912) • *1867 Kallstadt, Dürkheim • +1945 Kallstadt, Dürkheim
[2] Heinrich Weisenborn (1864-1937) • *16.08.1864 Kallstadt, Dürkheim • +26.05.1937 Kallstadt, Dürkheim • □28.05.1937 Kallstadt, Dürkheim

VI
Generation III (Großeltern)

- Ⓚ Elisabeth (Betty)[#2a]; Frederick Crist (Fred)[#2]; Frederick John George[#2b] • +06.06.1966 Queens, New York, USA • ▫Lutheran All Faiths Cemetery, Middle Village, Queens County, New York, USA

- Ludwig Christ[#5a] (1876-1951) • *06.08.1876 Kallstadt, Dürkheim • ᴗev 17.08.1876 Kallstadt, Dürkheim • ∞13.04.1901 Kallstadt, Dürkheim mit Karoline Georgens (1881-???) • +1951 Kallstadt, Dürkheim

- Maria Christ[#5b] (1878-1880) • ᴗev 29.09.1878 Kallstadt, Dürkheim • ▫23.08.1880 Kallstadt, Dürkheim

- Johannes Christ[#5c] (1886-1949) • *14.04.1886 Kallstadt, Dürkheim • ᴗev 02.05.1886 Kallstadt, Dürkheim • ∞16.08.1913 Kallstadt, Dürkheim mit Helene Koch (1885-???) • +1949 Kallstadt, Dürkheim

- Maria Christ[#5d] (1888-1880) • ᴗev 17.06.1888 Kallstadt, Dürkheim • ▫15.11.1880 Kallstadt, Dürkheim

- Philipp Christ[#5e] (1893-1964) • *21.06.1893 Kallstadt, Dürkheim • ᴗev 09.07.1893 Kallstadt, Dürkheim • ∞16.04.1917 Kallstadt, Dürkheim mit Elisabetha Wiegand (1893-???) • +1964 Kallstadt, Dürkheim

#6   MacLeod, Malcom (1866-1954)

Ⓥ Alexander MacLeod[#12] (1830-1900) • Ⓜ Ann MacLeod[#13] (1833-1885) • *27.12.1866 Stornoway, Isle of Lewis, Schottland • ∞23.04.1891 Back Free Church of Schottland unweit von Stornoway, Isle of Lewis, Schottland mit Mary Smith[#7] (1867-1963) • Ⓚ Malcom[#3a]; Donald[#3b]; Christina[#3c]; Katie Ann[#3d]; William[#3e]; Annie[#3f]; Catherine[#3g]; Mary Joann[#3h]; Alexander[#3i]; Mary Anne[#3] • +22.06.1954 Tong, Stornoway, Isle of Lewis, Schottland • ▫Griais Old Churchyard, Stornoway, Isle of Lewis, Schottland

- Catharine MacLeod[#6a] (~1856-???) • *~1856 Tong, Stornoway, Isle of Lewis, Schottland

- Jessie MacLeod[#6b] (~1857-???) • *~1857 Tong, Stornoway, Isle of Lewis, Schottland

- Alexander MacLeod[#6c] (~1859-???) • *~1859 Tong, Stornoway, Isle of Lewis, Schottland

- Ann MacLeod[#6d] (~1865-???) • *~1865 Tong, Stornoway, Isle of Lewis, Schottland

- Donald MacLeod[#6e] (1869-???) • *11.06.1869 Stornoway, Isle of Lewis, Schottland

- William MacLeod[#6f] (1874-???) • *21.01.1874 Stornoway, Isle of Lewis, Schottland

#7 Smith, Mary (1867-1963)

Ⓥ Donald Smith[#14] (1835-1868) • Ⓜ Mary MacAuley[#15] (1826-???) • *11.07.1867 Tong, Stornoway, Isle of Lewis, Schottland • ∞23.04.1891 Back Free Church of Schottland unweit von Stornoway, Isle of Lewis, Schottland mit Malcom MacLeod[#6] (1866-1954) • Ⓚ Malcom[#3a]; Donald[#3b]; Christina[#3c]; Katie Ann[#3d]; William[#3e]; Annie[#3f]; Catherine[#3g]; Mary Joann[#3h]; Alexander[#3i]; Mary Anne[#3] • +27.12.1963 Stornoway, Isle of Lewis, Schottland • ◻Griais Old Churchyard, Stornoway, Isle of Lewis, Schottland

- Ann Smith[#7a] (1859-???) • *08.11.1859 Stornoway, Isle of Lewis, Schottland

- John Smith[#7b] (1861-???) • *31.12.1861 Stornoway, Isle of Lewis, Schottland

- Duncan Smith[#7c] (1864-1937) • *02.09.1864 Stornoway, Isle of Lewis, Schottland • +29.10.1937 Seattle, King, Washington, USA

VII
Generation IV
(Urgroßeltern)

#8   **Drumpf/Trump, Christian Johannes (1829-1877)**

Ⓥ Johannes Drumpf[#16] (1789-1835) • Ⓜ Susanna Maria Bechtloff[#17] (1804-1861) • *25.06.1829 Kallstadt, Dürkheim • ∞29.09.1859 Kallstadt, Dürkheim mit <u>Katharina</u> Barbara Kober[#9] (1836-1922) • Ⓚ Johannes[#4a] (*1860 Kallstadt, Dürkheim); Katharina[#4b] (*1861 Kallstadt, Dürkheim); Luise Sybilla[#4c] (*1865 Kallstadt, Dürkheim); Konrad[#4d] (*1867 Kallstadt, Dürkheim); Friedrich (Fred)[#4] (*1869 Kallstadt, Dürkheim); Jakob[#4e] (*1869 Kallstadt, Dürkheim); Elisabeth[#4f] (*1873 Kallstadt, Dürkheim); Barbara[#4g] (*1876 Kallstadt, Dürkheim) • +06.07.1877 Kallstadt, Dürkheim • ☐08.07.1877 Kallstadt, Dürkheim

- Maria Catharina Trump[#8a] (1827->1894) • *28.09.1827 Kallstadt, Dürkheim • ∪ev 30.09.1827 Kallstadt, Dürkheim • ∞ mit Konrad Schreiber (1825-???) • Ⓚ Karl Friedrich[1] (*1865 Wachenheim an der Weinstraße, Dürkheim) • +>1894 Wachenheim an der Weinstraße, Dürkheim

- Anna Elisabetha Trump[#8b] (1831-1874) • *03.11.1831 Kallstadt, Dürkheim • ∞24.03.1851 Kallstadt, Dürkheim mit Johann Conrad Heinz[2] (1825-1900) • Ⓚ Peter[3] (*1851 Kallstadt, Dürkheim); Anna Maria[4] (*1854 Kallstadt, Dürkheim); Charlotta[5] (*1857 Kallstadt,

---

[1] Karl Friedrich Schreiber (1865-1910) • *28.06.1865 Wachenheim an der Weinstraße, Dürkheim • +02.08.1910 Kallstadt, Dürkheim • ☐04.08.1910 Kallstadt, Dürkheim
[2] Johann Conrad Heinz (1825-1900) • Ⓥ Georg Heinrich Heinz (1788-1817), Sohn von Johannes Heinz (1755-1789) und Maria Elisabeth Ott (1753-???) • Ⓜ Christina Magdalena Gabel (1788-1851), Tochter von Benedikt Gabel und Anna Christina NN • *21.04.1825 Kallstadt, Dürkheim • +16.03.1900 Kallstadt, Dürkheim
[3] Peter Heinz (1851-1891) • *10.08.1851 Kallstadt, Dürkheim • +01.07.1891
[4] Anna Maria Heinz (1854-???) • *Jul 1854 Kallstadt, Dürkheim
[5] Charlotta Heinz (1857-???) • *Jun 1857 Kallstadt, Dürkheim

Dürkheim); Magdalena[1] (*1859 Kallstadt, Dürkheim); Elisabetha[2] (*1863 Kallstadt, Dürkheim); Catharina[3] (*1866 Kallstadt, Dürkheim) • +1874 Wachenheim an der Weinstraße, Dürkheim

- Friedrich Trump[#8c] (1834-1876) • *06.05.1834 Kallstadt, Dürkheim • ⚭ev 11.05.1834 Kallstadt, Dürkheim • ∞26.11.1863 Kallstadt, Dürkheim mit Elisabetha Freund (1842-1942) • +06.07.1876 Kallstadt, Dürkheim

#9   Kober, Katherina Barbara (1836-1922)

Ⓥ Johann Jakob Kober[#18] (1802-1871) • Ⓜ Maria Elisabetha Peter[#19] (1814-1895) • *04.07.1836 Wachenheim an der Weinstraße, Dürkheim • ∞29.09.1859 Kallstadt, Dürkheim mit Christian Johannes Trump[#8] (1829-1877) • Ⓚ Johannes[#4a] (*1860 Kallstadt, Dürkheim); Katharina[#4b] (*1861 Kallstadt, Dürkheim); Luise Sybilla[#4c] (*1865 Kallstadt, Dürkheim); Konrad[#4d] (*1867 Kallstadt, Dürkheim); Friedrich (Fred)[#4] (*1869 Kallstadt, Dürkheim); Jakob[#4e] (*1869 Kallstadt, Dürkheim); Elisabeth[#4f] (*1873 Kallstadt, Dürkheim); Barbara[#4g] (*1876 Kallstadt, Dürkheim) • +Nov 1922 Kallstadt, Dürkheim

#10   Christ, Philipp (1856-1908)

Ⓥ Johann Georg Christ[#20] (1820-???) • Ⓜ Sabina Christina Hartung[#21] (1823-1868) • ⚭ev 17.02.1856 Kallstadt, Dürkheim • ∞15.12.1877 Mannheim mit Anna Maria Anthon[#11] (1857-???) • Ⓚ Ludwig[#5a] (*1876 Kallstadt, Dürkheim); Maria[#5b] (*1878 Kallstadt, Dürkheim); Elisabeth[#5] (*1880 Kallstadt, Dürkheim); Johannes[#5c] (*1886 Kallstadt, Dürkheim); Maria[#5d] (*1888 Kallstadt, Dürkheim); Philipp[#5e] (*1893 Kallstadt, Dürkheim) • +1908 Kallstadt, Dürkheim

- Philippine Christ[#10a] (1851-1871) • ⚭ev 22.08.1851 Kallstadt, Dürkheim • □04.10.1871 Kallstadt, Dürkheim

---

[1] Magdalena Heinz (1859-???) • *Dez 1859 Kallstadt, Dürkheim
[2] Elisabetha Heinz (1863-???) • *Apr 1863 Kallstadt, Dürkheim
[3] Catharina Heinz (1866-???) • *Okt 1866 Kallstadt, Dürkheim

VII
Generation IV (Urgroßeltern)

- Elisabeth Christ[#10b] (1852-1880) • ∪ev 01.08.1852 Kallstadt, Dürkheim • ∞06.02.1875 Kallstadt, Dürkheim mit Georg Honacker[1] • +1880

- Marie Christ[#10c] (1854-1873) • ∪ev 11.06.1854 Kallstadt, Dürkheim • □10.03.1873 Kallstadt, Dürkheim

- Katharina Elisabetha Christ[#10d] (1859-1861) • ∪ev 11.12.1859 Kallstadt, Dürkheim • □06.02.1861 Kallstadt, Dürkheim

- Ludwig Christ[#10e] (1862-1880) • *1862 • □26.03.1880 Kallstadt, Dürkheim

#11   **Anthon, Anna Maria (1857-???)**

Ⓥ Johannes Heinrich Anthon[#22] (1819-1889) • Ⓜ Eva Farny[#23] (1818-1875) • *07.01.1857 Kallstadt, Dürkheim • ∪ev 22.01.1857 Kallstadt, Dürkheim • ∞15.12.1877 Mannheim mit Philipp Christ[#10] (1856-1908) • Ⓚ Ludwig[#5a] (*1876 Kallstadt, Dürkheim); Maria[#5b] (*1878 Kallstadt, Dürkheim); Elisabeth[#5] (*1880 Kallstadt, Dürkheim); Johannes[#5c] (*1886 Kallstadt, Dürkheim); Maria[#5d] (*1888 Kallstadt, Dürkheim); Philipp[#5e] (*1893 Kallstadt, Dürkheim) • +Kallstadt, Dürkheim

- Katharina Anthon[#11a] (1841-???) • ∪ev 21.07.1841 Kallstadt, Dürkheim • ∞03.07.1866 Kallstadt, Dürkheim mit Lorenz Christ[2]

- Elisabetha Anthon[#11b] (1842-1843) • ∪ev 11.08.1842 Kallstadt, Dürkheim • □01.06.1843 Kallstadt, Dürkheim

- Georg Heinrich Anthon[#11c] (1844-???) • ∪ev 23.01.1844 Kallstadt, Dürkheim

- Johannes Anthon[#11d] (1845-???) • ∪ev 11.02.1845 Kallstadt, Dürkheim

- Friedrich Anthon[#11e] (1846-1846) • ∪ev 18.06.1846 Kallstadt, Dürkheim • □23.10.1846 Kallstadt, Dürkheim

---

[1] Georg Honacker• Ⓥ Leonhard Honacker • Ⓜ Juliana Helbach
[2] Lorenz Christ • Ⓥ Johann Conrad Christ • Ⓜ Anna Elisabeth Heinz

VII
Generation IV (Urgroßeltern)

- Friedrich Anthon[#11f] (1848-1848) • ∪ev 18.05.1848 Kallstadt, Dürkheim • □26.12.1848 Kallstadt, Dürkheim

- Georg Anthon[#11g] (1849-???) • ∪ev 15.06.1849 Kallstadt, Dürkheim

- Joh. Philipp Anthon[#11h] (1850-???) • ∪ev 10.11.1850 Kallstadt, Dürkheim

- Margaretha Anthon[#11i] (1851-???) • ∪ev 18.12.1851 Kallstadt, Dürkheim

- Sophia Anthon[#11j] (1851-???) • ∪ev 18.12.1851 Kallstadt, Dürkheim • ∞ mit Heinrich Haas[1]

- Eva Anthon[#11k] (1853-1853) • *1853 Kallstadt, Dürkheim • □15.11.1853 Kallstadt, Dürkheim

- Friedrich Anthon[#11l] (1854-1855) • ∪ev 19.11.1854 Kallstadt, Dürkheim • □09.03.1855 Kallstadt, Dürkheim

- Eva Anthon[#11m] (1854-???) • ∪ev 19.11.1854 Kallstadt, Dürkheim

#12   MacLeod, Alexander (1830-1900)

Ⓥ William MacLeod[#24] (1806-1869) • Ⓜ Catherine MacLeod[#25] (1809-???) • *10.05.1830 Vatisker, Stornoway, Isle of Lewis, Schottland • ∞03.12.1853 Tong, Stornoway, Isle of Lewis, Schottland mit Ann MacLeod[#13] (1833-1885) • Ⓚ Catharine[#6a] (*~1856 Tong, Stornoway, Isle of Lewis, Schottland); Jessie[#6b] (*~1857 Tong, Stornoway, Isle of Lewis, Schottland); Alexander[#6c] (*~1859 Tong, Stornoway, Isle of Lewis, Schottland); Ann[#6d] (*~1865 Tong, Stornoway, Isle of Lewis, Schottland); Malcolm[#6] (*1866 Stornoway, Isle of Lewis, Schottland); Donald[#6e] (*1869 Stornoway, Isle of Lewis, Schottland); William[#6f] (*1874 Stornoway, Isle of Lewis, Schottland) • +12.01.1900 Tong, Stornoway, Isle of Lewis, Schottland

---

[1] Heinrich Haas • Ⓥ Heinrich Haas • Ⓜ Elisabetha Freudenmacher

VII
Generation IV (Urgroßeltern)

- Kenneth MacLeod[#12a] (1830-›1851) • *1830 Vatisker, Stornoway, Isle of Lewis, Schottland • 1841 im Scotland Census mit Alter 11 Jahre aufgeführt • 1851 im Scotland Census aufgeführt • +›1851

- Angus MacLeod[#12b] (1833-›1841) • *1833 Vatisker, Stornoway, Isle of Lewis, Schottland • 1841 im Scotland Census mit Alter 8 Jahre aufgeführt • +›1841

- Angus MacLeod[#12c] (1838-›1861) • *1838 Vatisker, Stornoway, Isle of Lewis, Schottland • 1841 im Scotland Census mit Alter 3 Jahre aufgeführt • 1861 im Scotland Census mit Wohnort Vatisker, Stornoway, Isle of Lewis, Schottland aufgeführt • +›1861

- Catherine MacLeod[#12d] (1840-›1851) • *1840 Vatisker, Stornoway, Isle of Lewis, Schottland • 1841 im Scotland Census mit Alter 1 Jahr aufgeführt • 1851 im Scotland Census mit Wohnort Vatisker, Stornoway, Isle of Lewis, Schottland aufgeführt • +›1851

- John MacLeod[#12e] (1843-›1851) • *1843 Vatisker, Stornoway, Isle of Lewis, Schottland • 1851 im Scotland Census mit Wohnort Vatisker, Stornoway, Isle of Lewis, Schottland aufgeführt • +›1851

- William MacLeod[#12f] (1846-›1880) • *1846 Vatisker, Stornoway, Isle of Lewis, Schottland • 1851 im Scotland Census mit Wohnort Vatisker, Stornoway, Isle of Lewis, Schottland aufgeführt • ∞ mit Mary Munro[1] (1848-???) • Ⓚ Malcom (*1880 Knock Point, Stornoway, Isle of Lewis, Schottland); Mary (*1883 Knock Point, Stornoway, Isle of Lewis, Schottland); Murdo (*1885 Knock Point, Stornoway, Isle of Lewis, Schottland); William (*1880 Knock Point, Stornoway, Isle of Lewis, Schottland) • +›1880

- Margaret MacLeod[#12f] (1848-›1870) • *1848 Vatisker, Stornoway, Isle of Lewis, Schottland • 1851 im Scotland Census mit Wohnort Vatisker, Stornoway, Isle of Lewis, Schottland • 1861 im Scotland Census mit Wohnort Vatisker, Stornoway, Isle of Lewis, Schottland aufgeführt • ∞31.01.1867 Garrabost, Stornoway, Isle of Lewis, Schottland mit Malcom MacLeod (1846-???) • Ⓚ Alexander (*1869 Garrabost,

---

[1] Mary Munro (1848-???) • Ⓥ Murdo Munro (1818-???) • Ⓜ Ann MacLeod (1821-???)

VII
Generation IV (Urgroßeltern)

Stornoway, Isle of Lewis, Schottland); Mary (*1870 Garrabost, Stornoway, Isle of Lewis, Schottland) • +>1870

#13   **MacLeod, Ann (1833-1885)**

Ⓥ Alexander MacLeod[#26] (1806-???) • Ⓜ Ann MacKenzie[#27] (1811-???) • *12.02.1833 Tong, Stornoway, Isle of Lewis, Schottland • ∪25.06.1833 Stornoway, Isle of Lewis, Schottland • ∞03.12.1853 Tong, Stornoway, Isle of Lewis, Schottland mit Alexander MacLeod[#12] (1830-1900) • Ⓚ Catharine[#6a] (*~1856 Tong, Stornoway, Isle of Lewis, Schottland); Jessie[#6b] (*~1857 Tong, Stornoway, Isle of Lewis, Schottland); Alexander[#6c] (*~1859 Tong, Stornoway, Isle of Lewis, Schottland); Ann[#6d] (*~1865 Tong, Stornoway, Isle of Lewis, Schottland); Malcolm[#6] (*1866 Stornoway, Isle of Lewis, Schottland); Donald[#6e] (*1869 Stornoway, Isle of Lewis, Schottland); William[#6f] (*1874 Stornoway, Isle of Lewis, Schottland) • +06.08.1885 Sussex, England

1861, 1871, 1881 und 1891 im Scotland Census mit Wohnsitz Tong, Stornoway, Isle of Lewis, Schottland aufgeführt

- Christian MacLeod[#12a] (1831->1841) • *1831 Tong, Stornoway, Isle of Lewis, Schottland • 1841 im Scotland Census mit Alter 13 Jahren (?) aufgeführt • +>1841

- Alexander MacLeod[#12b] (1835->1851) • *24.07.1835 Tong, Stornoway, Isle of Lewis, Schottland • 1841 im Scotland Census mit Alter 5 Jahren aufgeführt • 1851 im Scotland Census mit Wohnort Aird Tong, Stornoway, Isle of Lewis, Schottland aufgeführt • +>1851

- Donald MacLeod[#12c] (1838-1915) • *07.02.1838 Tong, Stornoway, Isle of Lewis, Schottland • 1841 im Scotland Census mit Alter 4 Jahren aufgeführt • 1871 und 1881 im Scotland Census mit Wohnort Tong, Stornoway, Isle of Lewis, Schottland aufgeführt • ∞ mit Catherine MacLeod (1842-???) • Ⓚ Alexander (*1864 Tong, Stornoway, Isle of Lewis, Schottland); Malcom (*1867 Tong, Stornoway, Isle of Lewis, Schottland); Marion (*1869 Tong, Stornoway, Isle of Lewis, Schottland); Donaldina (*1873 Tong, Stornoway, Isle of Lewis, Schottland); Donald

VII
Generation IV (Urgroßeltern)

(*1875 Tong, Stornoway, Isle of Lewis, Schottland); Ann (*1877 Tong, Stornoway, Isle of Lewis, Schottland); Norman (*1880 Tong, Stornoway, Isle of Lewis, Schottland) • +01.04.1915 Tong, Stornoway, Isle of Lewis, Schottland

- Malcom MacLeod$^{\#12d}$ (1838-$^>$1871) • *07.02.1838 Tong, Stornoway, Isle of Lewis, Schottland • 1841 im Scotland Census mit Alter 4 Jahren aufgeführt • 1871 im Scotland Census mit Wohnort Aird Tong, Stornoway, Isle of Lewis, Schottland aufgeführt • ∞11.01.1866 Stornoway, Isle of Lewis, Schottland mit Mary Finlayson (1839-???) • Ⓚ Christina (*1868 Aird Tong, Stornoway, Isle of Lewis, Schottland); Peter (*1870 Aird Tong, Stornoway, Isle of Lewis, Schottland) • +$^>$1871

- John MacLeod$^{\#12e}$ (1840-$^>$1891) • *04.07.1840 Tong, Stornoway, Isle of Lewis, Schottland • 1851, 1881 und 1891 im Scotland Census mit Wohnort Tong, Stornoway, Isle of Lewis, Schottland aufgeführt • ∞04.01.1866 Back, Stornoway, Isle of Lewis, Schottland mit Mary MacIver (1841-???) • Ⓚ Catherine (*1867 Tong, Stornoway, Isle of Lewis, Schottland); Alexander (*1870 Tong, Stornoway, Isle of Lewis, Schottland); Ann (*1872 Tong, Stornoway, Isle of Lewis, Schottland); Malcom (*1874 Tong, Stornoway, Isle of Lewis, Schottland); Isabella (*1876 Tong, Stornoway, Isle of Lewis, Schottland); Angus (*1879 Tong, Stornoway, Isle of Lewis, Schottland) • +$^>$1891

- Angus MacLeod$^{\#12f}$ (1844-$^>$1861) • *27.03.1844 Tong, Stornoway, Isle of Lewis, Schottland • 1861 im Scotland Census mit Wohnort Aird Tong, Stornoway, Isle of Lewis, Schottland aufgeführt • +$^>$1861

- Christian MacLeod$^{\#12g}$ (1854-$^>$1871) • *1854 Tong, Stornoway, Isle of Lewis, Schottland • 1861 und 1871 im Scotland Census mit Wohnort Tong, Stornoway, Isle of Lewis, Schottland aufgeführt • +$^>$1871

- Jessie MacLeod$^{\#12h}$ (1856-$^>$1861) • *1856 Tong, Stornoway, Isle of Lewis, Schottland • 1861 im Scotland Census mit Wohnort Aird Tong, Stornoway, Isle of Lewis, Schottland aufgeführt • +$^>$1861

VII
Generation IV (Urgroßeltern)

- Murdo MacLeod[#12i] (1861->1871) • *1861 Tong, Stornoway, Isle of Lewis, Schottland • 1871 im Scotland Census mit Wohnort Aird Tong, Stornoway, Isle of Lewis, Schottland aufgeführt • +>1871

#14   Smith, Donald (1835-1868)

Ⓥ Duncan Smith[#28] (1808-1868) • Ⓜ Henrietta MacQueen[#29] (1805-1882) • *01.01.1835 Tong, Stornoway, Isle of Lewis, Schottland • ∪01.10.1836 Stornoway, Isle of Lewis, Schottland • ∞16.12.1858 Garrabost, Isle of Lewis, Schottland mit Mary MacAuley[#15] (1826-???) • Ⓚ Ann[#7a] (*1859 Stornoway, Isle of Lewis, Schottland); John[#7b] (*1861 Stornoway, Isle of Lewis, Schottland); Duncan[#7c] (*1864 Stornoway, Isle of Lewis, Schottland); Mary[#7] (*1867 Tong, Stornoway, Isle of Lewis, Schottland) • +26.10.1868 Isle of Lewis, Schottland

- Murdo Smith[#14a] (1832-???) • *1832 Stornoway, Isle of Lewis, Schottland • ∞08.11.1843 Stornoway, Isle of Lewis, Schottland mit Margaret MacLean (1832-???) • Ⓚ Marry (*1859 Tong, Stornoway, Isle of Lewis, Schottland); Angus (*1863 Tong, Stornoway, Isle of Lewis, Schottland); Ann (*1865 Tong, Stornoway, Isle of Lewis, Schottland); Catherine (*1868 Tong, Stornoway, Isle of Lewis, Schottland); Donald (*1870 Tong, Stornoway, Isle of Lewis, Schottland)

- Ann Smith[#14b] (1837-???) • *Jan 1837 Stornoway, Isle of Lewis, Schottland • ∪12.03.1839 Stornoway, Isle of Lewis, Schottland

- Angus Smith[#14c] (1839-???) • *Nov 1839 Stornoway, Isle of Lewis, Schottland • ∪23.12.1840 Stornoway, Isle of Lewis, Schottland

- Catherine Smith[#14d] (1843-???) • *1843 Tong, Stornoway, Isle of Lewis, Schottland

- Barbara Smith[#14e] (1845-???) • *1845 Tong, Stornoway, Isle of Lewis, Schottland

- Margaret Smith[#14f] (1849-???) • *1849 Tong, Stornoway, Isle of Lewis, Schottland

VII
Generation IV (Urgroßeltern)

- Malcom Smith[#14g] (1850-???) • *1850 Tong, Stornoway, Isle of Lewis, Schottland

- Isabella Smith[#14h] (1856-???) • *1856 Tong, Stornoway, Isle of Lewis, Schottland • ∞ mit John MacDonald (1859-???) • Ⓚ Donald (*1881 Portnaguran, Stornoway, Isle of Lewis, Schottland); Murdo (*1884 Portnaguran, Stornoway, Isle of Lewis, Schottland); Ann (*1886 Portnaguran, Stornoway, Isle of Lewis, Schottland); Angus (*1889 Portnaguran, Stornoway, Isle of Lewis, Schottland); Mary Ann (*1890 Portnaguran, Stornoway, Isle of Lewis, Schottland); Katie Ann (*1894 Portnaguran, Stornoway, Isle of Lewis, Schottland); Donald (*1898 Portnaguran, Stornoway, Isle of Lewis, Schottland)

#15   **MacAuley, Mary (1826-???)**

Ⓥ John MacAulay[#30] (1787-1862) • Ⓜ Isabella Murray[#31] (1786-???) • *1826 Sheshader, Isle of Lewis, Schottland • ∞16.12.1858 Garrabost, Isle of Lewis, Schottland mit Donald Smith[#14] (1835-1868) • Ⓚ Ann[#7a] (*1859 Stornoway, Isle of Lewis, Schottland); John[#7b] (*1861 Stornoway, Isle of Lewis, Schottland); Duncan[#7c] (*1864 Stornoway, Isle of Lewis, Schottland); Mary[#7] (*1867 Tong, Stornoway, Isle of Lewis, Schottland)

- John MacAuley[#15a] (1816->1861) • *1816 Sheshader, Isle of Lewis, Schottland • 1841, 1851 und 1861 im Scotland Census mit Wohnort Sheshader, Isle of Lewis, Schottland aufgeführt • ∞21.03.1843 Stornoway, Isle of Lewis, Schottland mit Henrietta MacDonald (1821-???) • Ⓚ Murdo (*1844 Sheshader, Isle of Lewis, Schottland); Isabella (*1846 Sheshader, Isle of Lewis, Schottland); Donald (*1847 Sheshader, Isle of Lewis, Schottland); Catherine (*1850 Sheshader, Isle of Lewis, Schottland); Christian (*1852 Sheshader, Isle of Lewis, Schottland); Ann (*1856 Sheshader, Isle of Lewis, Schottland); Isabella (*1858 Sheshader, Isle of Lewis, Schottland) • +>1861

- Murdo MacAuley[#15b] (1821->1861) • *1821 Sheshader, Isle of Lewis, Schottland • 1841 und 1861 im Scotland Census mit Wohnort Sheshader, Isle of Lewis, Schottland aufgeführt • ∞13.09.1844 Sheshader, Stornoway, Isle of Lewis, Schottland mit Christian MacKay (1821-???) • Ⓚ Ann (*1845 Sheshader, Isle of Lewis, Schottland);

VII
Generation IV (Urgroßeltern)

Donald (*1849 Sheshader, Isle of Lewis, Schottland); Murdo (*1853 Sheshader, Isle of Lewis, Schottland); Aulay (*1858 Sheshader, Isle of Lewis, Schottland); Donald (*1859 Sheshader, Isle of Lewis, Schottland) • +>1861

- Norman MacAuley#15c (1821->1861) • *1821 Sheshader, Isle of Lewis, Schottland • 1841, 1851 und 1861 im Scotland Census mit Wohnort Sheshader, Isle of Lewis, Schottland aufgeführt • ∞03.12.1844 Sheshader, Stornoway, Isle of Lewis, Schottland mit Ann MacLeod (1818-???) • Ⓚ Catherine (*1846 Sheshader, Isle of Lewis, Schottland); William (*1848 Sheshader, Isle of Lewis, Schottland); John (*1851 Sheshader, Isle of Lewis, Schottland); Mary (*1853 Sheshader, Isle of Lewis, Schottland); Norman (*1855 Sheshader, Isle of Lewis, Schottland) • +>1861

- Christian MacAuley#15d (1829->1861) • *1829 Sheshader, Isle of Lewis, Schottland • 1841, 1851 und 1861 im Scotland Census mit Wohnort Sheshader, Isle of Lewis, Schottland aufgeführt • +>1861

- William MacAuley#15e (1831->1851) • *1831 Sheshader, Isle of Lewis, Schottland • 1841 und 1851 im Scotland Census mit Wohnort Sheshader, Isle of Lewis, Schottland aufgeführt • +>1851

- Henrietta MacAuley#15f (1834->1861) • *1834 Sheshader, Isle of Lewis, Schottland • 1841, 1851 und 1861 im Scotland Census mit Wohnort Sheshader, Isle of Lewis, Schottland aufgeführt • ∞03.11.1857 Stornoway, Isle of Lewis, Schottland mit John MacAuley (1829-???) • Ⓚ William (*1859 Sheshader, Isle of Lewis, Schottland); Ann (*1860 Sheshader, Isle of Lewis, Schottland) • +>1861

- Isabella MacAuley#15g (1836->1861) • *1836 Sheshader, Isle of Lewis, Schottland • 1841, 1851 und 1861 im Scotland Census mit Wohnort Sheshader, Isle of Lewis, Schottland aufgeführt • ∞ mit Neil NN (1835-???) • +>1861

VIII
Generation V

#16   **Drumpf, Johannes (1789-1835)**

Ⓥ Johann Paul Drumpf[#32] (1727-1792) • Ⓜ Maria Elisabetha Setzer[#33] (1728-1797) • *26.03.1789 Bobenheim am Berg, Dürkheim • ∞ev 12.11.1826 Kallstadt, Dürkheim mit Susanna Maria Bechtloff[#17] (1804-1861) • Ⓚ Maria Catharina[#8a] (*1827 Kallstadt, Dürkheim); Christian Johannes[#8] (*1829 Kallstadt, Dürkheim); Anna Elisabetha[#8b] (*1831 Kallstadt, Dürkheim); Friedrich[#8c] (*1834 Kallstadt, Dürkheim) • +22.11.1835 Kallstadt, Dürkheim

um 1800 Umzug von Bobenheim am Berg, Dürkheim nach Kallstadt, Dürkheim

- Charlotta Louisa Christine Drumpf[#16a] (1787-1833) • *1787 Bobenheim am Berg, Dürkheim • ∞03.07.1804 Kallstadt, Dürkheim mit Johann Georg Heinz[1] (1770-1836) • Ⓚ Anna Maria Carolina[2] (*1802 Kallstadt, Dürkheim); Johann Lorenz[3] (*1805 Kallstadt, Dürkheim); Johannes[4] (*1807 Kallstadt, Dürkheim); Georg Friedrich[5] (*1809 Kallstadt, Dürkheim); Johann Heinrich[6] (*1811 Kallstadt, Dürkheim);

---

[1] Johann Georg Heinz (1770-1855) • Ⓥ Johann Georg Heinz (1722-1792), Sohn von Johann Georg Heinz (1689-1761) und Anna Katharina Henninger (1700-1773) • Ⓜ Anna Elisabetha Müller • *01.11.1770 Kallstadt, Dürkheim • +26.08.1855 Kallstadt, Dürkheim
[2] Anna Maria Carolina Heinz (1802-1893) • *02.02.1802 Kallstadt, Dürkheim • +08.12.1893 Kallstadt, Dürkheim
[3] Johann Lorenz Heinz (1805-1823) • *24.10.1805 Kallstadt, Dürkheim • +17.07.1823
[4] Johannes Heinz (1807-1887) • *24.08.1807 Kallstadt, Dürkheim • +05.01.1887 Kallstadt, Dürkheim
[5] Georg Friedrich Heinz (1809-1897) • *20.08.1809 Kallstadt, Dürkheim • +01.11.1897
[6] Johann Heinrich Heinz (1811-1891) • *05.08.1811 Kallstadt, Dürkheim • ∞04.12.1843 Birmingham, Pennsylvania, USA mit Anna Margaretha Schmidt (1822-1899) • Ⓚ Henry John (*1844); Mary Anne (*1846); John Henry (*1849); Peter J. (*~1851); Margaretta (<u>Maggie</u>) (*1855); Catherine Elisabeth (*1857); Catherine

Generation V

Anna Maria¹ (*1813 Kallstadt, Dürkheim); Charlotte Christina² (*1815 Kallstadt, Dürkheim); Georg Nikolaus³ (*1817 Kallstadt, Dürkheim); Johann Georg⁴ (*1819 Kallstadt, Dürkheim); Anna Caritas⁵ (*1822 Kallstadt, Dürkheim); Johann Karl⁶ (*1823 Kallstadt, Dürkheim); Anna Katharina⁷ (*1826 Kallstadt, Dürkheim); Elisabetha⁸ (*1828); Dorothea Henrietta⁹ (*1832 Kallstadt, Dürkheim) • +14.02.1833 Kallstadt, Dürkheim

- Anna Katharina Drumpf[#16b]

- Maria Dorothea Drumpf[#16c] (???-1855) • *1788 Bobenheim am Berg, Dürkheim (?) • +1855 Kallstadt, Dürkheim

---

Elisabeth (Lizzie) (*1858); Christian Jacob (*1861); Henrietta (Hettie) (*1864) • +23.12.1891 Philadelphia, USA

Henry John Heinz (1844-1919) • *11.10.1844 Pittsburgh, USA • Gründer von H. J. Heinz Company (Ketchup) • ∞23.09.1869 Pittsburgh, USA mit Sarah Jean Sloan Young (1843-1894) • +14.05.1919 Pittsburgh, USA

[1] Anna Maria Heinz (1813-1893) • *20.07.1813 Kallstadt, Dürkheim • ∞I 15.09.1841 Kallstadt, Dürkheim mit Johann Peter Schuster (1811-1843) • Ⓚ Georg Nikolaus (*1842); Elisabetha (*1843); Karl Philipp (*1843) • ∞II 13.10.1845 Kallstadt, Dürkheim mit Johann Lorenz Ruprecht (1807-1887) • Ⓚ Christoph (*1846); Friedrich (*1849); Elisabetha (*1851) • +08.12.1893 Kallstadt, Dürkheim

[2] Charlotte Christina Heinz (1815-1886) • *08.08.1815 Kallstadt, Dürkheim • +23.06.1886 Kallstadt, Dürkheim

[3] Georg Nikolaus Heinz (1817-1876) • *06.06.1817 Kallstadt, Dürkheim • +08.06.1876 Kallstadt, Dürkheim

[4] Johann Georg Heinz (1819-1833) • *14.12.1819 Kallstadt, Dürkheim • +1833

[5] Anna Caritas Heinz (1822-1822) • *07.04.1822 Kallstadt, Dürkheim • +30.05.1822 Kallstadt, Dürkheim

[6] Johann Karl Heinz (1823-1836) • *29.04.1823 Kallstadt, Dürkheim • +04.06.1836

[7] Anna Katharina Heinz (1826-1869) • *29.06.1826 Kallstadt, Dürkheim • +05.02.1869 Kallstadt, Dürkheim

[8] Elisabetha Heinz (1828-1855) • *04.12.1828 Kallstadt, Dürkheim • +02.11.1855

[9] Dorothea Henrietta Heinz (1832-1896) • *26.01.1832 Kallstadt, Dürkheim • ∞11.02.1857 Kallstadt, Dürkheim mit Johann Peter Fleischmann (1830-1869), Sohn von Johann Georg Fleischmann (1790-1859) und Anna Maria Lumelius (1790-1867) • +23.06.1896 Kallstadt, Dürkheim

VIII
Generation V

#17   **Bechtloff, Susanna Maria (1804-1861)**

Ⓥ Johann Gottlieb Jakob Bechtloff[#34] (1770-1816) • Ⓜ Anna Katharina Böhringer[#35] (1775-1846) • *04.11.1804 Kallstadt, Dürkheim • ⌣ev 06.11.1804 Kallstadt, Dürkheim • ∞ev 12.11.1826 Kallstadt, Dürkheim mit Johannes Drumpf[#16] (1789-1835) • Ⓚ Maria Catharina[#8a] (*1827 Kallstadt, Dürkheim); Christian Johannes[#8] (*1829 Kallstadt, Dürkheim); Anna Elisabetha[#8b] (*1831 Kallstadt, Dürkheim); Friedrich[#8c] (*1834 Kallstadt, Dürkheim) • +14.05.1861 Wachenheim an der Weinstraße, Dürkheim

- Johann Georg Bechtloff[#17a] (1801-???) • ⌣ev 13.09.1801 Kallstadt, Dürkheim

- Johann Niklaus Bechtloff[#17a] (1802-???) • ⌣ev 05.11.1802 Kallstadt, Dürkheim

- Johann Friedrich Bechtloff[#17a] (1809-1869) • *04.02.1809 Kallstadt, Dürkheim • ⌣ev 07.02.1809 Kallstadt, Dürkheim • ∞ev 27.12.1853 Kallstadt, Dürkheim mit Maria Magdalena Fleischmann[1] (1823-1905) • Ⓚ Maria Magdalena[2] (*1863 Kallstadt, Dürkheim); Elisabetha[3]; Anna Maria[4] (*1854 Kallstadt, Dürkheim); Johann Friedrich[5] (*1861 Kallstadt, Dürkheim) • +29.03.1869 Kallstadt, Dürkheim

- Maria Sophia Bechtloff[#17a] (1811-???) • ⌣ev 24.02.1811 Kallstadt, Dürkheim

---

[1] Maria Magdalena Fleischmann (1823-1905) • Ⓥ Johann Georg Fleischmann (1790-1859) • Ⓜ Anna Maria Lumelius (1790-1867) • *12.01.1823 Kallstadt, Dürkheim • +26.01.1905 Kallstadt, Dürkheim
[2] Maria Magdalena Bechtloff (1863-1924) • *05.11.1863 Kallstadt, Dürkheim • ∞19.05.1888 Kallstadt, Dürkheim mit Valentin Schaupp (1859-1924) • +09.04.1924 Ungstein, Dürkheim
[3] Elisabetha Bechtloff (???-1866) • +Jun 1866 Kallstadt, Dürkheim
[4] Anna Maria Bechtloff (1854-1855) • *Okt 1854 Kallstadt, Dürkheim • +13.05.1855 Kallstadt, Dürkheim
[5] Johann Friedrich Bechtloff (1861-1866) • ⌣ev 03.10.1861 Kallstadt, Dürkheim • +Jun 1866 Kallstadt, Dürkheim

- Anna Elisabetha Bechtloff[#17a] (1815-???) • ⌣ev 20.03.1815 Kallstadt, Dürkheim

#18   **Kober, Johann Jakob (1802-1871)**

Ⓥ Philipp Jakob Kober[#36] (1774-???) • Ⓜ Maria Barbara Ullrich[#37] (???-1849) • *30.04.1802 Wachenheim an der Weinstraße, Dürkheim • ∞ mit Maria Elisabetha Peter[#19] (1814-1895) • Ⓚ Katharina Barbara[#9] (*1836 Wachenheim an der Weinstraße, Dürkheim) • +19.04.1871 Wachenheim an der Weinstraße, Dürkheim • ☐21.04.1871 Wachenheim an der Weinstraße, Dürkheim

- Leonhard Kober[#18a] (1797-???) • *06.06.1797 Wachenheim an der Weinstraße, Dürkheim • ⌣ev 07.06.1797 Wachenheim an der Weinstraße, Dürkheim

- Philipp Kober[#18b] (1799-1799) • *1799 Wachenheim an der Weinstraße, Dürkheim • +18.01.1799 Wachenheim an der Weinstraße, Dürkheim

- Maria Susanna Kober[#18c] (1810-1898) • *21.08.1810 Wachenheim an der Weinstraße, Dürkheim • ⌣ev • +27.08.1898 St. Louis, Missouri, USA

#19   **Peter, Maria Elisabetha (1814-1895)**

Ⓥ Johann Conrad Peter[#38] (1785-1854) • Ⓜ Maria Elisabetha Barbara Euler[#39] (1790-1821) • *1814 Wachenheim an der Weinstraße, Dürkheim • ∞ mit Johann Jakob Kober[#18] (1802-1871) • Ⓚ Katharina Barbara[#9] (*1836 Wachenheim an der Weinstraße, Dürkheim) • +1895 Wachenheim an der Weinstraße, Dürkheim

VIII
Generation V

- Mathias Peter[#19a] • *Wachenheim an der Weinstraße, Dürkheim • ∞ mit Margarethe Müller[1] • Ⓚ Jakob; Elisabeth (*1865 Wachenheim an der Weinstraße, Dürkheim)

#20 Christ, Johann Georg (1820-???)

Ⓥ Johannes Christ[#40] (1789-???) • Ⓜ Anna Katharina Klingenschmidt[#41] (1795-???) • *06.05.1820 Kallstadt, Dürkheim • ∞05.02.1851 Kallstadt, Dürkheim mit Sabina Christina Hartung[#21] (1823-1868) • Ⓚ Philippine[#10a] (*1851); Elisabeth[#10b] (*1852); Marie[#10c] (*1854); Philipp[#10] (*1856 Kallstadt, Dürkheim); Katharina Elisabetha[#10d] (*1859); Ludwig[#10e] (*1862) • +Kallstadt, Dürkheim

- Katharina Eva Christ[#20a] (1818-???) • ᴗev 24.07.1818 Kallstadt, Dürkheim

#21 Hartung, Sabina Christina (1823-1868)

Ⓥ Johann Martin Hartung[#42] (1794-1869) • Ⓜ Christina Margaretha Hensel/Hänsel[#43] (1799-???) • *25.03.1823 Kallstadt, Dürkheim • ᴗev 30.03.1823 Kallstadt, Dürkheim • ∞05.02.1851 Kallstadt, Dürkheim mit Johann Georg Christ[#20] (1820-???) • Ⓚ Philippine[#10a] (*1851); Elisabeth[#10b] (*1852); Marie[#10c] (*1854); Philipp[#10] (*1856 Kallstadt, Dürkheim); Katharina Elisabetha[#10d] (*1859); Ludwig[#10e] (*1862) • ☐04.10.1868 Kallstadt, Dürkheim

- NN♂ Hartung[#21a] (1817-1817) • *14.07.1817 Kallstadt, Dürkheim • +14.07.1817 Kallstadt, Dürkheim • ☐15.07.1817 Kallstadt, Dürkheim

- Charlotte Luise Hartung[#21b] (1818-1835) • ᴗev 25.10.1818 Kallstadt, Dürkheim • ☐03.07.1835 Kallstadt, Dürkheim

---

[1] Margarethe Müller • Ⓥ Philipp Müller, Sohn von Johann Peter Müller und Katharina Barbara Braun • Ⓜ Katharina Elisabetha Ott (1805-1858), Tochter von Johannes Ott (1779-???) und Katharina Elisabetha Krick (1780-???) • *Mutterstadt, Ludwigshafen

VIII
Generation V

- Anna Elisabetha Hartung[#21c] (1820-1869) • *26.03.1820 • ∪ev 28.03.1820 Kallstadt, Dürkheim • □29.06.1869 Kallstadt, Dürkheim

- Johann Philipp Hartung[#21d] (1821-1910) • *25.08.1821 Kallstadt, Dürkheim • ∪ev 29.08.1821 Kallstadt, Dürkheim • ∞10.07.1851 Kallstadt, Dürkheim mit Anna Caritas Christ • Ⓚ Johann[1] (*1852 Kallstadt, Dürkheim); Elisabeth[2] (*1854 Kallstadt, Dürkheim); Sabina[3] (*1856 Kallstadt, Dürkheim); Maria[4] (*1861 Kallstadt, Dürkheim); Philipp[5] (*1865 Kallstadt, Dürkheim) • +08.02.1910 Kallstadt, Dürkheim

- Charlotte Hartung[#21e] (1824-1906) • *1824 Kallstadt, Dürkheim • +1906 Kallstadt, Dürkheim

- Johann Martin Hartung[#21f] (1826-1868) • *24.05.1826 • ∪ev 28.05.1826 Kallstadt, Dürkheim • ∞27.05.1852 Kallstadt, Dürkheim mit Elisabetha Schwan[6] (???-1873) • Ⓚ Georg Nikolaus[7] (*1868 Kallstadt, Dürkheim) • □10.06.1868 Kallstadt, Dürkheim

- J. Georg Hartung[#21g] (1828-1897), Zwilling • ∪ev 18.11.1828 Kallstadt, Dürkheim • +1897 Kallstadt, Dürkheim

---

[1] Johann Hartung (1852-1913) • *17.05.1852 Kallstadt, Dürkheim • ∪ev 30.05.1852 Kallstadt, Dürkheim • ∞22.10.1885 St Louis, Missouri, USA mit Isabella Wetzler (1861-~1904), Tochter von Charles Wetzler (1838-1903) und Marie Catherine Caroline Stock (1840-1916) • Ⓚ Charles (*1886 New York, USA); Paul John (*1888 New York, USA); Ise Victoria (*1890 Neustadt an der Weinstraße); Johann Alexander Waldemar (*1895 Neustadt an der Weinstraße) • +30.03.1913 Neustadt an der Weinstraße
[2] Elisabeth Hartung (1854-1919) • ∪ev 01.06.1854 Kallstadt, Dürkheim • +1919 Kallstadt, Dürkheim
[3] Sabina Hartung (1856-1932) • ∪ev 10.08.1856 Kallstadt, Dürkheim • +1932 Kallstadt, Dürkheim
[4] Maria Hartung (1861-1945) • ∪ev 04.08.1861 Kallstadt, Dürkheim • +1945 Kallstadt, Dürkheim
[5] Philipp Hartung (1865-1934) • ∪ev 14.05.1865 Kallstadt, Dürkheim • +1934 Kallstadt, Dürkheim
[6] Elisabetha Schwan (???-1873) • Ⓥ Georg Friedrich Schwan • Ⓜ Katharina Elisabetha Anthon • □15.09.1873 Kallstadt, Dürkheim
[7] Georg Nikolaus Hartung (1868-???) • ∪ev 13.03.1868 Kallstadt, Dürkheim

VIII
Generation V

- Carl Philipp Hartung[#21h] (1828-???), Zwilling • ⌣ev 18.11.1828 Kallstadt, Dürkheim

- Sophia Hartung[#21i] (1829-1910) • *30.11.1829 Kallstadt, Dürkheim • *06.12.1829 Kallstadt, Dürkheim • +1910 Kallstadt, Dürkheim

- Ludwig Hartung[#21j] (1833-1886) • *29.03.1833 Kallstadt, Dürkheim • ⌣ev 03.04.1833 Kallstadt, Dürkheim • ∞1861 mit Anna Margaretha Heinz[1] (???-1894) • Ⓚ Georg[2] (*1861 Kallstadt, Dürkheim); Frederik[3] (*1864 Kallstadt, Dürkheim); Elisabeth[4] (*1866 Kallstadt, Dürkheim); Margaretha Anna[5] (*1868 Kallstadt, Dürkheim); Ludwig[6] (*1871 Kallstadt, Dürkheim); Marie[7] (*1874 Kallstadt, Dürkheim); Helene[8] (*1877 Kallstadt, Dürkheim) • +1886 Kallstadt, Dürkheim

- Marie Hartung[#21k] (1834-1909) • *25.12.1834 Kallstadt, Dürkheim • ⌣ev 31.12.1834 Kallstadt, Dürkheim • +1909 Kallstadt, Dürkheim

- Karl Hartung[#21l] (1838-1868) • ⌣ev 21.09.1838 Kallstadt, Dürkheim • □26.03.1868 Kallstadt, Dürkheim

- Georg Hartung[#21m] (1841-1897) • ⌣ev 17.01.1841 Kallstadt, Dürkheim • ∞29.09.1864 Kallstadt, Dürkheim mit Helene Schuster[9] (???-1894) • Ⓚ

---

[1] Anna Margaretha Heinz (???-1894) • □05.04.1894 Kallstadt, Dürkheim
[2] Georg Hartung (1861-1910) • *1861 Kallstadt, Dürkheim • +1910 Kallstadt, Dürkheim
[3] Frederik Hartung (1864-1926) • *23.10.1864 Kallstadt, Dürkheim • ∞ mit Katharina Elisabeth Bender (1867-1929) • Ⓚ George (*1889 Philadelphia, USA); Fred J. (*1892 Philadelphia, USA); Rudolph (*1894 Philadelphia, USA); Harry (*1897); Albert (*1903 Philadelphia, USA) • +1926
[4] Elisabeth Hartung (1866-1881) • *1866 Kallstadt, Dürkheim • +1881 Kallstadt, Dürkheim
[5] Margaretha Anna Hartung (1868-1955) • ⌣ev 30.08.1868 Kallstadt, Dürkheim • +1955 Philadelphia, USA
[6] Ludwig Hartung (1871-1957) • *1871 Kallstadt, Dürkheim • +1957 Kallstadt, Dürkheim
[7] Marie Hartung (1874-1897) • *1874 Kallstadt, Dürkheim • +1897 Kallstadt, Dürkheim
[8] Helene Hartung (1877-1952) • *1877 Kallstadt, Dürkheim • +1952
[9] Helene Schuster (???-1894) • Ⓥ Karl Philipp Schuster • Ⓜ Charlotta Luisa Heinz • □10.01.1894 Kallstadt, Dürkheim

Karl[1] (*1865 Kallstadt, Dürkheim); Georg[2] (+1867); Elisabetha[3] (*1868 Kallstadt, Dürkheim); Georg[4] (*1872 Kallstadt, Dürkheim); Gottfried[5] (*1872 Kallstadt, Dürkheim); Georg[6] (*1873 Kallstadt, Dürkheim); Philipp[7] (*1875 Kallstadt, Dürkheim); Philipp[8] (*1877 Kallstadt, Dürkheim); Heinrich[9] (*1879 Kallstadt, Dürkheim); Katharina[10] (*1886 Kallstadt, Dürkheim); Sophia[11] (*1888 Kallstadt, Dürkheim) • □28.06.1897 Kallstadt, Dürkheim

#22   Anthon, Johannes Heinrich (1819-1889)

Ⓥ Philipp Friedrich Anthon[#44] (1783-1859) • Ⓜ Anna Margaretha Bechtloff[#45] (1797-1866) • *23.11.1819 Kallstadt, Dürkheim • ∪ev 26.11.1819 Kallstadt, Dürkheim • ∞ev-ref. 03.09.1840 Dürkheim mit Eva Farny[#23] (1818-1875) • Ⓚ Katharina[#11a] (*1841 Kallstadt, Dürkheim); Elisabetha[#11b] (*1842 Kallstadt, Dürkheim); Georg Heinrich[#11c] (*1844 Kallstadt, Dürkheim); Johannes[#11d] (*1845 Kallstadt, Dürkheim); Friedrich[#11e] (*1846 Kallstadt, Dürkheim); Friedrich[#11f] (*1848 Kallstadt, Dürkheim); Georg[#11g] (*1849 Kallstadt, Dürkheim); Joh. Philipp[#11h] (*1850 Kallstadt, Dürkheim); Margaretha[#11i] (*1851 Kallstadt, Dürkheim); Sophia[#11j] (*1851 Kallstadt, Dürkheim); Eva[#11k] (*1853 Kallstadt, Dürkheim); Friedrich[#11l] (*1854 Kallstadt, Dürkheim); Eva[#11m] (*1854 Kallstadt, Dürkheim); Anna Maria[#11] (*1857 Kallstadt, Dürkheim) • □25.03.1889 Kallstadt, Dürkheim

---

[1] Karl Hartung(1865-???) • ∪ev 29.01.1865 Kallstadt, Dürkheim
[2] Georg Hartung (???-1867) • □04.11.1867 Kallstadt, Dürkheim
[3] Elisabetha Hartung (1868-???) • ∪ev 05.11.1868 Kallstadt, Dürkheim
[4] Georg Hartung (1872-???) • ∪ev 08.03.1872 Kallstadt, Dürkheim
[5] Gottfried (1872-1872) • *1872 Kallstadt, Dürkheim • □11.03.1872
[6] Georg Hartung (1873-???) • ∪ev 05.06.1873 Kallstadt, Dürkheim
[7] Philipp Hartung (1875-1875) • ∪ev 02.09.1875 Kallstadt, Dürkheim • □06.09.1875 Kallstadt, Dürkheim
[8] Philipp Hartung (1877-???) • ∪ev 15.06.1877 Kallstadt, Dürkheim
[9] Heinrich Hartung (1879-???) • ∪ev 27.07.1879 Kallstadt, Dürkheim
[10] Katharina Hartung (1886-???) • ∪ev 21.02.1886 Kallstadt, Dürkheim
[11] Sophia Hartung (1888-???) • ∪ev 27.05.1888 Kallstadt, Dürkheim

VIII
Generation V

#23   **Farny, Eva (1818-1875)**

Ⓥ Johann Adam Farny[#46] (1784-???) • Ⓜ Anna Catharina Bühler[#47] • *09.04.1818 Dürkheim • ∞ev-ref. 03.09.1840 Dürkheim mit Johannes Heinrich Anthon[#22] (1819-1889) • Ⓚ Katharina[#11a] (*1841 Kallstadt, Dürkheim); Elisabetha[#11b] (*1842 Kallstadt, Dürkheim); Georg Heinrich[#11c] (*1844 Kallstadt, Dürkheim); Johannes[#11d] (*1845 Kallstadt, Dürkheim); Friedrich[#11e] (*1846 Kallstadt, Dürkheim); Friedrich[#11f] (*1848 Kallstadt, Dürkheim); Georg[#11g] (*1849 Kallstadt, Dürkheim); Joh. Philipp[#11h] (*1850 Kallstadt, Dürkheim); Margaretha[#11i] (*1851 Kallstadt, Dürkheim); Sophia[#11j] (*1851 Kallstadt, Dürkheim); Eva[#11k] (*1853 Kallstadt, Dürkheim); Friedrich[#11l] (*1854 Kallstadt, Dürkheim); Eva[#11m] (*1854 Kallstadt, Dürkheim); Anna Maria[#11] (*1857 Kallstadt, Dürkheim) • ☐30.12.1875 Kallstadt, Dürkheim

- Anna Elisabetha Farny[#23a] (1815-???) • *07.05.1815 Dürkheim

- Anna Catharina Farny[#23b] (1821-???) • *08.10.1821 Dürkheim

- Anna Catharina Farny[#23c] (1823-???) • *31.07.1823 Dürkheim • ᴗev 03.08.1823 Dürkheim • ∞06.04.1848 Dürkheim mit Georg Franz Zumstein • Ⓚ Adam (*1863 Dürkheim)

#24   **MacLeod, William (1806-1869)**

Ⓥ Kenneth MacLeod[#48] (1776-???) • Ⓜ Catherine MacIver[#49] (1780-???) • *26.04.1806 Tong, Stornoway, Isle of Lewis, Schottland • ∞19.11.1828 mit Catherine MacLeod[#25] (1809-???) • Ⓚ Alexander[#12] (*1830 Vatisker, Stornoway, Isle of Lewis, Schottland); Kenneth[#12a] (*1830 Vatisker, Stornoway, Isle of Lewis, Schottland); Angus[#12b] (*1833 Vatisker, Stornoway, Isle of Lewis, Schottland); Angus[#12c] (*1838 Vatisker, Stornoway, Isle of Lewis, Schottland); Catherine[#12d] (*1840 Vatisker, Stornoway, Isle of Lewis, Schottland); John[#12e] (*1843 Vatisker, Stornoway, Isle of Lewis, Schottland); William[#12f] (*1846 Vatisker, Stornoway, Isle of Lewis, Schottland); Margaret[#12f] (*1848 Vatisker, Stornoway, Isle of Lewis, Schottland) • +12.11.1869 Vatisker, Stornoway, Isle of Lewis, Schottland

- Murdo MacLeod[#24a] (1810-???) • *1810 Back, Isle of Lewis, Schottland • ∞ mit Mary Murray (1816-???) • Ⓚ Kenneth (*1840 Back, Isle of Lewis, Schottland)

#25   MacLeod, Catherine (1809-???)

Ⓥ Donald MacLeod[#50] (1785-???) • Ⓜ Margaret Cameron[#51] (1785-???) • *1809 Tong, Stornoway, Isle of Lewis, Schottland • ∞19.11.1828 mit William MacLeod[#24] (1806-1869) • Ⓚ Alexander[#12] (*1830 Vatisker, Stornoway, Isle of Lewis, Schottland); Kenneth[#12a] (*1830 Vatisker, Stornoway, Isle of Lewis, Schottland); Angus[#12b] (*1833 Vatisker, Stornoway, Isle of Lewis, Schottland); Angus[#12c] (*1838 Vatisker, Stornoway, Isle of Lewis, Schottland); Catherine[#12d] (*1840 Vatisker, Stornoway, Isle of Lewis, Schottland); John[#12e] (*1843 Vatisker, Stornoway, Isle of Lewis, Schottland); William[#12f] (*1846 Vatisker, Stornoway, Isle of Lewis, Schottland); Margaret[#12f] (*1848 Vatisker, Stornoway, Isle of Lewis, Schottland)

- Mary MacLeod[#25a] (1806-???) • *12.09.1806 Aird Tong, Isle of Lewis, Schottland • ∞ mit George Finlayson (1804-???) • Ⓚ Margaret (*1829 Aird Tong, Isle of Lewis, Schottland); John (*1832 Aird Tong, Isle of Lewis, Schottland); Isabella (*1834 Aird Tong, Isle of Lewis, Schottland); Murdo (*1836 Aird Tong, Isle of Lewis, Schottland); Mary (*1839 Aird Tong, Isle of Lewis, Schottland); Malcom (*1841 Aird Tong, Isle of Lewis, Schottland); Christian (*1844 Aird Tong, Isle of Lewis, Schottland)

- Henrietta MacLeod[#25b] (1816->1850) • *1816 Aird Tong, Stornoway, Isle of Lewis, Schottland • 1841 im Scotland Census mit Alter 25 Jahren aufgeführt • ∞24.04.1843 Stornoway, Isle of Lewis, Schottland mit John Thompson (1811-???) • Ⓚ Ann (*1845 Aird Tong, Isle of Lewis, Schottland); John (*1847 Aird Tong, Isle of Lewis, Schottland); Isabella (*1849 Aird Tong, Isle of Lewis, Schottland); Mary (*1850 Aird Tong, Isle of Lewis, Schottland) • +>1850

VIII
Generation V

- Angus MacLeod#25c (1821->1841) • *1821 Aird Tong, Stornoway, Isle of Lewis, Schottland • 1841 im Scotland Census mit Alter 20 Jahren aufgeführt • +>1841

- Mudo MacLeod#25d (1828->1870) • *1828 Aird Tong, Stornoway, Isle of Lewis, Schottland • 1841 im Scotland Census mit Alter 15 Jahren aufgeführt • ∞26.12.1848 Barrabost, Stornoway, Isle of Lewis, Schottland mit Ann MacKenzie (1825-???) • Ⓚ Ann (*1850 Aird Tong, Stornoway, Isle of Lewis, Schottland); John (*1852 Aird Tong, Stornoway, Isle of Lewis, Schottland); Mary (*1854 Aird Tong, Stornoway, Isle of Lewis, Schottland); Donald (*1856 Aird Tong, Stornoway, Isle of Lewis, Schottland); Margaret (*1859 Aird Tong, Stornoway, Isle of Lewis, Schottland); Peter (*1860 Aird Tong, Stornoway, Isle of Lewis, Schottland); Henrietta (*1865 Aird Tong, Stornoway, Isle of Lewis, Schottland); Isabella (*1867 Aird Tong, Stornoway, Isle of Lewis, Schottland); Murdo (*1870 Aird Tong, Stornoway, Isle of Lewis, Schottland) • +>1870

#26   MacLeod, Alexander (1806-???)

Ⓥ John MacLeod#52 (1787-???) • Ⓜ Christian Morrison#53 (1786-???) • *12.10.1806 Tong, Stornoway, Isle of Lewis, Schottland • ∞ mit Ann MacKenzie#27 (1811-???) • Ⓚ Christian#13a (*1831 Tong, Stornoway, Isle of Lewis, Schottland); Anne#13 (*1833 Tong, Stornoway, Isle of Lewis, Schottland), Alexander#13b (*1835 Tong, Stornoway, Isle of Lewis, Schottland); Donald#13c (*1838 Tong, Stornoway, Isle of Lewis, Schottland); Malcom#13d (*1838 Tong, Stornoway, Isle of Lewis, Schottland); John#13e (*1840 Tong, Stornoway, Isle of Lewis, Schottland); Angus#13f (*1844 Tong, Stornoway, Isle of Lewis, Schottland); Christian#13g (*1854 Tong, Stornoway, Isle of Lewis, Schottland); Jessie#13h (*1856 Tong, Stornoway, Isle of Lewis, Schottland); Murdo#13i (*1861 Tong, Stornoway, Isle of Lewis, Schottland)

#27 MacKenzie, Ann (1811-???)

Ⓥ John MacKenzie[#54] (˜1786-???) • Ⓜ Catherine Beaton[#55] (1790-???) • *30.12.1811 Back, Stornoway, Isle of Lewis, Schottland • ∞ mit Alexander MacLeod[#26] (1806-???) • Ⓚ Christian[#13a] (*1831 Tong, Stornoway, Isle of Lewis, Schottland); Anne[#13] (*1833 Tong, Stornoway, Isle of Lewis, Schottland); Alexander[#13b] (*1835 Tong, Stornoway, Isle of Lewis, Schottland); Donald[#13c] (*1838 Tong, Stornoway, Isle of Lewis, Schottland); Malcom[#13d] (*1838 Tong, Stornoway, Isle of Lewis, Schottland); John[#13e] (*1840 Tong, Stornoway, Isle of Lewis, Schottland); Angus[#13f] (*1844 Tong, Stornoway, Isle of Lewis, Schottland); Christian[#13g] (*1854 Tong, Stornoway, Isle of Lewis, Schottland); Jessie[#13h] (*1856 Tong, Stornoway, Isle of Lewis, Schottland); Murdo[#13i] (*1861 Tong, Stornoway, Isle of Lewis, Schottland)

- Christian MacKenzie[#27a] (1826-˃1841) • *1826 Back, Stornoway, Isle of Lewis, Schottland • 1841 im Scotland Census mit Wohnort Back, Stornoway, Isle of Lewis, Schottland aufgeführt • +˃1841

- Norman MacKenzie[#27b] (1826-˃1861) • *1826 Back, Stornoway, Isle of Lewis, Schottland • 1841 im Scotland Census mit Wohnort Back, Stornoway, Isle of Lewis, Schottland aufgeführt • 1861 im Scotland Census mit Wohnort Garrabost, Stornoway, Isle of Lewis, Schottland aufgeführt • ∞13.12.1853 Garrabost, Stornoway, Isle of Lewis, Schottland mit Henrietta MacLeod (1831-???) • Ⓚ Donald (*1855 Garrabost, Stornoway, Isle of Lewis, Schottland); Mary (*1856 Garrabost, Stornoway, Isle of Lewis, Schottland); Christian (*1859 Garrabost, Stornoway, Isle of Lewis, Schottland); Evander (*1860 Garrabost, Stornoway, Isle of Lewis, Schottland) • +˃1861

- Margaret MacKenzie[#27c] (1829-˃1841) • *1829 Back, Stornoway, Isle of Lewis, Schottland • 1841 im Scotland Census mit Wohnort Back, Stornoway, Isle of Lewis, Schottland aufgeführt • +˃1841

- John MacKenzie[#27d] (1831-˃1841) • *1831 Back, Stornoway, Isle of Lewis, Schottland • 1841 im Scotland Census mit Wohnort Back, Stornoway, Isle of Lewis, Schottland aufgeführt • +˃1841

VIII
Generation V

- Murdo MacKenzie[#27e] (1833->1841) • *1833 Back, Stornoway, Isle of Lewis, Schottland • 1841 im Scotland Census mit Wohnort Back, Stornoway, Isle of Lewis, Schottland aufgeführt • +>1841

- John MacKenzie[#27f] (1837->1841) • *1837 Back, Stornoway, Isle of Lewis, Schottland • 1841 im Scotland Census mit Wohnort Back, Stornoway, Isle of Lewis, Schottland aufgeführt • +>1841

#28   Smith, Duncan (1808-1868)

Ⓥ Malcom Smith[#56] (1776-???) • Ⓜ Marry Morrison[#57] (1776-???) • *1808 Tong, Stornoway, Isle of Lewis, Schottland • ∞07.01.1832 Stornoway, Isle of Lewis, Schottland mit Henrietta MacQueen/MacSwane[#29] (1805-1882) • Ⓚ Murdo[#14a] (*1832 Tong, Stornoway, Isle of Lewis, Schottland); Donald[#14] (*1835 Tong, Stornoway, Isle of Lewis, Schottland); Ann[#14b] (*1837 Tong, Stornoway, Isle of Lewis, Schottland); Angus[#14c] (*1840 Tong, Stornoway, Isle of Lewis, Schottland); Catherine[#14d] (*1843 Tong, Stornoway, Isle of Lewis, Schottland); Barbara[#14e] (*1845 Tong, Stornoway, Isle of Lewis, Schottland); Margaret[#14f] (*1849 Tong, Stornoway, Isle of Lewis, Schottland); Malcom[#14g] (*1850 Tong, Stornoway, Isle of Lewis, Schottland); Isabella[#14h] (*1856 Tong, Stornoway, Isle of Lewis, Schottland) • +1868 (Bootsunfall)

- John Smith[#28a] (1796-???) • *1796 Tong, Stornoway, Isle of Lewis, Schottland • ∞ mit Isabella MacLeod (1801-???) • Ⓚ Ann (*1832 Tong, Stornoway, Isle of Lewis, Schottland); Isabella (*1825 Tong, Stornoway, Isle of Lewis, Schottland); Malcom (*1829 Tong, Stornoway, Isle of Lewis, Schottland); Henrietta (*1832 Tong, Stornoway, Isle of Lewis, Schottland)

- Donald Smith[#28b] (1811-???) • *1811 Tong, Stornoway, Isle of Lewis, Schottland • ∞07.06.1834 Isle of Lewis, Schottland mit Marion MacDonald (1816-???) • Ⓚ Christian (*1836 Tong, Stornoway, Isle of

VIII
Generation V

Lewis, Schottland); Murdo¹ (*1838 Tong, Stornoway, Isle of Lewis, Schottland); Malcom² (*1839 Tong, Stornoway, Isle of Lewis, Schottland); Angus (*1843 Tong, Stornoway, Isle of Lewis, Schottland); Mary (*1851 Tong, Stornoway, Isle of Lewis, Schottland); Isabella³ (*1853 Tong, Stornoway, Isle of Lewis, Schottland)

▪ Roderick Smith#28c (1816-???) • *1816 Tong, Stornoway, Isle of Lewis, Schottland

▪ Margaret Smith#28d (1819-???) • *1819 Tong, Stornoway, Isle of Lewis, Schottland

#29   **MacQueen/MacSwane, Henrietta (1805-1882)**

Ⓥ Angus MacQueen#58 (1780-???) • Ⓜ Margaret Campbell#59 (1780-???) • *1805 Inverness, Highlands, Schottland • ∞07.01.1832 Stornoway, Isle of Lewis, Schottland mit Duncan Smith#28 (1808-1868) • Ⓚ Murdo#14a (*1832 Tong, Stornoway, Isle of Lewis, Schottland); Donald#14 (*1835

---

¹ Murdo Smith (1838-???) • *1838 Tong, Stornoway, Isle of Lewis, Schottland • ∞13.11.1863 Tong, Stornoway, Isle of Lewis, Schottland mit Christian MacLeod (1840-???), Tochter von Peter MacLeod (1801-1860) und Margaret MacLennan (1801-???) • Ⓚ Peter (*1865 Tong, Stornoway, Isle of Lewis, Schottland); Marion (*1867 Tong, Stornoway, Isle of Lewis, Schottland); Catherine (*1869 Tong, Stornoway, Isle of Lewis, Schottland); Isabella (*1871 Tong, Stornoway, Isle of Lewis, Schottland); Donald (*1877 Tong, Stornoway, Isle of Lewis, Schottland); Murdo (*1880 Tong, Stornoway, Isle of Lewis, Schottland); John (*1883 Tong, Stornoway, Isle of Lewis, Schottland)
² Malcom Smith (1839-???) • *1839 Tong, Stornoway, Isle of Lewis, Schottland • ∞08.02.1877 Stornoway, Isle of Lewis, Schottland mit Christian Martin (1844-1931) • Ⓚ Margaret (*1877 Tong, Stornoway, Isle of Lewis); Mary (*1879 Tong, Stornoway, Isle of Lewis); Angus (*1881 Tong, Stornoway, Isle of Lewis); Donald (*1883 Tong, Stornoway, Isle of Lewis); Malcom (*1886 Tong, Stornoway, Isle of Lewis); Donald (*1888 Tong, Stornoway, Isle of Lewis); Marion (*1891 Tong, Stornoway, Isle of Lewis); Donald (*1894 Tong, Stornoway, Isle of Lewis)
³ Isabella Smith (1853-???) • *1853 Tong, Stornoway, Isle of Lewis, Schottland • ∞ mit Angus MacLeod (1857-???) • Ⓚ Mary (*1887 Tong, Stornoway, Isle of Lewis, Schottland); Malcom (*1889 Tong, Stornoway, Isle of Lewis, Schottland); Donald (*1890 Tong, Stornoway, Isle of Lewis, Schottland)

VIII
Generation V

Tong, Stornoway, Isle of Lewis, Schottland); Ann[#14b] (*1837 Tong, Stornoway, Isle of Lewis, Schottland); Angus[#14c] (*1840 Tong, Stornoway, Isle of Lewis, Schottland); Catherine[#14d] (*1843 Tong, Stornoway, Isle of Lewis, Schottland); Barbara[#14e] (*1845 Tong, Stornoway, Isle of Lewis, Schottland); Margaret[#14f] (*1849 Tong, Stornoway, Isle of Lewis, Schottland); Malcom[#14g] (*1850 Tong, Stornoway, Isle of Lewis, Schottland); Isabella[#14h] (*1856 Tong, Stornoway, Isle of Lewis, Schottland) • †26.03.1882 Stornoway, Isle of Lewis, Schottland

#30   MacAulay, John (1787-1862)

Ⓥ Alexander MacAulay[#60] (1760-???) • Ⓜ Catherine Stewart[#61] (1760-???) • *1787 Sheshader, Isle of Lewis, Schottland • ∞01.11.1814 Stornoway, Isle of Lewis, Schottland mit Isabella Murray[#31] (1786-???) • Ⓚ John[#15a] (*1816 Sheshader, Isle of Lewis, Schottland); Murdo[#15b] (*1821 Sheshader, Isle of Lewis, Schottland); Norman[#15c] (*1821 Sheshader, Isle of Lewis, Schottland); Mary[#15] (*1826 Sheshader, Isle of Lewis, Schottland); Christian[#15d] (*1829 Sheshader, Isle of Lewis, Schottland); William[#15e] (*1831 Sheshader, Isle of Lewis, Schottland); Henrietta[#15f] (*1834 Sheshader, Isle of Lewis, Schottland); Isabella[#15g] (*1836 Sheshader, Isle of Lewis, Schottland) • †1862 Schottland

■ Henrietta MacAuley[#30a] (1780->1841) • *1780 Stornoway, Isle of Lewis, Schottland • 1841 im Scotland Census mit Wohnort Skeshader, Stornoway, Isle of Lewis, Schottland aufgeführt • †>1841

■ Alexander MacAuley[#30b] (1786-1862) • *1786 Sheshader, Stornoway, Isle of Lewis, Schottland • 1841 und 1851 im Scotland Census aufgeführt • ∞26.12.1821 Stornoway, Isle of Lewis, Schottland mit Catherine MacLeod (1796-???) • Ⓚ Jane[1] (*1821 Isle of Lewis,

---

[1] Jane MacAuley (1821-1881) • *1821 Isle of Lewis, Schottland • ∞ mit Alexander MacAuley (1815-???), Sohn von Murdo MacAuley (1785-???) und Christian MacLeod (1786-???) • Ⓚ Mary (*1841 Sheshader, Stornoway, Isle of Lewis, Schottland); Isabella (*1848 Sheshader, Stornoway, Isle of Lewis, Schottland); Catherine (*1849 Sheshader, Stornoway, Isle of Lewis, Schottland); Murdo (*1854 Sheshader, Stornoway, Isle of

Schottland); Henrietta¹ (*1826 Sheshader, Stornoway, Isle of Lewis, Schottland); Ann (*1828 Sheshader, Stornoway, Isle of Lewis, Schottland); Alexander² (*1831 Sheshader, Stornoway, Isle of Lewis, Schottland); Catherine (*1834 Sheshader, Stornoway, Isle of Lewis, Schottland); Janet (*1836 Sheshader, Stornoway, Isle of Lewis, Schottland) • +1862 Isle of Lewis, Schottland

- Murdo MacAuley$^{\#30c}$ (1790-???) • *1790 Stornoway, Isle of Lewis, Schottland

#31   Murray, Isabella (1786-???)

Ⓥ John Murray$^{\#62}$ (1766-???) • Ⓜ ??? • *1786 Stornoway, Isle of Lewis, Schottland • ∞01.11.1814 Stornoway, Isle of Lewis, Schottland mit John MacAulay$^{\#30}$ (1787-1862) • Ⓚ John$^{\#15a}$ (*1816 Sheshader, Isle of Lewis, Schottland); Murdo$^{\#15b}$ (*1821 Sheshader, Isle of Lewis, Schottland); Norman$^{\#15c}$ (*1821 Sheshader, Isle of Lewis, Schottland); Mary$^{\#15}$ (*1826 Sheshader, Isle of Lewis, Schottland); Christian$^{\#15d}$ (*1829 Sheshader, Isle of Lewis, Schottland); William$^{\#15e}$ (*1831 Sheshader, Isle of Lewis,

---

Lewis, Schottland); Norman (*1856 Sheshader, Stornoway, Isle of Lewis, Schottland); Malcolm (*1861 Sheshader, Stornoway, Isle of Lewis, Schottland); Alexander (*1863 Sheshader, Stornoway, Isle of Lewis, Schottland) • +1881 Isle of Lewis, Schottland
¹ Henrietta MacAuley (1826-???) • *1826 Sheshader, Stornoway, Isle of Lewis, Schottland • ∞05.11.1856 Stornoway, Isle of Lewis, Schottland mit John Martin (1831->1901), Sohn von Donald Martin (1779-???) und Ann MacFarlane (1786-???) • Ⓚ Donald (*1858 Portvoller, Stornoway, Isle of Lewis, Schottland); William (*1860 Portvoller, Stornoway, Isle of Lewis, Schottland); Kenneth (*1863 Portvoller, Stornoway, Isle of Lewis, Schottland); Evander (*1869 Portvoller, Stornoway, Isle of Lewis, Schottland); Malcolm (*1872 Portvoller, Stornoway, Isle of Lewis, Schottland); Christian (*1876 Portvoller, Stornoway, Isle of Lewis, Schottland)
² Alexander MacAuley (1831->1901) • *1831 Sheshader, Stornoway, Isle of Lewis, Schottland • ∞05.12.1861 Stornoway, Isle of Lewis, Schottland mit Christian MacKenzie (1835-???) • Ⓚ Catherine (*1863 Sheshader, Stornoway, Isle of Lewis, Schottland); Jessie (*1866 Sheshader, Stornoway, Isle of Lewis, Schottland); Malcolm (*1870 Sheshader, Stornoway, Isle of Lewis, Schottland); Ann (*1875 Sheshader, Stornoway, Isle of Lewis, Schottland); Christian (*1878 Sheshader, Stornoway, Isle of Lewis, Schottland); Isabella (*1880 Sheshader, Stornoway, Isle of Lewis, Schottland) • +>1901

Schottland); Henrietta[#15f] (*1834 Sheshader, Isle of Lewis, Schottland); Isabella[#15g] (*1836 Sheshader, Isle of Lewis, Schottland)

IX
Generation VI

#32 Drumpf, Johann Paul (1727-1792)

Ⓥ Johann Sebastian Drumpf[#64] (1699-???) • Ⓜ Susanna Margaretha Kohl[#65] (1707-???) • *01.08.1727 Bobenheim am Berg, Dürkheim • ∞ev 07.02.1768 Weisenheim am Berg mit Maria Elisabetha Setzer[#73] (1728-1797) • Ⓚ Charlotta Louisa Christine[#16a] (*1788 Bobenheim am Berg, Dürkheim); Johannes[#16] (*1789 Bobenheim am Berg, Dürkheim); Anna Katharina[#16b]; Maria Dorothea[#16c] • +1792 Bobenheim am Berg, Dürkheim

#33 Setzer, Maria Elisabetha (1728-1797)

Ⓥ Johannes Adam Setzer[#66] • Ⓜ Anna Margaretha NN[#67] • ᴜev-luth. 02.06.1728 Bietigheim • ∞I ev 26.04.1757 Eppingen mit Johann Georg Hirels • ∞II ev 07.02.1768 Weisenheim am Berg mit Johann Paul Drumpf[#32] (1727-1792) • Ⓚ Charlotta Louisa Christine[#16a] (*1788 Bobenheim am Berg, Dürkheim); Johannes[#16] (*1789 Bobenheim am Berg, Dürkheim); Anna Katharina[#16b]; Maria Dorothea[#16c] • +Jan 1797

#34 Bechtloff, Johann Gottlieb Jakob (1770-1816)

Ⓥ Johann Reichhard Bechtloff[#68] (1734-1773) • Ⓜ Susanna Maria Bankhardt[#69] (1733-1818) • *13.03.1770 Kallstadt, Bad Dürkheim • ᴜev 16.03.1770 Kallstadt, Dürkheim • ∞ev 23.11.1800 Ungstein, Dürkheim mit Anna Katharina Böhringer[#35] (1775-1846) • Ⓚ Susanna Maria[#17] (*1804 Kallstadt, Dürkheim); Johann Friedrich[#17a] • +21.09.1816 Kallstadt, Dürkheim • ☐23.09.1816 Kallstadt, Dürkheim

- Maria Margaretha Bechtloff[#34a] (1767-???) • ᴜev 03.02.1767 Kallstadt, Dürkheim

- Anna Katharina Bechtloff[#34b] (1768-???) • ∪ev 27.05.1768 Kallstadt, Dürkheim

- Anna Katharina Bechtloff[#34c] (1772-???) • ∪ev 15.03.1772 Kallstadt, Dürkheim

#35 Böhringer, Anna Katharina (1775-1846)

Ⓥ Johann Nicolaus Böhringer[#70] (1741-???) • Ⓜ Maria Philippina Rank[#71] (1754-???) • *14.09.1775 Ungstein, Dürkheim • ∪ev • ∞ev 23.11.1800 Ungstein, Dürkheim mit Johann Gottlieb Jakob Bechtloff[#34] (1770-1816) • Ⓚ Susanna Maria[#17] (*1804 Kallstadt, Dürkheim); Johann Friedrich[#17a] • +04.10.1846 Kallstadt, Dürkheim • ☐06.10.1846 Kallstadt, Dürkheim

- Maria Magdalena Böhringer[#35a] (1777-???) • *29.05.1777 Ungstein, Dürkheim • ∪ev 30.05.1777 Ungstein, Dürkheim

- Charlotte Sophia Böhringer[#35b] (1779-???) • *14.04.1779 Ungstein, Dürkheim • ∪ev 16.04.1790 Ungstein, Dürkheim

- Anna Maria Böhringer[#35c] (1781-???) • ∪ev 11.05.1790 Ungstein, Dürkheim • ∞I mit Johann Michael Unverzagt

- Johannes Böhringer[#35d] (1784-???) • *12.02.1784 Ungstein, Dürkheim

- Johann Henrich Böhringer[#35e] (1785-???) • *12.04.1785 Ungstein, Dürkheim

- Johann Lorenz Böhringer[#35f] (1786-???) • *01.11.1786 Ungstein, Dürkheim • ∪ev 03.11.1786 Ungstein, Dürkheim

- Maria Sophia Böhringer[#35g] (1790-???) • *22.03.1790 Ungstein, Dürkheim • ∪ev 25.03.1790 Ungstein, Dürkheim

- Maria Sabine Böhringer[#35h] (1793-???) • *12.03.1793 Ungstein, Dürkheim

- Johann Friedrich Böhringer[#35i] (1796-???) • *25.09.1796 Ungstein, Dürkheim

Generation VI

- Anna Dorothea Böhringer[#35j] (1798-???) • *06.04.1798 Ungstein, Dürkheim • ⌣ev 09.04.1798 Ungstein, Dürkheim

#36   **Kober, Philipp Jakob (1774-???)**

Ⓥ Johann Philipp Kober[#72] • Ⓜ Maria Christina Fielber[#73] • *14.01.1774 Oberdiebach, Bingen am Rhein • ⌣ev 16.01.1774 Oberdiebach, Bingen am Rhein • ∞09.08.1795 Wachenheim an der Weinstraße, Dürkheim mit Maria Barbara Ullrich[#37] (???-1849) • Ⓚ Leonhard[#18a] (*1797 Wachenheim an der Weinstraße, Dürkheim); Philipp[#18b] (*1799 Wachenheim an der Weinstraße, Dürkheim); Johann Jakob[#18] (*1802 Wachenheim an der Weinstraße, Dürkheim); Maria Susanna[#18c] (*1810 Wachenheim an der Weinstraße, Dürkheim)

- Johann Frantz Heinrich Kober[#36a] (1779-???) • ⌣ev 30.05.1779 Oberdiebach, Bingen am Rhein

- Johann Christoph Kober[#36b] (1783-???) • *15.11.1783 Oberdiebach, Bingen am Rhein • ⌣ev 16.11.1783 Oberdiebach, Bingen am Rhein

#37   **Ullrich, Maria Barbara (???-1849)**

Ⓥ Johann Jakob Ullrich[#74] (1810-1890) • Ⓜ Eva Maria Gruber[#75] (1826-1893) • *Deutschland • ∞09.08.1795 Wachenheim an der Weinstraße, Dürkheim mit Philipp Jakob Kober[#36] (1774-???) • Ⓚ Leonhard[#18a] (*1797 Wachenheim an der Weinstraße, Dürkheim); Philipp[#18b] (*1799 Wachenheim an der Weinstraße, Dürkheim); Johann Jakob[#18] (*1802 Wachenheim an der Weinstraße, Dürkheim); Maria Susanna[#18c] (*1810 Wachenheim an der Weinstraße, Dürkheim) • +28.09.1849 Wachenheim an der Weinstraße, Dürkheim

- Johannes Ullrich[#37a] (1841-1927) • *19.06.1841 Altlußheim • +14.11.1927 Wayne, Iowa, USA

- Conrad Ullrich[#37b] (1843-1928) • *28.12.1843 Altlußheim • +29.12.1928 Wyandot, Ohio, USA

- Mary Ullrich[#37c] (1847-???) • *1847 Ohio, USA
- Clara Ullrich[#37d] (1850-???) • *1850 Ohio, USA
- Daniel Ullrich[#37e] (1853-1925) • *Feb 1853 Ohio, USA • +18.03.1925 Wyandot, Ohio, USA
- Michael Ullrich[#37f] (1855-???) • *1855 Ohio, USA
- Daniel Ullrich[#37g] (~1856-???) • *~1856 Ohio, USA
- Frank Ullrich[#37h] (1858-1943) • *Nov 1858 Ohio, USA • +1943
- Ulysses Ullrich[#37i] (1859-???) • *1859 Ohio, USA
- Lewis Ullrich[#37j] (1861-???) • *Sep 1861 Ohio, USA

#38   Peter, Johann Conrad (1785-1854)

Ⓥ Johann Nicolaus Peter[#76] • Ⓜ Maria Barbara Bohl[#77] • *20.11.1785 Wachenheim an der Weinstraße, Dürkheim • ∞10.09.1809 Wachenheim an der Weinstraße, Dürkheim mit Maria Elisabetha Barbara Euler[#39] (1790-???) • Ⓚ Maria Elisabetha[#19] (*1814 Wachenheim an der Weinstraße, Dürkheim); Mathias[#19a] (*Wachenheim an der Weinstraße, Dürkheim) • +09.04.1854 Wachenheim an der Weinstraße, Dürkheim • ☐11.04.1854 Wachenheim an der Weinstraße, Dürkheim

#39   Euler, Maria Elisabetha Barbara (1790-1821)

Ⓥ Johann Georg Euler[#78] (1752-1825) • Ⓜ Elisabetha Margaretha Zimmermann[#79] (1756-1827) • *18.05.1790 Wachenheim an der Weinstraße, Dürkheim • ∪ev 19.05.1790 Wachenheim an der Weinstraße, Dürkheim • ∞10.09.1809 Wachenheim an der Weinstraße, Dürkheim mit Johann Conrad Peter[#38] (1785-1854) • Ⓚ Maria Elisabetha[#19] (*1814 Wachenheim an der Weinstraße, Dürkheim); Mathias[#19a] (*Wachenheim an der Weinstraße, Dürkheim) • +1821

Generation VI

#40   **Christ, Johannes (1789-???)**

Ⓥ Johann Georg Christ[#80] (1754-???) • Ⓜ Marie Elisabeth Ott[#81] (1753-???) • *25.11.1789 Kallstadt, Dürkheim • ⌣ev 27.11.1789 Kallstadt, Dürkheim • ∞27.04.1817 Kallstadt, Dürkheim mit Anna Katharina Klingenschmidt[#41] (1795-???) • Ⓚ Katharina Eva[#20a] (*1818 Kallstadt, Dürkheim); Johann Georg[#20] (*1820 Kallstadt, Dürkheim)

- Johann Georg Christ[#40a] (1795-???) • ⌣ev 28.05.1795 Kallstadt, Dürkheim

- Johann Konrad Christ[#40b] (1797-???) • ⌣ev 18.06.1797 Kallstadt, Dürkheim

#41   **Klingelschmitt, Anna Katharina (1795-???)**

Ⓥ Johann Andreas Klingelschmitt[#82] • Ⓜ ??? • *1795 • ∞27.04.1817 Kallstadt, Dürkheim mit Johannes Christ[#40] (1789-???) • Ⓚ Katharina Eva[#20a] (*1818 Kallstadt, Dürkheim); Johann Georg[#20] (*1820 Kallstadt, Dürkheim)

#42   **Hartung, Johann Martin (1794-1869)**

Ⓥ Johann Philipp Hartung[#84] (1750-1806) • Ⓜ Charlotte Luise Schuster[#85] (1764-1836) • *17.01.1794 Wachenheim an der Weinstraße, Dürkheim • ⌣ev 17.01.1794 Kallstadt, Dürkheim • ∞06.07.1817 Kallstadt, Dürkheim mit Christina Margaretha Hensel/Hänsel[#43] (1799-???) • Ⓚ NN♂ [#21a] (*1817 Kallstadt, Dürkheim); Charlotte Luise[#21b] (*1818 Kallstadt, Dürkheim); Anna Elisabetha[#21c] (*1820 Kallstadt, Dürkheim); Johann Philipp[#21d] (*1821 Kallstadt, Dürkheim); Sabina Christina[#21] (*1823 Kallstadt, Dürkheim); Charlotte[#21e] (*1824 Kallstadt, Dürkheim); Johann Martin[#21f] (*1826 Kallstadt, Dürkheim); J. Georg[#21g] (*1828 Kallstadt, Dürkheim); Carl Philipp[#21h] (*1828 Kallstadt, Dürkheim); Sophia[#21i] (*1829 Kallstadt, Dürkheim); Ludwig[#21j] (*1833 Kallstadt, Dürkheim); Marie[#21k] (*1834 Kallstadt, Dürkheim); Karl[#21l] (*1838 Kallstadt, Dürkheim); Georg Hartung[#21m] (*1841 Kallstadt,

IX
Generation VI

Dürkheim) • +25.01.1869 Kallstadt, Dürkheim • ☐27.01.1869 Kallstadt, Dürkheim

- Anna Elisabetha Hartung[#42a] (1788-???) • *25.02.1788 Kallstadt, Dürkheim • ∪ev 26.02.1788 Kallstadt, Dürkheim • ☐02.04.1788 Kallstadt, Dürkheim

- Sophia Christina Hartung[#42b] (1789-1861) • *28.03.1789 Kallstadt, Dürkheim • ∪ev 31.03.1789 Kallstadt, Dürkheim • ☐20.03.1861 Kallstadt, Dürkheim

- Johann Georg Hartung[#42c] (1791-1861) • *09.01.1791 Kallstadt, Dürkheim • ∪ev 11.01.1791 Kallstadt, Dürkheim • ∞29.11.1814 Kallstadt, Dürkheim mit Sophia Katharina Barth/Bardt[1] (1790-1866) • Ⓚ Sophia Katharina[2] (*1815 Kallstadt, Dürkheim); Anna Elisabeth[3] (*1816 Kallstadt, Dürkheim); Johann Georg[4] (*1818 Kallstadt, Dürkheim); Sabina Christina[5] (*1820 Kallstadt, Dürkheim); Sabina Katharina[6] (*1821 Kallstadt, Dürkheim); Johann Philipp[7] (*1826 Kallstadt, Dürkheim); Anna Maria[8] (*1827 Kallstadt, Dürkheim); Martin[9] (*1832 Kallstadt, Dürkheim) • +05.09.1861 Kallstadt, Dürkheim • ☐07.09.1761 Kallstadt, Dürkheim

---

[1] Sophia Katharina Barth/Bardt (1790-1866) • Ⓥ Johann Adam Barth/Bardt • Ⓜ Anna Maria Münch • *1790 • +1866

[2] Sophia Katharina Hartung (1815-1835) • ∪ev 12.11.1815 Kallstadt, Dürkheim • ☐29.11.1815 Kallstadt, Dürkheim

[3] Anna Elisabeth Hartung (1816-1819) • *24.11.1816 Kallstadt, Dürkheim • ∪ev 27.11.1816 Kallstadt, Dürkheim • ☐30.04.1819 Kallstadt, Dürkheim

[4] Johann Georg Hartung (1818-1819) • ∪ev 06.12.1818 Kallstadt, Dürkheim • ☐02.01.1819 Kallstadt, Dürkheim

[5] Sabina Christina Hartung (1820-???) • ∪ev 26.04.1820 Kallstadt, Dürkheim

[6] Sabina Katharina Hartung (1821-???) • ∪ev 11.09.1821 Kallstadt, Dürkheim

[7] Johann Philipp Hartung (1826-1826) • ∪ev 16.02.1826 Kallstadt, Dürkheim • ☐05.10.1826 Kallstadt, Dürkheim

[8] Anna Maria Hartung (1827-???) • ∪ev 23.12.1827 Kallstadt, Dürkheim

[9] Martin Hartung (1832-1914) • *13.11.1832 Kallstadt, Dürkheim • ∪ev 25.11.1832 Kallstadt, Dürkheim • ∞ mit Maria Stauch (1833-1912) • Ⓚ Charlotte (*1863 Kallstadt, Dürkheim); Georg (*1868 Kallstadt, Dürkheim); Philipp Lorenz (*1869 Kallstadt, Dürkheim); Gottfried (*1875 Kallstadt, Dürkheim); Martin (*1878 Kallstadt,

Generation VI

- NN ♀ Hartung#42d (1793-1793) • *1793 Kallstadt, Dürkheim • +1793 Kallstadt, Dürkheim

- Sabina Christina Hartung#42b (1796-1798) • *29.07.1796 Kallstadt, Dürkheim • ∪ev 31.07.1796 Kallstadt, Dürkheim • +1798 Kallstadt, Dürkheim

- Anna Elisabetha Hartung#42b (1802-1869) • *23.11.1802 Kallstadt, Dürkheim • ∪ev 26.11.1802 Kallstadt, Dürkheim • +1869 Kallstadt, Dürkheim

#43   **Hensel/Hänsel, Christina Margaretha (1799-???)**

Ⓥ Johann Tobias Hensel/Hänsel#86 (1753-???) • Ⓜ Charlotta Louisa Freund#87 (1760-1825) • *1799 Kallstadt, Dürkheim • ∞06.07.1817 Kallstadt, Dürkheim mit Johann Martin Hartung#42 (1794-1869) • Ⓚ NN♂ #21a (*1817 Kallstadt, Dürkheim); Charlotte Luise#21b (*1818 Kallstadt, Dürkheim); Anna Elisabetha#21c (*1820 Kallstadt, Dürkheim); Johann Philipp#21d (*1821 Kallstadt, Dürkheim); Sabina Christina#21 (*1823 Kallstadt, Dürkheim); Charlotte#21e (*1824 Kallstadt, Dürkheim); Johann Martin#21f (*1826 Kallstadt, Dürkheim); J. Georg#21g (*1828 Kallstadt, Dürkheim); Carl Philipp#21h (*1828 Kallstadt, Dürkheim); Sophia#21i (*1829 Kallstadt, Dürkheim); Ludwig#21j (*1833 Kallstadt, Dürkheim); Marie#21k (*1834 Kallstadt, Dürkheim); Karl#21l (*1838 Kallstadt, Dürkheim); Georg Hartung#21m (*1841 Kallstadt, Dürkheim)

#44   **Anthon, Philipp Friedrich (1783-1859)**

Ⓥ Johann Heinrich Antoni/Anthon#88 • Ⓜ Sophia Sabina Peter#89 (1745-1817) • *14.05.1783 Kallstadt, Dürkheim • ∪ev 16.05.1783 Kallstadt, Dürkheim • ∞I 28.02.1813 Kallstadt, Dürkheim mit Maria

Dürkheim); Else Marie Luise (*1882 Kallstadt, Dürkheim) • +1914 Kallstadt, Dürkheim

Magdalena Schröder¹ • ∞II 16.11.1816 Kallstadt, Dürkheim mit Anna Margaretha Bechtloff#45 (1797-1866) • Ⓚ Johannes Heinrich#22 (*1819 Kallstadt, Dürkheim) • □07.07.1859 Kallstadt, Dürkheim

- Anna Margaretha Anthon/Antoni#44a (1772-???) • ∪ev 19.07.1772 Kallstadt, Dürkheim

- Anna Maria Anthon/Antoni#44b (1773-???) • ∪ev 29.09.1773 Kallstadt, Dürkheim

- Heinrich Anthon/Antoni#44c (1775-???) • *1775 Kallstadt, Dürkheim • ∞29.10.1819 Kallstadt, Dürkheim mit Anna Margaretha Gemmling² • Ⓚ Lorenz³ (*1820 Kallstadt, Dürkheim); Philipp Friedrich⁴ (*1822 Kallstadt, Dürkheim)

- Johann Georg Anthon/Antoni#44d (1777-???) • ∪ev 23.03.1777 Kallstadt, Dürkheim

- Sophia Elisabetha Anthon/Antoni#44e (1780-???) • ∪ev 16.04.1780 Kallstadt, Dürkheim

#45 Bechtloff, Anna Margaretha (1797-1866)

Ⓥ Friedrich Karl Bechtloff#90 (1765-1809) • Ⓜ Anna Elisabetha Humann#91 (1767-???) • *04.09.1797 Kallstadt, Dürkheim • ∪ev 06.09.1797 Kallstadt, Dürkheim • ∞16.11.1816 Kallstadt, Dürkheim mit Philipp Friedrich Anthon#44 (1783-???) • Ⓚ Johannes Heinrich#22 (*1819 Kallstadt, Dürkheim • □06.06.1866 Kallstadt, Dürkheim

- Johann Konrad Bechtloff#45a (1796-???) • *16.02.1796 Kallstadt, Dürkheim • ∪ev 19.02.1796 Kallstadt, Dürkheim • ∞29.10.1825

---

¹ Maria Magdalena Schröder • Ⓥ Konrad Schröder • Ⓜ Christina Magdalena Heilemännin
² Anna Margaretha Gemmling • Ⓥ Georg Ludwig Gemmling
³ Lorenz Anthon/Antoni (1820-???) • ∪ev 25.01.1820 Kallstadt, Dürkheim
⁴ Philipp Friedrich Anthon/Antoni (1822-???) • ∪ev 11.04.1822 Kallstadt, Dürkheim

Kallstadt, Dürkheim mit Anna Maria Schröder[1] • Ⓚ Karl Friedrich (*1833 Kallstadt, Dürkheim)

▪ Georg Wilhelm Bechtloff[#45b] (1799-1875) • ⌣ev 13.09.1799 Kallstadt, Dürkheim • ∞15.04.1828 Kallstadt, Dürkheim mit Maria Anna Heck[2] • Ⓚ Georg Wilhelm (*1834 Kallstadt, Dürkheim); Friedrich Bernhard (*1839 Kallstadt, Dürkheim); Johann Adam (*1845 Kallstadt, Dürkheim) • □11.03.1875 Kallstadt, Dürkheim

▪ Maria Sybilla Bechtloff[#45c] (1802-???) • ⌣ev 30.07.1802 Kallstadt, Dürkheim • ∞13.02.1831 Kallstadt, Dürkheim mit Georg Neu[3]

▪ Anna Elisabetha Bechtloff[#45d] (1806-1852) • ⌣ev 17.03.1806 Kallstadt, Dürkheim • □28.11.1852 Kallstadt, Dürkheim

#46   **Farny, Johann Adam (1784-???)**

Ⓥ Johann Adam Farny[#92] (1753-1825) • Ⓜ Susanna Elisabetha Fischer[#93] (1763-???) • ⌣ev 16.05.1784 Dürkheim • ∞24.04.1814 Dürkheim mit Anna Catharina Bühler[#47] • Ⓚ Anna Elisabetha[#23a] (*1815 Dürkheim); Eva[#23] (*1818 Dürkheim); Anna Catharina[#23b] (*1821 Dürkheim); Anna Catharina[#23c] (*1823 Dürkheim)

▪ Adam Farny[#46a] (1783-???) • ⌣ev 18.02.1783 Dürkheim

▪ Johann Michael Farny[#46a] (1799-???) • ⌣ev 31.05.1799 Dürkheim

#47   **Bühler/Boehler, Anna Catharina**

Ⓥ ??? • Ⓜ ??? • ∞24.04.1814 Dürkheim mit Johann Adam Farny[#46] (1784-???) • Ⓚ Anna Elisabetha[#23a] (*1815 Dürkheim); Eva[#23] (*1818 Dürkheim); Anna Catharina[#23b] (*1821 Dürkheim); Anna Catharina[#23c] (*1823 Dürkheim)

---

[1] Anna Maria Schröder • Ⓥ Wilhelm Schröder • Ⓜ Catharina Elisabetha Bechtloff
[2] Maria Anna Heck • Ⓥ Andreas Heck • Ⓜ Margaretha Freyermuth
[3] Georg Neu • Ⓥ Peter Neu • Ⓜ Katharina Humann

Generation VI

#48   MacLeod, Kenneth (1776-???)

Ⓥ ??? • Ⓜ ??? • *1776 Back, Isle of Lewis, Schottland • ∞ mit Catherine MacIver[#49] (1780-???) • Ⓚ William[#24] (*1806 Tong, Stornoway, Isle of Lewis, Schottland); Murdo[#24a] (*1810 Back, Isle of Lewis, Schottland)

#49   MacIver, Catherine (1780-???)

Ⓥ ??? • Ⓜ ??? • *1780 Isle of Lewis, Schottland • ∞ mit Kenneth MacLeod[#48] (1776-???) • Ⓚ William[#24] (*1806 Tong, Stornoway, Isle of Lewis, Schottland); Murdo[#24a] (*1810 Back, Isle of Lewis, Schottland)

#50   MacLeod, Donald (1785-???)

Ⓥ Angus MacLeod (of Carnachy)[#100] (~1757-???) • Ⓜ Mary MacKay[#101] (~1753-???) • *1785 Tong, Isle of Lewis, Schottland • ∞16.08.1805 Stornoway, Isle of Lewis, Schottland mit Margaret Cameron[#51] (1785-???) • Ⓚ Mary[#25a] (*1806 Aird Tong, Isle of Lewis, Schottland); Catherine[#25] (*1809 Tong, Stornoway, Isle of Lewis, Schottland); Henrietta[#25b] (*1816 Aird Tong, Stornoway, Isle of Lewis, Schottland); Angus[#25c] (*1821 Aird Tong, Stornoway, Isle of Lewis, Schottland); Mudo[#25d] (*1828 Aird Tong, Stornoway, Isle of Lewis, Schottland)

#51   Cameron, Margaret (1785-???)

Ⓥ ??? • Ⓜ ??? • *1785 Tong, Isle of Lewis, Schottland • ∞16.08.1805 Stornoway, Isle of Lewis, Schottland mit Donald MacLeod[#50] (1785-???) • Ⓚ Mary[#25a] (*1806 Aird Tong, Isle of Lewis, Schottland); Catherine[#25] (*1809 Tong, Stornoway, Isle of Lewis, Schottland); Henrietta[#25b] (*1816 Aird Tong, Stornoway, Isle of Lewis, Schottland); Angus[#25c] (*1821 Aird Tong, Stornoway, Isle of Lewis, Schottland); Mudo[#25d] (*1828 Aird Tong, Stornoway, Isle of Lewis, Schottland)

IX
Generation VI

#52   **MacLeod, John (1787-???)**

Ⓥ ??? • Ⓜ ??? • *1787 Tong, Stornoway, Isle of Lewis, Schottland • ∞ mit Christian Morrison$^{\#53}$ • Ⓚ Alexander$^{\#26}$ (*1806 Tong, Stornoway, Isle of Lewis, Schottland)

#53   **Morrison, Christian (1786-???)**

Ⓥ ??? • Ⓜ ??? • *1786 Stornoway, Isle of Lewis, Schottland • ∞ mit Christian Morrison$^{\#53}$ • Ⓚ Alexander$^{\#26}$ (*1806 Tong, Stornoway, Isle of Lewis, Schottland)

#54   **MacKenzie, John (~1786-???)**

Ⓥ ??? • Ⓜ ??? • *~1786 Back, Stornoway, Isle of Lewis, Schottland • ∞ mit Catherine Beaton$^{\#55}$ (1790-???) • Ⓚ Ann$^{\#27}$ (*1811 Back, Stornoway, Isle of Lewis, Schottland); Christian$^{\#27a}$ (*1826 Back, Stornoway, Isle of Lewis, Schottland); Norman$^{\#27b}$ (*1826 Back, Stornoway, Isle of Lewis, Schottland); Margaret$^{\#27c}$ (*1829 Back, Stornoway, Isle of Lewis, Schottland); John$^{\#27d}$ (*1831 Back, Stornoway, Isle of Lewis, Schottland); Murdo$^{\#27e}$ (*1833 Back, Stornoway, Isle of Lewis, Schottland); John$^{\#27f}$ (*1837 Back, Stornoway, Isle of Lewis, Schottland)

#55   **Beaton, Catherine (1790-???)**

Ⓥ Norman Beaton$^{\#110}$ (1755-???) • Ⓜ ??? • *1790 Vatisker, Isle of Lewis, Schottland • ∞ mit John MacKenzie$^{\#54}$ (~1786-???) • Ⓚ Ann$^{\#27}$ (*1811 Back, Stornoway, Isle of Lewis, Schottland); Christian$^{\#27a}$ (*1826 Back, Stornoway, Isle of Lewis, Schottland); Norman$^{\#27b}$ (*1826 Back, Stornoway, Isle of Lewis, Schottland); Margaret$^{\#27c}$ (*1829 Back, Stornoway, Isle of Lewis, Schottland); John$^{\#27d}$ (*1831 Back, Stornoway, Isle of Lewis, Schottland); Murdo$^{\#27e}$ (*1833 Back, Stornoway, Isle of Lewis, Schottland); John$^{\#27f}$ (*1837 Back, Stornoway, Isle of Lewis, Schottland)

IX
Generation VI

#56   **Smith, Malcom (1776-???)**

Ⓥ ??? • Ⓜ ??? • *1776 Tong, Stornoway, Isle of Lewis, Schottland • ∞04.08.1807 Stornoway, Isle of Lewis, Schottland mit Marry Morrison[#57] (1776-???) • Ⓚ John[#28a] (*1796 Isle of Lewis, Schottland); Duncan[#28] (*1808 Isle of Lewis, Schottland); Donald[#28b] (*1811 Isle of Lewis, Schottland); Roderick[#28c] (*1816 Isle of Lewis, Schottland); Margaret[#28d] (*1819 Isle of Lewis, Schottland)

#57   **Morrison, Marry (1776-???)**
                Morison

Ⓥ ??? • Ⓜ ??? • *1776 Stornoway, Isle of Lewis, Schottland • ∞04.08.1807 Stornoway, Isle of Lewis, Schottland mit Malcom Smith[#56] (1776-???) • Ⓚ John[#28a] (*1796 Isle of Lewis, Schottland); Duncan[#28] (*1808 Isle of Lewis, Schottland); Donald[#28b] (*1811 Isle of Lewis, Schottland); Roderick[#28c] (*1816 Isle of Lewis, Schottland); Margaret[#28d] (*1819 Isle of Lewis, Schottland)

#58   **MacQueen, Angus (1780-???)**

Ⓥ ??? • Ⓜ ??? • *1780 Tarrinsay, Inverness, Highland, Schottland • ∞ mit Margaret Campbell[#59] (1780-???) • Ⓚ Henrietta[#29] (*1805 Inverness, Highlands, Schottland)

#59   **Campbell, Margaret (1780-???)**

Ⓥ ??? • Ⓜ ??? • *1780 Harris, Inverness, Highland, Schottland • ∞ mit Angus MacQueen[#58] (1780-???) • Ⓚ Henrietta[#29] (*1805 Inverness, Highlands, Schottland)

#60   **MacAulay, Alexander (1760-???)**

Ⓥ ??? • Ⓜ ??? • *1760 Stornoway, Isle of Lewis, Schottland • ∞ mit Catherine Stewart[#61] (1760-???) • Ⓚ John[#30] (*1787 Sheshader, Isle of

Lewis, Schottland); Henrietta[#30a] (*1780 Stornoway, Isle of Lewis, Schottland); Alexander[#30b] (*1786 Sheshader, Stornoway, Isle of Lewis, Schottland); Murdo[#30c] (*1790 Stornoway, Isle of Lewis, Schottland)

#61   Stewart, Catherine (1760-???)

Ⓥ ??? • Ⓜ ??? • *1760 Stornoway, Isle of Lewis, Schottland • ∞ mit Alexander MacAulay[#60] (1760-???) • Ⓚ John[#30] (*1787 Sheshader, Isle of Lewis, Schottland); Henrietta[#30a] (*1780 Stornoway, Isle of Lewis, Schottland); Alexander[#30b] (*1786 Sheshader, Isle of Lewis, Schottland); Murdo[#30c] (*1790 Stornoway, Isle of Lewis, Schottland)

#62   Murray, John (1766-???)

Ⓥ ??? • Ⓜ ??? • *1760 Isle of Lewis, Schottland • Ⓚ Isabella[#31] (*1786 Stornoway, Isle of Lewis, Schottland)

X
Generation VII

#64 Drumpf, Johann Sebastian (1699-???)

Ⓥ Johann Philipp Drumpf[#128] (1667-1707) • Ⓜ Maria Juliana Ferds[#129] • ∪ev-luth. 22.10.1699 Battenberg • ∞ev 21.05.1726 Weisenheim am Berg, Dürkheim mit Susanna Margaretha Kohl[#65] (1707-???) • Ⓚ Johann Paul[#32] (*1727 Bobenheim am Berg, Dürkheim) • †Dürkheim

- Hanss Jacob Drumpf[#64a] (1695-???) • ∪ev-luth. 18.01.1695 Battenberg, Dürkheim

- Sophia Maria Drumpf[#64b] (1697-???) • ∪ev-luth. 20.11.1697 Battenberg, Dürkheim

- Anna Elisabeth Drumpf[#64c] (1701-???) • ∪ev-luth. 1701 Battenberg, Dürkheim

- Maria Margaretha Drumpf (1703-???) • ∪ev-luth. 14.10.1703 Battenberg, Dürkheim

- Maria Susanna Drumpf (1705-???) • ∪ev-luth. 16.08.1705 Battenberg, Dürkheim

#65 Kohl, Susanna Margaretha (1707-???)

Ⓥ Hans Adam Kohl[#130] (1670-???) • Ⓜ Anna Margaretha Jaeck[#131] (1675-???) • ∪ev-luth. 22.04.1707 Battenberg, Dürkheim • ∞ev 21.05.1726 Weisenheim am Berg, Dürkheim mit Johann Sebastian Drumpf[#64] (1699-???) • Ⓚ Johann Paul[#32] (*1727 Bobenheim am Berg, Dürkheim)

- Anna Clara Kohl[#65a] (1697-???) • ∪ev-luth. 08.08.1697 Battenberg, Dürkheim

- Johann Michael Kohl[#65b] (1700-???) • ∪ev-luth. 31.05.1700 Battenberg, Dürkheim

X
Generation VII

- Johann Lorentz Kohl#65c (1703-???) • ∪ev-luth. 05.1703 Battenberg, Dürkheim
- Anna Margaretha Kohl#65d (1709-???) • ∪ev-luth. 28.04.1709 Battenberg, Dürkheim
- Johann Christian Kohl#65e (1714-???) • ∪ev-luth. 22.02.1714 Battenberg, Dürkheim
- Johannes Kohl#65f (1715-???) • ∪ev-luth. 30.06.1715 Battenberg, Dürkheim

#66   Setzer, Johannes Adam

Ⓥ ??? • Ⓜ ??? • ∞ mit Anna Margaretha NN#67 • Ⓚ Maria Elisabetha#33 (*1728 Bietigheim)

#67   NN, Anna Margaretha

Ⓥ ??? • Ⓜ ??? • ∞ mit Johannes Adam Setzer#66 • Ⓚ Maria Elisabetha#33 (*1728 Bietigheim)

#68   Bechtloff, Johann Lorenz (1732-1773)

Ⓥ Philipp Jacob Bechtloff#136 (1703-???) • Ⓜ Anna Katharina Hänsel#137 • *30.12.1732 Kallstadt, Dürkheim • ∪ev 02.01.1733 Kallstadt, Dürkheim • ∞ mit Susanna Maria Bankhardt#69 (1733-1818) • Ⓚ Maria Margaretha#34a (1767 Kallstadt, Dürkheim); Anna Katharina#34b (*1768 Kallstadt, Dürkheim); Johann Gottlieb Jakob#34 (*1770 Kallstadt, Dürkheim); Anna Katharina#34c (*1772 Kallstadt, Dürkheim) • +1773 Kallstadt, Dürkheim

- Johann Niklaus Bechtloff#68a (1731-???) • ∪ev 22.06.1731 Kallstadt, Dürkheim
- Johann Reichard Bechtloff#68b (1734-???) • *29.11.1734 Kallstadt, Dürkheim • ∪ev 30.11.1734 Kallstadt, Dürkheim • ∞I 22.07.1760

X
Generation VII

Freinsheim, Dürkheim mit Paulina Rohleder • Ⓚ Reichhard[1] (*~1762 Kallstadt, Dürkheim) • ∞II 14.11.1780 Kallstadt, Dürkheim mit Anna Christina Böhringer[2] (1739-???)

- Maria Katharina Bechtloff[#68c] (1736-???) • ∪ev 24.06.1736 Kallstadt, Dürkheim

- Katharina Elisabetha Bechtloff[#68d] (1744-???) • ∪ev 08.09.1744 Kallstadt, Dürkheim

#69 Bankhardt, Susanna Maria (1733-1818)

Ⓥ ??? • Ⓜ ??? • *1733 Ungstein, Dürkheim • ∞ mit Johann Lorenz Bechtloff[#68] (1732-1773) • Ⓚ Maria Margaretha[#34a] (1767 Kallstadt, Dürkheim); Anna Katharina[#34b] (*1768 Kallstadt, Dürkheim); Johann Gottlieb Jakob[#34] (*1770 Kallstadt, Dürkheim); Anna Katharina[#34c] (*1772 Kallstadt, Dürkheim) • +1818 Ungstein, Dürkheim

#70 Böhringer, Johann Nicolaus (1741-???)

Ⓥ Johann Bernhard Böhringer[#140] • Ⓜ Anna Sabina Münch[#141] • *02.11.1741 Kallstadt, Dürkheim • ∪ev 05.11.1741 Kallstadt, Dürkheim • ∞23.08.1774 Ungstein, Dürkheim mit Maria Philippina Rank[#71] (???-1754) • Ⓚ Anna Katharina[#35] (*1775 Ungstein, Dürkheim); Maria Magdalena[#35a] (*1777 Ungstein, Dürkheim); Charlotte Sophia[#35b] (*1779 Ungstein, Dürkheim); Anna Maria[#35c] (*1781 Dürkheim); Johannes[#35d] (*1784 Ungstein, Dürkheim); Johann Henrich[#35e] (*1785 Ungstein, Dürkheim); Johann Lorenz[#35f] (*1786 Ungstein, Dürkheim); Maria

---

[1] Reichhard Bechtloff[#34a] (~1762-1847) • *~1762 Kallstadt, Dürkheim • ∞20.05.1809 mit Sophia Elisabetha Babel (1784-1850) • Ⓚ Maria Angelika (*1811 Kallstadt, Dürkheim); Anna Maria (*1816 Kallstadt, Dürkheim); Maria Philippina (*1820 Kallstadt, Dürkheim); Anna Regina (*1822 Kallstadt, Dürkheim); Elisabetha (*1828 Kallstadt, Dürkheim) • +28.09.1847 Kallstadt, Dürkheim • □29.09.1847 Kallstadt, Dürkheim

[2] Anna Christina Böhringer (1739-???) • Ⓥ Johann Bernhardt Böhringer • Ⓜ Johanna Sabina Münch • *29.11.1739 Kallstadt, Dürkheim

X
Generation VII

Sophia^{#35g} (*1790 Ungstein, Dürkheim); Maria Sabine^{#35h} (*1793 Ungstein, Dürkheim); Johann Friedrich^{#35i} (*1796 Ungstein, Dürkheim); Anna Dorothea^{#35j} (*1798 Ungstein, Dürkheim)

- Anna Dorothea Böhringer^{#70a} (1733-1802) • *09.02.1733 Kallstadt, Dürkheim • ∪ev 11.02.1733 Kallstadt, Dürkheim • ∞26.11.1765 Kallstadt, Dürkheim mit Johannes Fischer • □06.01.1802 Kallstadt, Dürkheim

- Georg Böhringer^{#70b} (1735-1735) • *12.07.1735 Kallstadt, Dürkheim • ∪ev 15.07.1735 Kallstadt, Dürkheim • □19.07.1735 Kallstadt, Dürkheim

- Anna Maria Böhringer^{#70c} (1736-???) • *17.10.1736 Kallstadt, Dürkheim • ∪ev 21.10.1736 Kallstadt, Dürkheim • ∞08.10.1776 Kallstadt, Dürkheim mit Johann Georg Heinz

- Veit Böhringer^{#70d} (1738-1811) • *20.10.1738 Kallstadt, Dürkheim • □28.10.1811 Kallstadt, Dürkheim

- Anna Christina Böhringer^{#70e} (1739-1803) • *29.11.1739 Kallstadt, Dürkheim • ∪ev 04.12.1739 Kallstadt, Dürkheim • ∞14.11.1780 Kallstadt, Dürkheim mit Johann Reichhard Bechtloff^{#68} (1734-1773) • □16.10.1803 Kallstadt, Dürkheim

- Johann Heinrich Böhringer^{#70f} (1744-1794) • *28.11.1744 Kallstadt, Dürkheim • ∪ev 30.11.1744 Kallstadt, Dürkheim • ∞I 05.02.1786 Kallstadt, Dürkheim mit Sybilla Klingelmayer • Ⓚ Maria Katharina (*1787 Kallstadt, Dürkheim); Anna Sybilla (*1789 Kallstadt, Dürkheim) • ∞II 11.05.1790 Kallstadt, Dürkheim mit Margaretha Elisabetha Frank (???-1835) • ∞III mit Anna Maria Ott • □03.06.1794 Kallstadt, Dürkheim

- Maria Magdalena Böhringer^{#70g} (1747-???) • *29.09.1747 Kallstadt, Dürkheim • ∪ev 01.10.1747 Kallstadt, Dürkheim • ∞16.06.1772 Kallstadt, Dürkheim mit Carl Friedrich Wilhelm Schmidt, Sohn von Thomas Schmidt

- Anna Kunigunda Böhringer^{#70h} (1749-1751) • *12.02.1749 Kallstadt, Dürkheim • ∪ev 16.02.1749 Kallstadt, Dürkheim • □27.06.1751 Kallstadt, Dürkheim

X
Generation VII

- Johannes Böhringer[#70i] (1751-1756) • *26.08.1751 Kallstadt, Dürkheim • ∪ev 28.08.1751 Kallstadt, Dürkheim • □12.05.1756 Kallstadt, Dürkheim

- Anna Catharina Böhringer[#70j] (1753-???) • *08.05.1753 Kallstadt, Dürkheim • ∪ev 11.05.1753 Kallstadt, Dürkheim • ∞19.08.1777 Kallstadt, Dürkheim mit Johann Philipp Bauer

- Philipp Jakob Böhringer[#70k] (1754-1813) • *04.11.1754 Kallstadt, Dürkheim • ∪ev 08.11.1754 Kallstadt, Dürkheim • ∞16.01.1781 Kallstadt, Dürkheim mit Anna Dorothea Kall, Tochter von Philipp Kall • Ⓚ Johann Philipp (*1786 Kallstadt, Dürkheim); Johann Reichhard (*1790 Kallstadt, Dürkheim); Anna Margaretha (*1795 Kallstadt, Dürkheim); Johann Georg (*1800 Kallstadt, Dürkheim); Maria Katharina (*1804 Kallstadt, Dürkheim) • □25.04.1813 Kallstadt, Dürkheim

#71   **Rank, Maria Philippina (1754-???)**

Ⓥ Johann Lorentz Rank[#142] (1720-???) • Ⓜ Anna Maria Müller[#143] • *25.12.1754 Ungstein, Dürkheim • ∪ev-luth. 29.12.1754 Ungstein, Dürkheim • ∞23.08.1774 Ungstein, Dürkheim mit Johann Nicolaus Böhringer[#70] (1741-???) • Ⓚ Anna Katharina[#35] (*1775 Ungstein, Dürkheim); Maria Magdalena[#35a] (*1777 Ungstein, Dürkheim); Charlotte Sophia[#35b] (*1779 Ungstein, Dürkheim); Anna Maria[#35c] (*1781 Dürkheim); Johannes[#35d] (*1784 Ungstein, Dürkheim); Johann Henrich[#35e] (*1785 Ungstein, Dürkheim); Johann Lorenz[#35f] (*1786 Ungstein, Dürkheim); Maria Sophia[#35g] (*1790 Ungstein, Dürkheim); Maria Sabine[#35h] (*1793 Ungstein, Dürkheim); Johann Friedrich[#35i] (*1796 Ungstein, Dürkheim); Anna Dorothea[#35j] (*1798 Ungstein, Dürkheim)

- Susanna Apollonia Rank[#71a] (1745-???) • *01.07.1745 Ungstein, Dürkheim • ∪ev-luth. 04.07.1745 Ungstein, Dürkheim

- Anna Margaretha Rank[#71b] (1746-???) • *07.11.1746 Ungstein, Dürkheim • ∪ev-luth. 09.11.1746 Ungstein, Dürkheim

X
Generation VII

- Anna Maria Rank[#71c] (1749-???) • *10.12.1749 Ungstein, Dürkheim • ∪ev-luth. 14.12.1749 Ungstein, Dürkheim

- Charlotta Sophia Rank[#71d] (1752-???) • *03.03.1752 Ungstein, Dürkheim • ∪ev-luth. 07.03.1752 Ungstein, Dürkheim

#72 Kober, Johann Philipp

ⓋⒶ ??? • Ⓜ ??? • wahrscheinlich *Oberdiebach, Bingen am Rhein • ∞ev 12.01.1773 Oberdiebach, Bingen am Rhein mit Maria Christina Fielber[#73] • Ⓚ Philipp Jakob[#35] (*1774 Oberdiebach, Bingen am Rhein); Johann Frantz Heinrich[#36a] (*1779 Oberdiebach, Bingen am Rhein); Johann Christoph[#36b] (*1783 Oberdiebach, Bingen am Rhein)

#73 Fielber, Maria Christina

Ⓥ ??? • Ⓜ ??? • *Deutschland • ∞ev 12.01.1773 Oberdiebach, Bingen am Rhein mit Johann Philipp Kober[#72] • Ⓚ Philipp Jakob[#35] (*1774 Oberdiebach, Bingen am Rhein); Johann Frantz Heinrich[#36a] (*1779 Oberdiebach, Bingen am Rhein); Johann Christoph[#36b] (*1783 Oberdiebach, Bingen am Rhein)

#74 Ullrich, Johann Jakob (1810-1890)

Ⓥ Georg Ludwig Ullrich[#148] (1750-1820) • Ⓜ Anna Barbara Bernthaler[#149] (1767-1828) • *19.07.1810 Altlußheim • ∞12.03.1840 Altlußheim mit Eva Maria Gruber[#75] (1826-1893) • Ⓚ Maria Barbara[#37] (*Deutschland); Johannes[#37a] (*1841 Altlußheim); Conrad[#37b] (*1843 Altlußheim); Mary[#37c] (*1847 Ohio, USA); Clara[#37d] (*1850 Ohio, USA); Daniel[#37e] (*1853 Ohio, USA); Michael[#37f] (*1855 Ohio, USA); Daniel[#37g] (*~1856 Ohio, USA); Frank[#37h] (*1858 Ohio, USA); Ulysses[#37i] (*1859 Ohio, USA); Lewis[#37j] (*1861 Ohio, USA) • +22.08.1890 Mifflin, Wyandot, Ohio, USA • □Upper Sandusky, Wyandot, Ohio, USA

- Johann Georg Ullrich[#74a] (1795-1797) • *10.07.1795 Altlußheim • +08.12.1797 Altlußheim

X
Generation VII

- Maria Elisabeth Ullrich[#74b] (1798-1877) • *28.02.1798 Altlußheim • ∞17.01.1822 Altlußheim mit Johann Jakob Kunz[1] (1798-1841) • Ⓚ Anna Rosina[2] (*1822 Altlußheim); Johann Heinrich[3] (*1825 Altlußheim); Anna Katharina[4] (*1830 Altlußheim); Johann Jakob[5] (*1832 Altlußheim); Anna Barbara[6] (*1837 Altlußheim) • +02.01.1877 Altlußheim

- Johann Georg Ullrich[#74c] (1799-1800) • *31.10.1799 Altlußheim • +06.02.1800 Altlußheim

- Johann Heinrich Ullrich[#74d] (1800-???) • *21.12.1800 Altlußheim • ∞15.05.1828 Altlußheim mit Eva Elisabetha Schmidt (1805-???) • Ⓚ Johannes[7] (*1829 Altlußheim); Johann Jakob[8] (*1836 Altlußheim); Heinrich Benjamin[9] (*1839 Altlußheim)

- Johannes Ullrich[#74e] (1803-???) • *31.05.1803 Altlußheim • ∞25.08.1831 Altlußheim mit Christina Wilhelmina Rauch

---

[1] Johann Jakob Kunz (1798-1841) • Ⓥ Ludwig Wedel Kunz • Ⓜ Elisabeth Fritz • *17.08.1798 Altlußheim • +21.01.1841 Altlußheim
[2] Anna Rosina Kunz (1822-1852) • *1822 Altlußheim • ∞22.08.1848 Altlußheim mit Johann Martin Krauss (1821-1878), Sohn von Johann Jakob Krauss (1791-1866) und Eva Maria Stephan (1798-1836) • Ⓚ Johann Heinrich (*1845 Altlußheim); Jakob (*1848 Altlußheim); Thomas Gottlieb (*1851 Altlußheim); Anna Barbara (*1852 Altlußheim) • +24.11.1852 Altlußheim
[3] Johann Heinrich Kunz (1825-1853) • *10.03.1825 Altlußheim • ausgewandert in die USA • +15.10.1853 USA
[4] Anna Katharina Kunz (1830-1905) • *24.04.1830 Altlußheim • ∞10.03.1853 mit Johann Martin Krauss (1821-1878), Sohn von Johann Jakob Krauss (1791-1866) und Eva Maria Stephan (1798-1836) • Ⓚ Johann Ludwig (*1854 Altlußheim); Maria Magdalena (*1856 Altlußheim); Elisabetha Margaretha (*1858 Altlußheim); Johann Thomas (*1860 Altlußheim); Johann Martin (*1863 Altlußheim); NN (*1865 Altlußheim); Jakob Johann (*1866 Altlußheim); Julius (*1868 Altlußheim); Thomas Julius (*1869 Altlußheim); Eva Maria (*1871 Altlußheim); Johann Martin (*1873 Altlußheim) • +18.08.1905 Altlußheim
[5] Johann Jakob Kunz (1832-???) • *18.08.1832 Altlußheim
[6] Anna Barbara Kunz (1837-???) • *29.03.1837 Altlußheim
[7] Johannes Ullrich (1829-???) • *15.10.1829 Altlußheim
[8] Johann Jakob Ullrich (1836-???) • *27.09.1836 Altlußheim
[9] Heinrich Benjamin Ullrich (1839-???) • *25.06.1839 Altlußheim

X
Generation VII

- Anna Margaretha Ullrich[#74f] (1807-1808) • *20.06.1807 Altlußheim • +10.03.1808 Altlußheim

- Anna Barbara Ullrich[#74g] (1810-1810) • *19.07.1810 Altlußheim • +19.08.1810 Altlußheim

#75   Gruber, Eva Maria (1826-1893)

Ⓥ ??? • Ⓜ ??? • *1826 Altlußheim • ∞12.03.1840 Altlußheim mit Johann Jakob Ullrich[#74] (1810-1890) • Ⓚ Maria Barbara[#37] (*Deutschland); Johannes[#37a] (*1841 Altlußheim); Conrad[#37b] (*1843 Altlußheim); Mary[#37c] (*1847 Ohio, USA); Clara[#37d] (*1850 Ohio, USA); Daniel[#37e] (*1853 Ohio, USA); Michael[#37f] (*1855 Ohio, USA); Daniel[#37g] (*~1856 Ohio, USA); Frank[#37h] (*1858 Ohio, USA); Ulysses[#37i] (*1859 Ohio, USA); Lewis[#37j] (*1861 Ohio, USA) • +1893 Mifflin, Wyandot, Ohio, USA • □Upper Sandusky, Wyandot, Ohio, USA

#76   Peter, Johann Nicolaus

Ⓥ Paul Peter[#152] • Ⓜ ??? • ∞1775 Wachenheim an der Weinstraße, Dürkheim mit Maria Barbara Bohl[#73] • Ⓚ Johann Conrad[#36] (*1785 Wachenheim an der Weinstraße, Dürkheim) • +Wachenheim an der Weinstraße, Dürkheim

#77   Bohl, Maria Barbara

Ⓥ ??? • Ⓜ ??? • *Wachenheim an der Weinstraße, Dürkheim • ∞1775 Wachenheim an der Weinstraße, Dürkheim mit Johann Nicolaus Peter[#72] • Ⓚ Johann Conrad[#36] (*1785 Wachenheim an der Weinstraße, Dürkheim) • +Wachenheim an der Weinstraße, Dürkheim

#78   Euler, Johann Georg (1752-1825)

Ⓥ Johann Georg Euler[#156] (1712-1752) • Ⓜ Anna Catherine Popp[#157] (1712-???) • *08.01.1752 Wachenheim an der Weinstraße, Dürkheim

X
Generation VII

oder *22.11.1752 Woodsboro, Maryland, USA • ∞ mit Elisabetha Margaretha Zimmermann[#79] (1756-1827) • Ⓚ Maria Elisabetha Barbara[#37] (*1790 Wachenheim an der Weinstraße, Dürkheim) • +19.04.1825 Woodsboro, Maryland, USA

die Eltern wandern ~1737 in die USA aus

- Johannes Friedrich Euler[#78a] (1733-1825) • *03.11.1733 Eckartshausen • +19.04.1825 Frederik, Maryland, USA

- Johannes Jacob Euler/Eyler[#78b] (1736-1842) • *19.02.1736 Eckartshausen • ∞~1770 Woodsboro, Maryland, USA mit Anna Margaret Wetzel[1] (1750-1842) • Ⓚ Johan Henry[2] (*1772); Mary Catherine[3] (*1774 Woodsboro, Maryland, USA); Johannes (*1776); Johann Jacob (*1778); Andrew (1780); Michael (*1786); Philipp William (*1787); Susanna (*1791); Barbara (*~1793); Levi (*~1795) • +31.03.1842 Woodsboro, Maryland, USA

- Philipp Caspar Euler[#78c] (1747-???) • *1747 Manheim, Pennsylvania, USA • ∞ mit Susanna NN • Ⓚ Johann Jacob (*1770 Philadelphia, USA); Anna Elizabeth (*1771); Johan William (*1773); Maria (*1773); Catherine (*1776 Philadelphia, USA); Christine (*1776 Philadelphia, USA); Johan Philip (*1777)

- Conrad Euler[#78d] (~1753-1816) • *~1753 Manheim, Pennsylvania, USA • +06.06.1816 Woodsboro, Maryland, USA • ∞ mit Anna Barbara Fox (1748-1831) • Ⓚ Johannes (*1779); Johan Peter (*1781); Johan Philip (*1785); Susanna (*1787); Henry (*1791); William (*1792) • +06.06.1816 Woodsboro, Maryland, USA

---

[1] Anna Margaret Wetzel (1750-1842) • *14.02.1750 Deutschland • +31.03.1842 Chambersburg, Franklin County, Pennsylvania, USA
[2] Johan Henry Euler/Eyler (1772-???) • *25.01.1772
[3] Mary Catherine Euler/Eyler (1774-1853) • *1774 Woodsboro, Maryland, USA • +13.06.1853 Guilford Township, Franklin County, Pennsylvania, USA

83

X
Generation VII

#79   **Zimmermann, Maria Elisabetha (1756-1827)**

Ⓥ Philipp Jakob Zimmermann[#158] (1723-???) • Ⓜ Apollonia NN[#159] • *10.12.1756 Wachenheim an der Weinstraße, Dürkheim • ∞ mit Johann Georg Euler[#74] (1752-1825) • Ⓚ Maria Elisabetha Barbara[#37] (*1790 Wachenheim an der Weinstraße, Dürkheim) • +10.07.1827 Wachenheim an der Weinstraße, Dürkheim

#80   **Christ, Johann Georg (1754-???)**

Ⓥ Johann Kaspar Christ[#160] (1717-1787) • Ⓜ Sophia Elisabetha Schmidt[#161] (1720-1796) • *06.03.1754 Kallstadt, Dürkheim • ∪ev 10.03.1754 Kallstadt, Dürkheim • ∞ev 30.01.1781 Kallstadt, Dürkheim mit Marie Elisabetha Ott[#81] (1753-???) • Ⓚ Johann Georg[#40a] (*1795 Kallstadt, Dürkheim); Johann Konrad[#40b] (*1797 Kallstadt, Dürkheim); Johannes[#40] (*1789 Kallstadt, Dürkheim)

- Johannes Christ[#80a] (1744-???) • ∪ev 17.11.1744 Kallstadt, Dürkheim

- Catharina Elisabetha Christ[#80b] (1748-1793) • ∪ev 06.09.1748 Kallstadt, Dürkheim • ∞23.06.1771 Kallstadt, Dürkheim mit Johann Wilhelm Ott[1] (1747-1796) • Ⓚ Anna Elisabeth[2] (*1780 Kallstadt, Dürkheim) • +10.01.1793

- Sophia Elisabetha Christ[#80c] (1757-???) • ∪ev 03.04.1757 Kallstadt, Dürkheim

---

[1] Johann Wilhelm Ott (1747-1796) • Ⓥ Johann Georg Ott (1709-1773), Sohn von Georg Ott (1676-1738) und Anna Elisabetha Volz (1681-1751) • Ⓜ Anna Margaretha Heintz (1716-???) • *1747 Kallstadt, Dürkheim • +1796 Kallstadt, Dürkheim

[2] Anna Elisabeth Ott (1780-1852) • *28.04.1780 Kallstadt, Dürkheim • ∞02.12.1798 Leistadt mit Heinrich Neu (1777-???), Sohn von Johann Reinhardt Neu (1731-1796) und Anna Catharina Bender (1743-???) • Ⓚ Heinrich (*1805 Leistadt) • +13.05.1852 Kallstadt, Dürkheim

X
Generation VII

#81   **Ott, Marie Elisabetha (1753-???)**

Ⓥ Johann Georg Ott[#162] (1709-1773) • Ⓜ Anna Margaretha Heintz[#163] (1716-1790) • *28.01.1753 Kallstadt, Dürkheim • ∪ev 30.01.1753 Kallstadt, Dürkheim • ∞ev 30.01.1781 Kallstadt, Dürkheim mit Johann Georg Christ[#80] (1754-???) • Ⓚ Johann Georg[#40a] (*1795 Kallstadt, Dürkheim); Johann Konrad[#40b] (*1797 Kallstadt, Dürkheim); Johannes[#40] (*1789 Kallstadt, Dürkheim)

- Johann Lorentz Ott[#81a] (1740-???) • ∪ev 06.05.1740 Kallstadt, Dürkheim

- Anna Elisabetha Ott[#81b] (1741-???) • ∪ev 11.08.1741 Kallstadt, Dürkheim

- Johann Georg Ott[#81c] (1743-???) • ∪ev 14.11.1743 Kallstadt, Dürkheim

- Anna Maria Ott[#81d] (1745-???) • ∪ev 22.07.1745 Kallstadt, Dürkheim

- Johann Wilhelm Ott[#81e] (1747-???) • ∪ev 14.04.1747 Kallstadt, Dürkheim

- Johann Niklaus Ott[#81f] (1749-???) • ∪ev 25.07.1749 Kallstadt, Dürkheim

- Katharina Elisabetha Ott[#81g] (1751-???) • ∪ev 01.08.1751 Kallstadt, Dürkheim

- Johann Georg Ott[#81h] (1755-???) • ∪ev 05.03.1755 Kallstadt, Dürkheim

- Georg Heinrich Ott[#81i] (1757-???) • ∪ev 06.11.1757 Kallstadt, Dürkheim

#82   **Klingelschmitt, Johann Andreas**

Ⓥ ??? • Ⓜ ??? • *1795 • Ⓚ Anna Katharina[#41] (*1795)

wahrscheinlich aus Morschheim

X
Generation VII

#84   **Hartung, Johann Philipp (1750-1806)**

Ⓥ Johann Michael Hartung[#168] (1708-1763) • Ⓜ Maria Luise Baum[#169] (1730-???) • *09.07.1750 Dürkheim • ∪ev 10.07.1750 Kallstadt, Dürkheim • ∞ev 07.01.1787 Kallstadt, Dürkheim mit Charlotte Luise Schuster[#75] (1764-1836) • Ⓚ Anna[#42a] (*1788 Kallstadt, Dürkheim); Sophia Christina[#42b] (*1789 Kallstadt, Dürkheim); Johann Georg[#42c] (*1791 Kallstadt, Dürkheim); NN♀[#42d] (*1793 Kallstadt, Dürkheim); Johann Martin[#42] (*1794 Wachenheim an der Weinstraße, Dürkheim); Sabina Christina[#42b] (*1796 Kallstadt, Dürkheim); Anna Elisabetha[#42b] (*1802 Kallstadt, Dürkheim) • +03.01.1806 Kallstadt, Dürkheim

Halbgeschwister aus der Ehe des Vaters Johann Michael Hartung[#168] (1708-1763) mit seiner ersten Ehefrau Anna Barbara Klein (1681-1746):

- Sophia Elisabetha Hartung[#84a] (1738-???) • ∪ev 08.09.1738 Dürkheim

- Margaretha Hartung[#84b] (1742-1747) • ∪ev 06.03.1742 Dürkheim • +1747 Dürkheim

- Johannes Hartung[#84c] (1744-1747) • ∪ev 25.02.1744 Dürkheim • +1747 Dürkheim

Geschwister aus der Ehe von Johann Michael Hartung[#168] (1708-1763) mit der zweiten Ehefrau Maria Luise Baum[#169] (1730-???)

- Johann Carl Hartung[#84d] (1748-1806) • *14.02.1748 Dürkheim • ∪ev 16.02.1748 Dürkheim • ∞07.01.1787 Kallstadt, Dürkheim mit Charlotta Louisa Schuster • □05.01.1806 Kallstadt, Dürkheim

- Philippina Carolina Hartung[#84e] (1749-1806) • *14.03.1749 Dürkheim • ∪ev 16.03.1749 Dürkheim • ∞ev 24.07.1765 Dürkheim mit Johann Friedrich Schuster[1] (1734-1815) • Ⓚ Johann Wilhelm[2] (*1767 Kallstadt, Dürkheim); Sophia Christiana[3] (*1769 Kallstadt, Dürkheim); Anna

---

[1] Johann Friedrich Schuster (1734-1815) • *04.05.1734 Kallstadt, Dürkheim • ∪ev 07.05.1734 Kallstadt, Dürkheim • +26.03.1815 Kallstadt, Dürkheim
[2] Johann Wilhelm Schuster (1767-1769) • *25.07.1767 Kallstadt, Dürkheim • ∪ev 26.07.1767 Kallstadt, Dürkheim • +21.05.1769 Kallstadt, Dürkheim
[3] Sophia Christiana Schuster (1769-1853) • *16.08.1769 Kallstadt, Dürkheim • ∪ev 18.08.1769 Kallstadt, Dürkheim • +03.09.1853 Kallstadt, Dürkheim

X
Generation VII

Elisabetha[1] (*1771); Maria Philippina[2] (*1773); Johannes[3] (*1775); Sabina Christiana[4] (*1777); Georg Friedrich[5] (*1783); Sabina Christiana[6] (*1785); Karl Philipp[7] (*1787) • +13.02.1806 Dürkheim • ☐16.02.1806 Kallstadt, Dürkheim

- Johann Martin Hartung[#84f] (1754-1806) • *15.06.1754 Dürkheim • ⌣ev 16.06.1754 Dürkheim •+1806 Dürkheim

- Georg Bernhardt Hartung[#84g] (1756-???) • *02.04.1756 Dürkheim • ⌣ev 04.04.1756 Dürkheim • +Dürkheim

- Luisa Christina Hartung[#84h] (1757-1833) • ⌣ev 07.06.1757 Dürkheim • +24.06.1833 Kallstadt, Dürkheim

- Sabina Christina Hartung[#84i] (1758-???) • ⌣ev 13.12.1758 Dürkheim

- Charlotta Sophia Hartung[#84j] (1761-1763) • *17.02.1761 Dürkheim • ⌣ev 19.02.1761 Dürkheim • +1763 Dürkheim

---

[1] Anna Elisabetha Schuster (1771-1773) • *22.07.1771 Kallstadt, Dürkheim • ⌣ev 25.07.1771 Kallstadt, Dürkheim • +30.06.1773 Kallstadt, Dürkheim
[2] Maria Philippina Schuster (1773-1853) • *14.08.1773 Kallstadt, Dürkheim • ∞10.11.1799 Kallstadt, Dürkheim mit Johann Lorenz Freund (1778-1841) • ⓡ Johann Friedrich (*1800 Kallstadt, Dürkheim); Sabina Christina (*1801 Kallstadt, Dürkheim); Christian Gottlieb (*1803 Kallstadt, Dürkheim); Helena Carolina (*1805 Kallstadt, Dürkheim); Anna Margaretha (*1806 Kallstadt, Dürkheim); Sophia Christina (*1808 Kallstadt, Dürkheim); Charlotta Luisa (*1809 Kallstadt, Dürkheim); Johann Lorenz (*1811 Kallstadt, Dürkheim); Johann Andreas (*1813 Kallstadt, Dürkheim); Anna Caritas (*1815 Kallstadt, Dürkheim); Carl Philipp (*1817 Kallstadt, Dürkheim); Johann Georg (*1818 Kallstadt, Dürkheim); Philippina Carolina (*1820 Kallstadt, Dürkheim); Elisabetha (*1822 Kallstadt, Dürkheim) • +12.05.1853 Kallstadt, Dürkheim
[3] Johannes Schuster (1775-1833) • *24.08.1775 Kallstadt, Dürkheim • ⌣ev 27.08.1775 Kallstadt, Dürkheim • +12.05.1833 Kallstadt, Dürkheim
[4] Sabina Christiana Schuster (1777-1779) • *26.12.1777 Kallstadt, Dürkheim • ⌣ev 28.12.1777 Kallstadt, Dürkheim • +14.08.1779 Kallstadt, Dürkheim
[5] Georg Friedrich Schuster (1783-1813) • *03.01.1783 Kallstadt, Dürkheim • ⌣ev 05.01.1783 Kallstadt, Dürkheim • +15.05.1813 Kallstadt, Dürkheim
[6] Sabina Christiana Schuster (1785-1851) • *11.01.1785 Kallstadt, Dürkheim • +31.01.1851 Kallstadt, Dürkheim
[7] Karl Philipp Schuster (1787-1846) • *09.02.1787 Kallstadt, Dürkheim • +20.08.1846 Kallstadt, Dürkheim

X
Generation VII

#85   **Schuster, Charlotte Luise (1764-1836)**

Ⓥ Johann Georg Schuster[#170] (1747-???) • Ⓜ Anna Elisabeth Kall[#171] (1735-???) • *04.07.1764 Kallstadt, Dürkheim • ∪ev • ∞ev 07.01.1787 Kallstadt, Dürkheim mit Johann Philipp Hartung[#74] (1750-1806) • Ⓚ Anna[#42a] (*1788 Kallstadt, Dürkheim); Sophia Christina[#42b] (*1789 Kallstadt, Dürkheim); Johann Georg[#42c] (*1791 Kallstadt, Dürkheim); NN♀[#42d] (*1793 Kallstadt, Dürkheim); Johann Martin[#42] (*1794 Wachenheim an der Weinstraße, Dürkheim); Sabina Christina[#42b] (*1796 Kallstadt, Dürkheim); Anna Elisabetha[#42b] (*1802 Kallstadt, Dürkheim) • ☐19.03.1836 Kallstadt, Dürkheim

- Johann Georg Schuster[#85a] (1773-???) • *18.11.1773 Kallstadt, Dürkheim • ∪ev 19.11.1773 Kallstadt, Dürkheim

#86   **Hensel/Hänsel, Johann Tobias (1753-???)**

Ⓥ Johann Lorenz Hänsel[#172] (1701-???) • Ⓜ Juliana Elisabetha Keller[#172] (1715-???) • *14.07.1753 Kallstadt, Dürkheim • ∪ev 15.07.1753 Kallstadt, Dürkheim • ∞ev 27.11.1781 Kallstadt, Dürkheim mit Charlotta Louisa Freund[#87] (1760-1825) • Ⓚ Anna Christine[#43] (*1794 Kallstadt, Dürkheim)

#87   **Freund, Charlotta Louisa (1760-1825)**

Ⓥ Johann Andreas Freund[#174] (1734-???) • Ⓜ Maria Elisabeth Unverzagt[#175] (1735-1766) • *03.01.1760 Kallstadt, Dürkheim • ∪ev 06.01.1760 Kallstadt, Dürkheim • ∞ev 27.11.1781 Kallstadt, Dürkheim mit Johann Tobias Hensel/Hänsel[#86] (1753-???) • Ⓚ Anna Christine[#43] (*1794 Kallstadt, Dürkheim) • ☐29.12.1825 Kallstadt, Dürkheim

#88   **Antoni, Johann Heinrich**

Ⓥ ??? • Ⓜ ??? • ∞ev 22.01.1771 Kallstadt, Dürkheim mit Sophia Sabina Peter[#89] (1745-1817) • Ⓚ Anna Margaretha[#44a] (*1772 Kallstadt, Dürkheim); Anna Maria[#44b] (*1773 Kallstadt, Dürkheim); Heinrich[#44c]

(*1775 Kallstadt, Dürkheim); Johann Georg[#44d] (*1780 Kallstadt, Dürkheim); Sophia Elisabetha[#44e] (*1780 Kallstadt, Dürkheim); Philipp Friedrich[#44] (*1783 Kallstadt, Dürkheim)

#89   **Peter, Sophia Sabina (1745-1817)**

Ⓥ Johann Simon Peter[#178] (1713-???) • Ⓜ Maria Veronica Müller[#179] • ∪ev 20.07.1745 Dürkheim • ∞ev 22.01.1771 Kallstadt, Dürkheim mit Johann Heinrich Antoni[#88] • Ⓚ Anna Margaretha[#44a] (*1772 Kallstadt, Dürkheim); Anna Maria[#44b] (*1773 Kallstadt, Dürkheim); Heinrich[#44c] (*1775 Kallstadt, Dürkheim); Johann Georg[#44d] (*1780 Kallstadt, Dürkheim); Sophia Elisabetha[#44e] (*1780 Kallstadt, Dürkheim); Philipp Friedrich[#44] (*1783 Kallstadt, Dürkheim) • ▫17.12.1817 Kallstadt, Dürkheim

- Johann Adam Peter[#89x] (1750-???) • ∪ev 28.09.1750 Dürkheim

- Johann Wilhelm Peter[#89x] (1753-???) • ∪ev 30.12.1753 Dürkheim

- Johann Philipp Peter[#89x] (1756-???) • ∪ev 23.06.1756 Dürkheim

#90   **Bechtloff, Friedrich Karl (1765-1809)**

Ⓥ Johann Conrad Bechtloff[#180] (1739-???) • Ⓜ Christina Falter[#181] • *15.02.1765 Kallstadt, Dürkheim • ∪ev 19.02.1765 Kallstadt, Dürkheim • ∞ev 05.10.1794 Kallstadt, Dürkheim mit Anna Elisabetha Humann[#91] (1767-???) • Ⓚ Johann Konrad[#45a] (*1796 Kallstadt, Dürkheim); Anna Margaretha[#45] (*1797 Kallstadt, Dürkheim); Georg Wilhelm[#45b] (*1799 Kallstadt, Dürkheim); Maria Sybilla[#45c] (*1802 Kallstadt, Dürkheim); Anna Elisabetha[#45d] (*1806 Kallstadt, Dürkheim) • ▫17.06.1809 Kallstadt, Dürkheim

- Susanna Bechtloff[#90a] (1766-???) • ∪ev 05.10.1766 Kallstadt, Dürkheim

- Anna Elisabetha Bechtloff[#90b] (1768-???) • ∪ev 15.04.1768 Kallstadt, Dürkheim

X
Generation VII

#91 **Humann, Anna Elisabetha (1767-???)**

Ⓥ Johann <u>Konrad</u> Humann^{#182} (1726-???) • Ⓜ Anna <u>Dorothea</u> Trump^{#183} • *07.01.1767 Kallstadt, Dürkheim • ∪ev 09.01.1767 Kallstadt, Dürkheim • ∞ev 05.10.1794 Kallstadt, Dürkheim mit Friedrich Karl Bechtloff^{#90} (1765-1809) • Ⓚ Johann Konrad^{#45a} (*1796 Kallstadt, Dürkheim); Anna Margaretha^{#45} (*1797 Kallstadt, Dürkheim); Georg Wilhelm^{#45b} (*1799 Kallstadt, Dürkheim); Maria Sybilla^{#45c} (*1802 Kallstadt, Dürkheim); Anna Elisabetha^{#45d} (*1806 Kallstadt, Dürkheim)

- Anna Dorothea Humann^{#91a} (1765-???) • ∪ev 08.10.1765 Kallstadt, Dürkheim

- Johann Konrad Humann^{#91b} (1768-???) • ∪ev 13.04.1768 Kallstadt, Dürkheim • ∞07.02.1796 Kallstadt, Dürkheim mit Maria Elisabetha Gabel[1] • Ⓚ Johann Heinrich[2] (*1797 Kallstadt, Dürkheim); Maria Sophia[3] (*1798 Kallstadt, Dürkheim); Charlotta Louisa[4] (*1801 Kallstadt, Dürkheim)

- Johann Adam Humann^{#91c} (1770-???) • ∪ev 07.01.1770 Kallstadt, Dürkheim • ∞ev 28.01.1798 Kallstadt, Dürkheim mit Agnes Freyermuth[5]

- Gertraut Humann^{#91d} (1771-1775) • ∪ev 21.07.1771 Kallstadt, Dürkheim • ☐03.07.1775 Kallstadt, Dürkheim

- Johann Lorenz Humann^{#91e} (1773-???) • ∪ev 05.10.1773 Kallstadt, Dürkheim • ∞ev 06.07.1800 Kallstadt, Dürkheim mit Anna Elisabetha Unverzagt[6]

---

[1] Maria Elisabetha Gabel • Ⓥ Peter Gabel
[2] Johann Heinrich Humann (1797-1797) • ∪ev 05.02.1797 Kallstadt, Dürkheim • ☐21.03.1797 Kallstadt, Dürkheim
[3] Maria Sophia Humann (1798-???) • ∪ev 22.02.1798 Kallstadt, Dürkheim • ∞ev 23.04.1820 Kallstadt, Dürkheim mit Johannes Trump (1790-???), Sohn von Paul Trump
[4] Charlotta Louisa Humann (1801-???) • ∪ev 17.12.1801 Kallstadt, Dürkheim
[5] Agnes Freyermuth • Ⓥ Ludwig Freyermuth
[6] Anna Elisabetha Unverzagt • Ⓥ Johann Georg Unverzagt

Generation VII

- Georg Wilhelm Humann[#91f] (1776-???) • ⌣ev 11.06.1776 Kallstadt, Dürkheim

- Johann Heinrich Humann[#91g] (1779-???) • ⌣ev 10.01.1779 Kallstadt, Dürkheim • ∞ev 24.02.1811 Kallstadt, Dürkheim mit Anna Margaretha Sauer[1]

#92   **Farny, Johann Adam (1753-1825)**

Ⓥ Johann Georg Farny[#184] (1710-1779) • Ⓜ Maria Magdalena Hamsch[#185] (1711-1775) • *13.06.1753 Dürkheim • ⌣ev-ref. 17.06.1753 Dürkheim • ∞ev 14.08.1781 Dürkheim mit Susanna Elisabetha Fischer[#93] (1763-???) • Ⓚ Adam[#46a] (*1783 Dürkheim); Adam[#46] (*1784 Dürkheim); Johann Michael[#46b] (*1799 Dürkheim) • +01.12.1825

- Catharina Margaretha Farny[#92a] (1739-???) • *16.03.1739 Dürkheim • ⌣ev-ref. 22.03.1739 Dürkheim

- Johann Jakob Farny[#92b] (1742-???) • *20.05.1742 Dürkheim

- Maria Anna Farny[#92c] (1743-???) • *18.08.1743 Dürkheim • ⌣ev-ref. 22.08.1743 Dürkheim

#93   **Fischer, Susanna Elisabetha (1763-???)**

Ⓥ Georg Bernhard Fischer[#186] (1731-???) • Ⓜ Anna Elisabeth Steinmetz[#187] • ⌣ev 05.07.1763 Dürkheim • ∞ev 14.08.1781 Dürkheim mit Johann Adam Farny[#92] (1753-???) • Ⓚ Adam[#46a] (*1783 Dürkheim); Adam[#46] (*1784 Dürkheim); Johann Michael[#46b] (*1799 Dürkheim)

#100   **MacLeod (of Carnachy), Angus (~1757-???)**

Ⓥ ??? • Ⓜ ??? • *~1757 Isle of Lewis, Schottland • ∞ mit Mary MacKay[#101] (~1753-???) • Ⓚ Donald[#50] (*1785 Tong, Isle of Lewis, Schottland) • +Balamhulich, Durness, Sutherland, Schottland

---

[1] Anna Margaretha Sauer • Ⓥ Johannes Sauer • Ⓜ Anna Rosina Hänsel

X
Generation VII

#101   **MacKay, Mary (~1753-???)**

Ⓥ Angus MacKay#202 (~1712-~1789) • Ⓜ ??? • *~1753 Kinlochbeg, Sutherland, Schottland • ∞ mit Angus MacLeod#100 (~1757-???) • Ⓚ Donald#50 (*1785 Tong, Isle of Lewis, Schottland)

- NN♀#101a (~1733-???) • *~1733 Kinlochbeg, Sutherland, Schottland • ∞ mit Robert MacNeil Mackay (~1709-???) • Ⓚ Ann (*~1762 Kinlochbeg, Sutherland, Schottland); Betty (*~1768 Kinlochbeg, Sutherland, Schottland); Angus (*~1753 Kinlochbeg, Sutherland, Schottland); Hugh (*~1749 Kinlochbeg, Sutherland, Schottland); Robert (*~1751 Kinlochbeg, Sutherland, Schottland)

- Robert MacKay#101b (~1735-???) • *~1735 Kinlochbeg, Sutherland, Schottland • wohnt in Orkney

- Angus MacKay#101c (~1740-???) • *~1740 Kinlochbeg, Sutherland, Schottland

- Hugh MacKay#101d (~1750-1804) • *~1750 Moy, Iverness, Schottland • minister of Moy, Iverness • unverheiratet • +1804 Moy, Iverness, Schottland

- William MacKay#101e (~1752-???) • *~1752 Orkney, Schottland • Lehrer in Orkney • ∞ mit NN • Ⓚ William

#110   **Beaton, Norman (1755-???)**

Ⓥ ??? • Ⓜ ??? • *1755 Stornoway, Isle of Lewis, Schottland • Ⓚ Catherine#55 (*1790 Vatisker, Isle of Lewis, Schottland)

XI
Generation VIII

#128   Drumpf, Johann Philipp (1667-1707)

Ⓥ ??? • Ⓜ ??? • *1667 Ellerstadt, Dürkheim • ∞ev-luth. 18.01.1695 Battenberg, Dürkheim mit Maria <u>Juliana</u> Ferds[#129] • Ⓚ Hanss Jacob[#64a] (*1695 Battenberg, Dürkheim); Sophia Maria[#64b] (*1697 Battenberg, Dürkheim); Johann Sebastian[#64] (*1699 Battenberg, Dürkheim); Anna Elisabeth[#64c] (*1701 Battenberg, Dürkheim); Maria Margaretha[#64d] (*1703 Battenberg, Dürkheim); Maria Susanna[#64e] (*1705 Battenberg, Dürkheim) • +1707 Dürkheim

#129   Ferds, Maria <u>Juliana</u>

Ⓥ ??? • Ⓜ ??? • ∞ev-luth. 18.01.1695 Battenberg, Dürkheim mit Johann Philipp Drumpf[#128] (1667-1707) • Ⓚ Hanss Jacob[#64a] (*1695 Battenberg, Dürkheim); Sophia Maria[#64b] (*1697 Battenberg, Dürkheim); Johann Sebastian[#64] (*1699 Battenberg, Dürkheim); Anna Elisabeth[#64c] (*1701 Battenberg, Dürkheim); Maria Margaretha[#64d] (*1703 Battenberg, Dürkheim); Maria Susanna[#64e] (*1705 Battenberg, Dürkheim)

#130   Kohl, Hans Adam (1670-???)

Ⓥ Paulus Kohl[#260] (1645-˃1715) • Ⓜ Anna Clara NN (˜1650-˃1715) • ∪ev-luth. 27.12.1670 Battenberg, Dürkheim • ∞˜1695 mit Anna Margaretha Jaeck[#131] (1675-???) • Ⓚ Anna Clara[#65a] (*1697 Battenberg, Dürkheim); Johann Michael[#65b] (*1700 Battenberg, Dürkheim); Johann Lorentz[#65c] (*1703 Battenberg, Dürkheim); Susanna Margaretha[#65] (*1707 Battenberg, Dürkheim); Anna Margaretha[#65d] (*1709 Battenberg, Dürkheim); Johann Christian[#65e] (*1714 Battenberg, Dürkheim); Johannes[#65f] (*1715 Battenberg, Dürkheim)

▪ Johann Georg Kohl[#130a] (1672-???) • ∪ev-luth. 14.07.1672 Battenberg, Dürkheim

XI
Generation VIII

- Lorentz Kohl[#130b] (1675-???) • ⌣ev-luth. 16.05.1675 Battenberg, Dürkheim

- Anna Margaretha Kohl[#130c] (1678-???) • ⌣ev-luth. 01.09.1678 Battenberg, Dürkheim

- Johann Christian Kohl[#130d] (1680-???) • ⌣ev-luth. 01.08.1680 Battenberg, Dürkheim

- Anna Agnes Kohl[#130e] (1683-???) • ⌣ev-luth. 04.04.1683 Battenberg, Dürkheim

- Johann Jacobus Kohl[#130f] (1685-???) • ⌣ev-luth. 01.07.1685 Battenberg, Dürkheim

- Eva Maria Kohl[#130g] (1687-???) • *1687 Battenberg, Dürkheim • ⌣ev-luth. Battenberg, Dürkheim

#131   Jaeck, Anna Margaretha (1675-???)

Ⓥ Johann Jakob Jaeck[#262] • Ⓜ Catharina Hungin[#263] • ⌣ev-luth. 01.08.1675 Battenberg, Dürkheim • ∞˜1695 mit Hans Adam Kohl[#130] (1670-???) • Ⓚ Anna Clara[#65a] (*1697 Battenberg, Dürkheim); Johann Michael[#65b] (*1700 Battenberg, Dürkheim); Johann Lorentz[#65c] (*1703 Battenberg, Dürkheim); Susanna Margaretha[#65] (*1707 Battenberg, Dürkheim); Anna Margaretha[#65d] (*1709 Battenberg, Dürkheim); Johann Christian[#65e] (*1714 Battenberg, Dürkheim); Johannes[#65f] (*1715 Battenberg, Dürkheim)

- Anna Maria Jaeck[#131a] (1669-???) • ⌣ev-luth. 11.07.1669 Battenberg, Dürkheim

- Johann Valentin Jaeck[#131b] (1676-???) • ⌣ev-luth. 17.12.1676 Battenberg, Dürkheim

- Johann Melchior Jaeck[#131c] (1679-???) • ⌣ev-luth. 19.01.1679 Battenberg, Dürkheim

- Maria Barbara Jaeck[#131d] (1680-???) • ⌣ev-luth. 07.03.1680 Battenberg, Dürkheim

XI
Generation VIII

#136   **Bechtloff, Philipp Jacob (1703-???)**

Ⓥ Johann Georg Bechtloff[#272] (1671-1741) • Ⓜ Anna Eva Zimmer[#273] (1673-1714) • *05.05.1703 Kallstadt, Dürkheim • ∪ev 08.05.1703 Kallstadt, Dürkheim • ∞05.08.1730 Kallstadt, Dürkheim mit Anna Katharina Hänsel[#137] (1699-???) • Ⓚ Johann Niklaus[#68a] (*1731 Kallstadt, Dürkheim); Johann Lorenz[#68] (*1732 Kallstadt, Dürkheim); Johann Reichhard[#68b] (*1734 Kallstadt, Dürkheim); Maria Katharina[#68c] (*1736 Kallstadt, Dürkheim); Katharina Elisabetha[#68d] (*1744 Kallstadt, Dürkheim)

- Johann Niklaus Bechtloff[#136a] (1705-1754) • *01.01.1705 Kallstadt, Dürkheim • ∞ev 18.11.1732 Leistadt mit Maria Catharina Freyermuth (1713-1781) • Ⓚ Philipp Jacob (*1753 Leistadt) • †12.05.1754 Leistadt

- Maria Magdalena Bechtloff[#136b] • ∞ev 18.06.1726 Kallstadt, Dürkheim mit Johann Heinrich Böhler[1] (1703-1772), Sohn von Jost Böhler (1676-1743) und Elisabetha Acker (1676-1742) • Ⓚ Anna Maria Elisabeth (*1731 Kallstadt, Dürkheim)

#137   **Hänsel, Anna Katharina (1699-???)**

Ⓥ Johann Konrad Hänsel[#274] • Ⓜ Catharina Elisabeth NN[#275] • *24.11.1699 Kallstadt, Dürkheim • ∪ev 30.11.1699 Kallstadt, Dürkheim • ∞05.08.1730 Kallstadt, Dürkheim mit Philipp Jacob Bechtloff[#136] (1703-???) • Ⓚ Johann Niklaus[#68a] (*1731 Kallstadt, Dürkheim); Johann Lorenz[#68] (*1732 Kallstadt, Dürkheim); Johann Reichhard[#68b] (*1734 Kallstadt, Dürkheim); Maria Katharina[#68c] (*1736 Kallstadt, Dürkheim); Katharina Elisabetha[#68d] (*1744 Kallstadt, Dürkheim)

- Anna Margaretha Hänsel[#137a] (1703-???) • *24.09.1703 Kallstadt, Dürkheim • ∪ev 28.09.1703 Kallstadt, Dürkheim • ∞ev 15.02.1729 Kallstadt, Dürkheim mit Georg Heinrich Kall

---

[1] Johann Heinrich Böhler (1703-1772) • Ⓥ Jost Böhler (1676-1743) • Ⓜ Elisabetha Acker (1676-1742)

XI
Generation VIII

▪ Anna Maria Hänsel[#137b] (1706-???) • *01.04.1706 Kallstadt, Dürkheim • ⌣ev 05.04.1706 Kallstadt, Dürkheim

#140   Böhringer, Johann Bernhard

Ⓥ Johann Georg Böhringer[#280] • Ⓜ ??? • ∞13.02.1731 Kallstadt, Dürkheim mit Anna Sabina Münch[#141] • Ⓚ Anna Dorothea[#70a] (*1733 Kallstadt, Dürkheim); Georg[#70b] (*1735 Kallstadt, Dürkheim); Anna Maria[#70c] (*1736 Kallstadt, Dürkheim); Veit[#70d] (*1738 Kallstadt, Dürkheim); Anna Christina[#70e] (*1739 Kallstadt, Dürkheim); Niklaus[#70] (*1741 Kallstadt, Dürkheim); Johann Heinrich[#70f] (*1744 Kallstadt, Dürkheim); Maria Magdalena[#70g] (*1747 Kallstadt, Dürkheim); Anna Kunigunda[#70h] (*1749 Kallstadt, Dürkheim); Johannes[#70i] (*1751 Kallstadt, Dürkheim); Anna Catharina[#70j] (*1753 Kallstadt, Dürkheim); Philipp Jakob[#70k] (*1754 Kallstadt, Dürkheim)

#141   Münch, Anna Sabina

Ⓥ Niklaus Münch[#282] • Ⓜ ??? • ∞13.02.1731 Kallstadt, Dürkheim mit Johann Bernhard Böhringer[#140] • Ⓚ Anna Dorothea[#70a] (*1733 Kallstadt, Dürkheim); Georg[#70b] (*1735 Kallstadt, Dürkheim); Anna Maria[#70c] (*1736 Kallstadt, Dürkheim); Veit[#70d] (*1738 Kallstadt, Dürkheim); Anna Christina[#70e] (*1739 Kallstadt, Dürkheim); Niklaus[#70] (*1741 Kallstadt, Dürkheim); Johann Heinrich[#70f] (*1744 Kallstadt, Dürkheim); Maria Magdalena[#70g] (*1747 Kallstadt, Dürkheim); Anna Kunigunda[#70h] (*1749 Kallstadt, Dürkheim); Johannes[#70i] (*1751 Kallstadt, Dürkheim); Anna Catharina[#70j] (*1753 Kallstadt, Dürkheim); Philipp Jakob[#70k] (*1754 Kallstadt, Dürkheim)

#142   Rank, Johann Lorentz (1720-???)

Ⓥ Johann Valentin Rank[#284] (1662-1735) • Ⓜ Anna Margaretha Leysenheim[#285] (1672-???) • *26.08.1720 Ungstein, Dürkheim • ⌣ev-luth. 30.08.1720 Ungstein, Dürkheim • ∞ev-luth. 14.11.1741 Ungstein,

XI
Generation VIII

Dürkheim mit Anna Maria Müller[#143] • Ⓚ Susanna Appollonia[#71a] (*1745 Ungstein, Dürkheim); Anna Margaretha[#71b] (*1746 Ungstein, Dürkheim); Anna Maria[#71c] (*1749 Ungstein, Dürkheim); Charlotta Sophia[#71d] (*1752 Ungstein, Dürkheim); Maria Philippina[#71] (*1754 Ungstein, Dürkheim)

Halbgeschwister aus erster Ehe von Johann Valentin Rank[#284] (1662-1735) mit Anna Barbara Mutter (˜1667-1704):

- Johann Georg Rank[#142a] (1695-1759) • *04.06.1695 Ungstein, Dürkheim • ∞28.10.1719 Ungstein, Dürkheim mit Catharina Elisabeth Münch[1] (1699-1779) • Ⓚ Catharina Elisabetha[2] (*1724 Ungstein, Dürkheim); Anna Margaretha[3] (*1728 Ungstein, Dürkheim); Anna Margaretha[4] (*1730 Ungstein, Dürkheim); Anna Elisabetha[5] (*1737 Ungstein, Dürkheim) • +06.10.1759 Ungstein, Dürkheim • ☐ev-luth. 07.10.1759 Ungstein, Dürkheim

- Johann Rank[#142b] (1703-1710) • *27.08.1703 Ungstein, Dürkheim • ⌣ev-luth. 31.08.1703 Ungstein, Dürkheim • +05.01.1710 Ungstein, Dürkheim • ☐ev-luth. 07.01.1710 Ungstein, Dürkheim

Geschwister aus erster Ehe des Vaters Johann Valentin Rank[#284] (1662-1735) mit Anna Margaretha Leysenheim[#285] (1672-???)

---

[1] Catharina Elisabeth Münch (1699-1779) • Ⓥ Johann Lorentz Münch (1665-1731) • Ⓜ Maria Elisabeth Ott (1668-1731) • *08.03.1699 Kallstadt, Dürkheim • ⌣ev 10.03.1699 Kallstadt, Dürkheim • +08.02.1779 Ungstein, Dürkheim
[2] Catharina Elisabetha Rank (1724-???) • *09.08.1724 Ungstein, Dürkheim • ⌣ev-luth. 11.08.1724 Ungstein, Dürkheim • ∞02.01.1742 Ungstein, Dürkheim mit Johann Philipp Dress
[3] Anna Margaretha Rank (1728-1728) • *20.03.1728 Ungstein, Dürkheim • ⌣ev-luth. 23.03.1728 Ungstein, Dürkheim • +02.12.1728 Ungstein, Dürkheim • ☐ev-luth. 03.12.1728 Ungstein, Dürkheim
[4] Anna Margaretha Rank (1730-???) • *10.02.1730 Ungstein, Dürkheim • ⌣ev-luth. 12.02.1730 Ungstein, Dürkheim • ∞ev-luth. 24.01.1747 mit Johann Georg Brüstling
[5] Anna Elisabetha Rank (1737-1737) • *23.07.1737 Ungstein, Dürkheim • ⌣ev-luth. 26.07.1737 Ungstein, Dürkheim • +15.11.1737 Ungstein, Dürkheim • ☐ev-luth. 17.11.1737 Ungstein, Dürkheim

XI
Generation VIII

- Johann Jacob Rank[#142c] (1709-???) • *15.12.1709 Ungstein, Dürkheim • ∪ev-luth. 20.12.1709 Ungstein, Dürkheim • ∞ev 24.11.1739 Ungstein, Dürkstein mit Anna Maria Kalesch[1] (1722-1760) • Ⓚ Anna Christina[2] (*1741 Ungstein, Dürkheim); Anna Margareta[3] (*1743 Ungstein, Dürkheim); Anna Maria[4] (*1751 Ungstein, Dürkheim) • +24.11.1758

- Johann Philipp Rank[#142d] (1712-<1774) • *17.03.1712 Ungstein, Dürkheim • ∪ev-luth. 20.03.1712 Ungstein, Dürkheim • ∞ev 27.04.1740 Ungstein, Dürkheim mit Maria Margareta Bär[5] (1720-<1814) • Ⓚ Anna Margaretha[6] (*1741 Ungstein, Dürkheim); Anna Maria[7] (*1743 Ungstein, Dürkheim); Anna Maria[8] (*1746 Ungstein, Dürkheim); Anna Catharina[9] (*1749 Ungstein, Dürkheim); Catharina Veronica[10] (*1752 Ungstein, Dürkheim); Anna Maria[11] (*1756 Ungstein, Dürkheim); Maria Elisabetha[1] (*1759 Ungstein, Dürkheim) • +<1774

---

[1] Anna Maria Kalesch (1722-1760) • Ⓥ Hans Nicol Kalesch • Ⓜ Elisabetha NN • *15.05.1722 Ungstein, Dürkheim • ∪ev-luth. 17.05.1722 Ungstein, Dürkheim • +1760
[2] Anna Christina Rank (1741-???) • *06.06.1741 Ungstein, Dürkheim • ∪ev-luth. 09.06.1741 Ungstein, Dürkheim
[3] Anna Margareta Rank (1743-???) • *14.04.1743 Ungstein, Dürkheim • ∪ev-luth. 16.04.1743 Ungstein, Dürkheim
[4] Anna Maria Rank (1751-???) • *21.01.1751 Ungstein, Dürkheim • ∪ev-luth. 24.01.1751 Ungstein, Dürkheim
[5] Maria Margareta Bär (1720-<1814) • Ⓥ Hans Georg Bär (1673-1740) • Ⓜ Margareta Magdalena Urban (1680-1737) • *18.04.1720 Ungstein, Dürkheim • ∪ev-luth. 21.04.1720 Ungstein, Dürkheim
[6] Anna Margaretha Rank (1741-???) • *19.07.1741 Ungstein, Dürkheim • ∪ev-luth. 21.07.171 Ungstein, Dürkheim
[7] Anna Maria Rank (1743-???) • *30.10.1743 Ungstein, Dürkheim • ∪ev-luth. 01.11.1743 Ungstein, Dürkheim
[8] Anna Maria Rank (1746-???) • *07.11.1746 Ungstein, Dürkheim • ∪ev-luth. 08.11.1746 Ungstein, Dürkheim
[9] Anna Catharina Rank (1749-???) • *08.01.1749 Ungstein, Dürkheim • ∪ev-luth. 12.01.1749 Ungstein, Dürkheim
[10] Catharina Veronica Rank (1752-???) • *17.05.1752 Ungstein, Dürkheim • ∪ev-luth. 17.05.1752 Ungstein, Dürkheim
[11] Anna Maria Rank (1756-???) • *25.09.1756 Ungstein, Dürkheim • ∪ev-luth. 29.09.1756 Ungstein, Dürkheim • ∞22.08.1740 Dürkheim mit Johann Friedrich

XI
Generation VIII

#143 Müller, Anna Maria

Ⓥ Jacob Müller[#286] (???-1741) • Ⓜ ??? • ∞ev.-luth. 14.11.1741 Ungstein, Dürkheim mit Johann Lorentz Rank[#142] (1720-???) • Ⓚ Susanna Appollonia[#71a] (*1745 Ungstein, Dürkheim); Anna Margaretha[#71b] (*1746 Ungstein, Dürkheim); Anna Maria[#71c] (*1749 Ungstein, Dürkheim); Charlotta Sophia[#71d] (*1752 Ungstein, Dürkheim); Maria Philippina[#71] (*1754 Ungstein, Dürkheim)

#148 Ullrich, Georg Ludwig (1750-1820)

Ⓥ Philipp Heinrich Ullrich[#296] (1709-1776) • Ⓜ Eva Johanna Margaretha Schmidt[#297] (1718-1789) • *05.08.1750 Altlußheim • ∞20.05.1794 Altlußheim mit Anna Barbara Bernthaler[#149] (1767-1828) • Ⓚ Johann Georg[#74a] (*1795 Altlußheim); Maria Elisabeth[#74b] (*1798 Altlußheim); Johann Georg[#74c] (*1799 Altlußheim); Johann Heinrich[#74d] (*1800 Altlußheim); Johannes[#74e] (*1803 Altlußheim); Anna Margaretha[#74f] (*1807 Altlußheim); Anna Barbara[#74g] (*1810 Altlußheim); Johann Jakob[#74] (*1810 Altlußheim) • +20.11.1820 Altlußheim

- Elisabetha Margaretha Ullrich[#148a] (1738-1740) • *21.11.1738 Altlußheim • +12.09.1740 Altlußheim

---

Seidensticker (1746-1806) • Ⓚ Johann Conrad (*1776 Dürkheim); Anna Margaretha (*1777 Dürkheim); Daniel Friedrich (*1780 Dürkheim); Maria Magdalena (*1781 Dürkheim); Maria Barbara (*1781 Dürkheim); Maria Barbara (*1783 Dürkheim); Catharina Elisabeth (*1784 Dürkheim); Johann Jacob (*1786 Dürkheim); Catharina (*1788 Dürkheim); Georg Friedrich (*1790 Dürkheim); Johann Philipp (*1792 Dürkheim); Wilhelmina Charlotta (*1794 Dürkheim); Anna Maria (*1795 Dürkheim); Sybilla Elisabetha (*1797 Dürkheim); Sybilla (*1799 Dürkheim) • +11.01.1814 Dürkheim

[1] Maria Elisabetha Rank (1759-???) • *09.03.1759 Ungstein, Dürkheim • ∪ev.-luth. 11.03.1759 Ungstein, Dürkheim

XI
Generation VIII

- Maria Elisabetha Ullrich[#148b] (1740-???) • *09.11.1740 Altlußheim • ∞ev 16.04.1782 Altlußheim mit Johann Ferdinand Nufer[1] (1738-1792)

- Johann Marcus Ullrich[#148c] (1742-1803) • *14.10.1742 Altlußheim • ∞26.04.1785 Altlußheim mit Eva Elisabetha NN • +08.10.1803 Altlußheim

- Eva Elisabetha Ullrich[#148d] (1745-???) • *11.05.1745 Altlußheim

- Johann Thomas Ullrich[#148e] (1748-1757) • *09.01.1748 Altlußheim • +13.06.1757 Altlußheim

- Eva Maria Ullrich[#148f] (1753-1822) • *28.11.1753 Altlußheim • ∞ev 09.09.1794 Neulußheim mit Heinrich Gari[2] (1755-1807) • +06.02.1822 Neulußheim

- Johannes Ullrich[#148g] (1756-1758) • *28.06.1756 Altlußheim • +04.04.1758 Altlußheim

- Maria Juliana Ullrich[#148h] (1759-1764) • *22.06.1759 Altlußheim • +20.08.1764 Altlußheim

- Anna Barbara Ullrich[#148i] (1762-???) • *15.04.1762 Altlußheim • ∞1785 Altlußheim mit Johann Georg Schreiber

#149   Bernthaler, Anna Barbara (1767-1828)

Ⓥ Johann Jakob Bernthaler[#298] (1737-1776) • Ⓜ Anna Barbara Ursula Stephan[#299] (1741-1807) • *13.10.1767 Altlußheim • ∞ev 20.05.1794 Altlußheim mit Georg Ludwig Ullrich[#148] (1750-1820) • Ⓚ Johann Georg[#74a] (*1795 Altlußheim); Maria Elisabeth[#74b] (*1798 Altlußheim); Johann Georg[#74c] (*1799 Altlußheim); Johann Heinrich[#74d] (*1800

---

[1] Johann Ferdinand Nufer (1738-1792) • Ⓥ Johann Martin Nufer • ∪ev 17.12.1738 • ∞I ev 07.02.1764 Altlußheim mit Christina Cordula Schwesinger (1735-1781), Tochter von Hannss Marcus Schwesinger (1685-1765) und Eva Elisabetha Fischer (1700-1761) • +19.09.1792 Altlußheim
[2] Heinrich Gari (1755-1807) • Ⓥ Johann Tobias Gari (1720-???) • Ⓜ Eva Barbara Kadel (1732-1799), Tochter von Johann Georg Kadel (1701-1767) und Margaretha Barth (1702-1762) • *28.09.1755 Neulußheim • +25.12.1807 Neulußheim

Altlußheim); Johannes[#74e] (*1803 Altlußheim); Anna Margaretha[#74f] (*1807 Altlußheim); Anna Barbara[#74g] (*1810 Altlußheim); Johann Jakob[#74] (*1810 Altlußheim) • +09.03.1828 Altlußheim

- Anna Ursula Bernthaler[#149a] (1764-1838) • *17.02.1764 Altlußheim • ∞ev 15.04.1788 Altlußheim mit Marcus Itschner • +13.07.1838 Altlußheim

- Anna Barbara Bernthaler[#149b] (1766-1766) • ∪ev 17.06.1766 Altlußheim • +13.07.1766 Altlußheim

- Johanna Elisabetha Bernthaler[#149c] (1770-???) • *01.05.1770 Altlußheim • ∞02.06.1795 Altlußheim mit Johann Thomas Harsch[1] (1769-1815)

#152   Peter, Paul

Ⓥ ??? • Ⓜ ??? • Ⓚ Johann Nicolaus[#72] (*Wachenheim an der Weinstraße, Dürkheim) • +Wachenheim an der Weinstraße, Dürkheim

#156   Euler, Johann Georg (1712-1752)

Ⓥ ??? • Ⓜ ??? • *1712 Lauterbach, Vogelsberg • ∞29.01.1733 Eckartshausen mit Anna Catherine Popp[#157] (1712-???) • Ⓚ Johannes Friedrich[#78a] (*1733 Eckartshausen); Johannes Jacob[#78b] (*1736 Eckartshausen); Philipp Caspar[#78c] (*1747 Manheim, Pennsylvania, USA); Johann Georg[#78] (*1752 Wachenheim an der Weinstraße, Dürkheim); Conrad[#78d] (*~1753 Manheim, Pennsylvania, USA) • +18.03.1752 Wachenheim an der Weinstraße, Dürkheim

---

[1] Johann Thomas Harsch (1769-1815) • Ⓥ Johann Thoams Harsch (1740-1783), Sohn von Konrad Harsch (1700-???) und Anna Margaretha Sonier • Ⓜ Anna Marharetha Schwechheimer (1732-???), Tochter von Mathias Daniel Schwechheimer (1709-1751) und Anna Barbara Stephan (1713-1772) • *14.08.1769 Altlußheim • +15.02.1815 Altlußheim

Generation VIII

#157 Popp, Anna Catherine (1712-???)

Ⓥ Samuel Popp[#314] (1686-???) • Ⓜ Anna Maria Mohn[#315] (1691-1736) • *28.09.1712 Eckartshausen • ∞29.01.1733 Eckartshausen mit Johann Georg Euler[#156] (1712-1752) • Ⓚ Johannes Friedrich[#78a] (*1733 Eckartshausen); Johannes Jacob[#78b] (*1736 Eckartshausen); Philipp Caspar[#78c] (*1747 Manheim, Pennsylvania, USA); Johann Georg[#78] (*1752 Wachenheim an der Weinstraße, Dürkheim); Conrad[#78d] (*~1753 Manheim, Pennsylvania, USA)

- Johann Friedrich Popp[#157a] (1714-???) • *1714 Eckartshausen

- Johann Conrad Popp[#157b] (1717-???) •*1717 Eckartshausen

#158 Zimmermann, Philipp Jakob (1723-???)

Ⓥ Hanß Jörg Zimmermann[#316] • Ⓜ ??? • *19.12.1723 Wachenheim an der Weinstraße, Dürkheim • ⌣ev 19.12.1723 Wachenheim an der Weinstraße, Dürkheim • ∞ mit Apollonia NN[#159] • Ⓚ Maria Elisabetha[#79] (*1756 Wachenheim an der Weinstraße, Dürkheim)

#159 NN, Apollonia

Ⓥ ??? • Ⓜ ??? • *Deutschland • ∞ mit Philipp Jakob Zimmermann[#158] (1723-???) • Ⓚ Maria Elisabetha[#79] (*1756 Wachenheim an der Weinstraße, Dürkheim)

#160 Christ, Johann Kaspar (1717-1787)

Ⓥ Zacharias Christ[#320] (~1684-1736) • Ⓜ Maria Elisabetha Hayn[#321] (1686-1722) • *30.05.1717 Herxheim/Berg • ∞ev 14.01.1744 Kallstadt, Dürkheim mit Sophia Elisabetha Schmidt[#161] (1720-1796) • Ⓚ Johannes[#80a] (*1744 Kallstadt, Dürkheim); Catharina Elisabetha[#80b] (*1748 Kallstadt, Dürkheim); Johann Georg[#80] (*1754 Kallstadt, Dürkheim); Sophia Elisabetha[#80c] (*1757 Kallstadt, Dürkheim) • †01.02.1787 Kallstadt, Dürkheim

XI
Generation VIII

#161   Schmidt, Sophia Elisabetha (1720-1796)

Ⓥ Johann Philipp Schmidt[#322] (1674-1755) • Ⓜ Anna Sophia Heintz (1680-1746) • *09.12.1720 Kallstadt, Dürkheim • ∞ev 14.01.1744 Kallstadt, Dürkheim mit Johann Kaspar Christ[#160] (1717-1787) • Ⓚ Johannes[#80a] (*1744 Kallstadt, Dürkheim); Catharina Elisabetha[#80b] (*1748 Kallstadt, Dürkheim); Johann Georg[#80] (*1754 Kallstadt, Dürkheim); Sophia Elisabetha[#80c] (*1757 Kallstadt, Dürkheim) • □09.05.1796 Kallstadt, Dürkheim

- Justina Margaretha Schmidt[#161a] (1715-???) • ∪ev 10.02.1715 Kallstadt, Dürkheim

- Maria Magdalena Schmidt[#161a] (1717-???) • ∪ev 31.12.1717 Kallstadt, Dürkheim

- Georg Hermann Schmidt[#161a] (1725-???) • ∪ev 28.01.1725 Kallstadt, Dürkheim

#162   Ott, Johann Georg (1709-1773)

Ⓥ Georg Ott[#324] (1676-1738) • Ⓜ Anna Elisabetha Volz[#325] (1681-1751) • *07.04.1709 Kallstadt, Dürkheim • ∞ev 26.05.1739 Kallstadt, Dürkheim mit Anna Margaretha Heintz[#163] (1716-1790) • Ⓚ Johann Lorentz[#81a] (*1740 Kallstadt, Dürkheim); Anna Elisabetha[#81b] (*1741 Kallstadt, Dürkheim); Johann Georg[#81c] (*1743 Kallstadt, Dürkheim); Anna Maria[#81d] (*1745 Kallstadt, Dürkheim); Johann Wilhelm[#81e] (*1747 Kallstadt, Dürkheim); Johann Niklaus[#81f] (*1749 Kallstadt, Dürkheim); Katharina Elisabetha[#81g] (*1751 Kallstadt, Dürkheim); Maria Elisabeth[#81] (*1753 Kallstadt, Dürkheim); Johann Georg[#81h] (*1755 Kallstadt, Dürkheim); Georg Heinrich[#81i] (*1757 Kallstadt, Dürkheim) • +1773 Kallstadt, Dürkheim

#163   Heintz, Anna Margaretha (1716-1790)

Ⓥ Johann Lorenz Heintz[#326] (1674-1746) • Ⓜ Anna Elisabeth Dresch[#327] (1674->1739) • *16.04.1716 Kallstadt, Dürkheim • ∞ev 26.05.1739

Kallstadt, Dürkheim mit Johann Georg Ott[#162] (1709-1773) • Ⓚ Johann Lorentz[#81a] (*1740 Kallstadt, Dürkheim); Anna Elisabetha[#81b] (*1741 Kallstadt, Dürkheim); Johann Georg[#81c] (*1743 Kallstadt, Dürkheim); Anna Maria[#81d] (*1745 Kallstadt, Dürkheim); Johann Wilhelm[#81e] (*1747 Kallstadt, Dürkheim); Johann Niklaus[#81f] (*1749 Kallstadt, Dürkheim); Katharina Elisabetha[#81g] (*1751 Kallstadt, Dürkheim); Maria Elisabeth[#81] (*1753 Kallstadt, Dürkheim); Johann Georg[#81h] (*1755 Kallstadt, Dürkheim); Georg Heinrich[#81i] (*1757 Kallstadt, Dürkheim) • +1790 Kallstadt, Dürkheim

#168   Hartung, Johann Michael (1708-1763)

Ⓥ Augustinus Hartung[#336] (1677-1739) • Ⓜ Anna Sophia Schwab[#337] (1685-1753) • *03.02.1708 Dürkheim • ◡ev 05.02.1708 Dürkheim • ∞I ev 21.05.1737 Dürkheim mit Anna Barbara Klein (1681-1746) • Ⓚ Sophia Elisabetha[#84a] (*1738 Dürkheim); Margaretha[#84b] (*1742 Dürkheim); Johannes[#84c] (*1744 Dürkheim) • ∞II ev 16.05.1747 Dürkheim[1] mit Maria Luise Baum[#169] (1730-???) • Ⓚ Johann Carl[#84d] (*1748 Dürkheim); Philippina Carolina[#84e] (*1749 Dürkheim); Johann Philipp[#84] (*1750 Dürkheim); Johann Martin[#84f] (*~1753 Dürkheim); Georg Bernhardt[#84g] (*1756 Dürkheim); Luisa Christina[#84h] (*1757 Dürkheim); Sabina Christina[#84i] (*1758 Dürkheim); Charlotta Sophia[#84j] (*1761 Dürkheim) • +13.01.1763 Dürkheim

lernt Orgelbauer • 1733 erste eigenständige Arbeiten • er baut Orgeln in Winden (1746), in Gimmeldingen (1749), in Enkenbach (1751), in Haßloch and Rohrbach (1752), in Edenkoben and Oberotterbach (1754); seine letzte Arbeit war in Assenheim (1759)

▪ Johann Christoph Hartung[#168a] (1708-1762) • *03.02.1708 Dürkheim • ◡ev 05.02.1708 Dürkheim • +30.05.1762 Alsenz

▪ Georg Hartung[#168b] (1710-???) • *25.12.1710 Dürkheim

▪ Anna Maria Hartung[#168c] (1712-???) • *02.11.1712 Dürkheim

---

[1] oder Göllheim, Donnersbergkreis

XI
Generation VIII

- Catharina Elisabetha Hartung[#168d] (1716-???) • *11.03.1716 Dürkheim
- Wilhelm Adam Hartung[#168e] (1718-???) • *08.01.1718 Dürkheim
- Anna Margaretha Hartung[#168f] (1719-???) • *30.10.1719 Dürkheim
- Maria Luisa Hartung[#168g] (1723-???) • *07.07.1723 Dürkheim
- Polexina Hartung[#168h] (1726-1729) • *27.08.1726 Dürkheim • +1729 Dürkheim

#169 **Baum, Maria Luise (1730-???)**

Ⓥ Johann Michael Baum[#338] (1678-1758) • Ⓜ Anna Sophia Lieurner[#339] (1694-1756) • *02.11.1730 Göllheim, Dürkheim • ∞16.05.1747 Göllheim, Donnersbergkreis mit Johann Michael Hartung[#168] (1708-1763) • Ⓚ Johann Carl[#84d] (*1748 Dürkheim); Philippina Carolina[#84e] (*1749 Dürkheim); Johann Philipp[#84] (*1750 Dürkheim); Johann Martin[#84f] (*~1753 Dürkheim); Georg Bernhardt[#84g] (*1755 Dürkheim); Luisa Christina[#84h] (*1757 Dürkheim); Sabina Christina[#84i] (*1757 Dürkheim); Charlotta Sophia[#84j] (*1761 Dürkheim) • +Dürkheim

- Sophia Margaretha Baum[#169a] (1727-1772) • *1727 Göllheim, Dürkheim • ∞14.06.1746 Göllheim, Bad Dükheim, mit Johann Henrich Kallenbach[1] (1702-1779) • Ⓚ Johann Michael[2] (*1747 Trippstadt, Dürkheim); Christian Moritz[3] (*1748 Trippstadt, Dürkheim); Sophia Louisa Friederica[4] (*1750 Trippstadt, Dürkheim); Johann Michael[1]

---

[1] Johann Henrich Kallenbach (1702-1779) • Ⓥ Heinrich Immanuel Kallenbach (1672-1735), Sohn von Elias Joseph Kallenbach (1642-1694) und Johanna Christina Caesar/Keyser (1650-???) • Ⓜ Christina Elisabetha NN (1685-???) • *28.05.1702 Trippstadt, Kaiserslautern • +21.01.1779 Trippstadt, Kaiserslautern • ☐24.01.Trippstadt, Kaiserslautern

[2] Johann Michael Kallenbach (1747-1747) • *02.05.1747 Trippstadt, Kaiserslautern • +30.07.1747 Trippstadt, Kaiserslautern

[3] Christian Moritz Kallenbach (1748-1752) • *22.07.1748 Trippstadt, Kaiserslautern • +25.11.1752 Trippstadt, Kaiserslautern

[4] Sophia Louisa Friederica Kallenbach (1750-1765) • *07.03.1750 Trippstadt, Kaiserslautern • +16.04.1765 Trippstadt, Kaiserslautern

Generation VIII

(*1751 Trippstadt, Dürkheim); Maria Elisabetha[2] (*1753 Trippstadt, Dürkheim); Christoph Henrich[3] (*1754 Trippstadt, Dürkheim); Maria Margaretha[4] (*1757 Trippstadt, Dürkheim); Anna Elisabetha[5] (*1759 Trippstadt, Dürkheim); Johann Gottfried[6] (*1761 Trippstadt, Dürkheim); Eva Elisabetha[7] (*1764 Trippstadt, Dürkheim); Catharina Barbara[8] (*1766 Trippstadt, Dürkheim); Maria Eleonore Dorothea[9] (*1769 Trippstadt, Dürkheim) • +07.01.1772 Trippstadt, Kaiserslautern • □09.01.1772 Trippstadt, Kaiserslautern

- Johann Konrad Baum[#169b] (1729-???) • *07.01.1729 Göllheim, Dürkheim

- Anna Dorothea Elisabetha Baum[#169c] (1734-1771) • *03.09.1734 Göllheim, Dürkheim • +27.10.1771 Göllheim, Dürkheim

- Johann Karl Baum[#169d] (1737-1738) • *12.01.1737 Göllheim, Dürkheim • +09.03.1738 Göllheim, Dürkheim

---

[1] Johann Michael Kallenbach (1751-1752) • *01.12.1751 Trippstadt, Kaiserslautern • +04.11.1752 Trippstadt, Kaiserslautern
[2] Maria Elisabetha Kallenbach (1753-1753) • *13.08.1753 Trippstadt, Kaiserslautern • +03.09.1753 Trippstadt, Kaiserslautern
[3] Christoph Henrich Kallenbach (1754-???) • *12.09.1754 Trippstadt, Kaiserslautern
[4] Maria Margaretha Kallenbach (1757-???) • *20.04.1757 Trippstadt, Kaiserslautern
[5] Anna Elisabetha Kallenbach (1759-???) • *04.04.1759 Trippstadt, Kaiserslautern
[6] Johann Gottfried Kallenbach (1761-1823) • *17.02.1761 Trippstadt, Kaiserslautern • ∞27.01.1784 Trippstadt, Kaiserslautern mit Anna Katharina Theiss (1760-1844) • Ⓚ Friedrich Jakob (*1784); Johann Jakob (*1786); Johann Henrich (*1789); Johann Peter (*1792); Johannes (*1795); Katharina Barbara (*1797); Johann Georg (*1800) • +21.01.1823 Trippstadt, Kaiserslautern
[7] Eva Elisabetha Kallenbach (1764-???) • *21.01.1764 Trippstadt, Kaiserslautern
[8] Katharina Barbara Kallenbach (1766-???) • *13.03.1766 Trippstadt, Kaiserslautern • ∞ mit Johann Georg Schmidt • Ⓚ Karolina (*1835)
[9] Maria Eleonore Dorothea Kallenbach (1769-???) • *02.06.1769 Trippstadt, Kaiserslautern • ∞25.07.1797 Göllheim, Bad Dükheim mit Johann Henrich Magsam (1766-???) • Ⓚ Anna Maria (*1798 Göllheim, Dürkheim); Johann Valentin (*1800 Göllheim, Dürkheim); Katrine Wilhelmine (*1801 Göllheim, Dürkheim); Johann Georg (*1804 Göllheim, Dürkheim); Marie Dorothea (*1806); Christian (*1808); Anne Elisabeth (*1810 Göllheim, Dürkheim); Anne Christine (*1812 Göllheim, Dürkheim)

XI
Generation VIII

#170   **Schuster, Johann Georg (1747-???)**

Ⓥ Lorenz Schuster[#340] • Ⓜ ??? • *1747 • ∞ev 24.08.1762 Kallstadt, Dürkheim mit Anna Elisabeth Kall[#171] (1735-???) • Ⓚ Charlotte Luise[#85] (*1764 Kallstadt, Dürkheim); Johann Georg[#85a] (*1773 Kallstadt, Dürkheim)

#171   **Kall, Anna Elisabeth (1735-???)**

Ⓥ Georg Heinrich Kall[#342] (1702-???) • Ⓜ Anna Margaretha Hänsel[#343] (⁓1709-???) • *03.09.1735 Kallstadt, Dürkheim • ⌣ev 06.09.1735 Kallstadt, Dürkheim • ∞ev 24.08.1762 Kallstadt, Dürkheim mit Johann Georg Schuster[#170] (1747-???) • Ⓚ Charlotte Luise[#85] (*1764 Kallstadt, Dürkheim); Johann Georg[#85a] (*1773 Kallstadt, Dürkheim)

- Katharina Elisabetha Kall[#171a] (1727-???) • */⌣05.02.1727 Kallstadt, Dürkheim

- Katharina Elisabetha Kall[#171a] (1730-???) • *08.08.1730 Kallstadt, Dürkheim • ⌣ev 11.08.1730 Kallstadt, Dürkheim

- Philipp Jakob Kall[#171a] (1732-???) • ⌣ev 05.09.1732 Kallstadt, Dürkheim

- Anna Margaretha Kall[#171a] (1735-???) • *03.09.1735 Kallstadt, Dürkheim • ⌣ev 06.09.1735 Kallstadt, Dürkheim

- Johann Philipp Kall[#171a] (1738-???) • ⌣ev 06.05.1738 Kallstadt, Dürkheim • ∞28.09.1762 mit Katharina Elisabetha Schuster

- Johann Daniel Kall[#171a] (1741-???) • ⌣ev 22.05.1741 Kallstadt, Dürkheim

#172   **Hänsel, Johann Lorenz (1701-???)**

Ⓥ Johann Konrad Hänsel[#344] • Ⓜ Catharina Elisabetha NN[#345] • *11.12.1701 Kallstadt, Dürkheim • ⌣ev 14.12.1701 Kallstadt, Dürkheim • ∞ev 17.11.1733 Kallstadt, Dürkheim mit Juliana Elisabetha Keller[#172] (1715-???) • Ⓚ Johann Tobias[#86] (*1753 Kallstadt, Dürkheim)

XI
Generation VIII

#173   **Keller, Juliana Elisabetha (1715-???)**

Ⓥ Jacob Adam Keller[#346] • Ⓜ Anna Maria Ott[#347] • *19.06.1715 • ᴗev 21.06.1715 Kallstadt, Dürkheim • ∞ev 17.11.1733 Kallstadt, Dürkheim mit Johann Lorenz Hänsel[#172] (1701-???) • Ⓚ Johann Tobias[#86] (*1753 Kallstadt, Dürkheim)

#174   **Freund, Johann Andreas (1734-???)**

Ⓥ Johann Michael Freund[#348] • Ⓜ Anna Margaretha Voltz[#349] (???-1758) • *26.03.1734 Kallstadt, Dürkheim • ᴗev 28.03.1734 Kallstadt, Dürkheim • ∞ev 13.02.1759 Kallstadt, Dürkheim mit Maria Elisabeth Unverzagt[#175] (1735-1766) • Ⓚ Charlotta Louisa[#87] (*1760 Kallstadt, Dürkheim)

#175   **Unverzagt, Maria Elisabeth (1735-1766)**

Ⓥ Johann Georg Unverzagt[#350] • Ⓜ Anna Kunigunda Münch[#351] (???-1758) • *27.01.1735 Kallstadt, Dürkheim • ᴗev 30.01.1735 Kallstadt, Dürkheim • ∞ev 13.02.1759 Kallstadt, Dürkheim mit Johann Andreas Freund[#174] (1734-???) • Ⓚ Charlotta Louisa[#87] (*1760 Kallstadt, Dürkheim) • ⬜03.01.1735 Kallstadt, Dürkheim

- Johann Georg Unverzagt[#175a] (1731-???) • *12.03.1731 Kallstadt, Dürkheim • ᴗev 16.03.1731 Kallstadt, Dürkheim

- Johann Bernhard Unverzagt[#175b] (1739-???) • *12.02.1739 Kallstadt, Dürkheim • ᴗev 13.02.1739 Kallstadt, Dürkheim

#178   **Peter, Johann Simon (1713-???)**

Ⓥ Michel Peter[#356] • Ⓜ Anna Dorothea Herter[#357] • *24.09.1713 Dürkheim • ∞ev 30.07.1744 Dürkheim mit Maria Veronica Müller[#179] • Ⓚ Sophia Sabina[#89] (*1745 Dürkheim), Johann Adam[#89a] (*1750 Dürkheim), Johann Wilhelm[#89b] (*1753 Dürkheim); Johann Philipp[#89c] (*1756 Dürkheim)

Generation VIII

#179   **Müller, Maria Veronika**

Ⓥ ??? • Ⓜ ??? • ∞ev 30.07.1744 Dürkheim mit Johann Simon Peter[#178] (1713-???) • Ⓚ Sophia Sabina[#89] (*1745 Dürkheim), Johann Adam[#89a] (*1750 Dürkheim), Johann Wilhelm[#89b] (*1753 Dürkheim); Johann Philipp[#89c] (*1756 Dürkheim)

#180   **Bechtloff, Johann Conrad (1739-???)**

Ⓥ Tobias Bechtloff[#360] (1714-1778) • Ⓜ Anna Elisabeth Hänsel[#361] (1712-1784) • *13.09.1739 Kallstadt, Dürkheim • ∪ev 16.09.1739 Kallstadt, Dürkheim • ∞ev 20.11.1764 Kallstadt, Dürkheim mit Christina Falter[#181] • Ⓚ Friedrich Karl[#90] (*1765 Kallstadt, Dürkheim); Susanna[#90a] (*1766 Kallstadt, Dürkheim); Anna Elisabetha[#90b] (*1768 Kallstadt, Dürkheim)

- Johannes Bechtloff[#180a] (1741-???) • ∪ev 02.06.1741 Kallstadt, Dürkheim

- Johann <u>Hartmuth</u> Bechtloff[#180b] (1744-1815) • *14.05.1744 Kallstadt, Dürkheim • ∪ev 20.05.1744 Kallstadt, Dürkheim • ∞ev 26.04.1772 Freinsheim mit Jakobea Charlotte Bartscherer[1] (1749-1789) • Ⓚ Peter[2] (*1772 Freinsheim) • +16.03.1815 Dornfeld

- Johann Tobias Bechtloff[#180c] (1747-???) • ∪ev 13.01.1747 Kallstadt, Dürkheim

- Anna Elisabetha Bechtloff[#180d] (1749-???) • ∪ev 24.01.1749 Kallstadt, Dürkheim

- Anna Elisabetha Bechtloff[#180e] (1751-???) • ∪ev 10.01.1751 Kallstadt, Dürkheim

---

[1] Jakobea Charlotte Bartscherer (1749-1789) • Ⓥ Johann Peter Bartscherer • Ⓜ ??? • * 05.01.1749 Freinsheim • +23.05.1789 Dornfeld

[2] Peter Bechtloff (1772-1838) • *18.03.1772 Freinsheim • ∞1797 mit Maria Dorothea Weber (1774-1827), Tochter von Christoff Weber und Anna Eva NN • Ⓚ Karl Philipp (*1799 Dornfeld) • +15.05.1838 Dornfeld

XI
Generation VIII

- Philipp Jakob Bechtloff#180f (1755-???) • ⌣ev 14.03.1755 Kallstadt, Dürkheim

#181   Falter, Christina

Ⓥ ??? • Ⓜ ??? • ∞ev 20.11.1764 Kallstadt, Dürkheim mit Johann Conrad Bechtloff#180 (1739-???) • Ⓚ Friedrich Karl#90 (*1765 Kallstadt, Dürkheim)

#182   Humann, Johann <u>Konrad</u> (1726-???)

Ⓥ Stephen Humann#364 • Ⓜ Susanne Salome Kraushaar#365 • *12.11.1726 Kallstadt, Dürkheim • ⌣ev 15.11.1726 Kallstadt, Dürkheim • ∞08.01.1765 Kallstadt, Dürkheim mit Anna Dorothea Trump#183 • Ⓚ Anna Dorothea#91a (*1765 Kallstadt, Dürkheim); Elisabetha#91 (*1767 Kallstadt, Dürkheim); Johann Konrad#91b (*1768 Kallstadt, Dürkheim); Johann Adam#91c (*1770 Kallstadt, Dürkheim); Gertraut#91d (*1771 Kallstadt, Dürkheim); Johann Lorenz#91e (1773 Kallstadt, Dürkheim); Georg Wilhelm#91f (*1776 Kallstadt, Dürkheim); Johann Heinrich#91g (*1779 Kallstadt, Dürkheim)

#183   Trump, Anna Dorothea

Ⓥ ??? • Ⓜ ??? • ∞08.01.1765 Kallstadt, Dürkheim mit Johann <u>Konrad</u> Humann#182 • Ⓚ Anna Dorothea#91a (*1765 Kallstadt, Dürkheim); Elisabetha#91 (*1767 Kallstadt, Dürkheim); Johann Konrad#91b (*1768 Kallstadt, Dürkheim); Johann Adam#91c (*1770 Kallstadt, Dürkheim); Gertraut#91d (*1771 Kallstadt, Dürkheim); Johann Lorenz#91e (1773 Kallstadt, Dürkheim); Georg Wilhelm#91f (*1776 Kallstadt, Dürkheim); Johann Heinrich#91g (*1779 Kallstadt, Dürkheim)

Generation VIII

#184 **Farny, Johann Georg (1710-1779)**

Ⓥ Nikolaus Farny/Farni[#368] (1666-1745) • Ⓜ Anna Margaretha Zollikofer[#369] (1680-???) • *18.06.1710 Dürkheim • ∞ev-ref. 22.04.1738 Dürkheim mit Maria Magdalena Hamsch[#185] (1711-1775) • Ⓚ Catharina Margaretha[#92a] (*1739); Johann Jakob[#92b] (*1742); Maria Anna[#92c] (*1743); Johann Adam[#92] (*1753 Dürkheim) • +04.03.1779 Dürkheim

Eltern erstmalig 1689 in Dürkheim erwähnt

Halbgeschwister aus erster Ehe des Vaters Nikolaus Farny/Farni[#368] (1666-1745) mit Christina Apollonia NN (~1671-1703)

- Maria Salome Farny[#184a] (1689-???) • *20.08.1689 Dürkheim
- Anna Elisabetha Farny[#184b] (1690-1695) • *17.08.1690 Dürkheim • +13.08.1695 Dürkheim
- Anna Catharina Farny[#184c] (1693-1693) • *10.02.1693 Dürkheim • +10.02.1693 Dürkheim, nach einer Stunde nach der Geburt
- Anna Sophia Farny[#184d] (1697-???) • *13.02.1697 Dürkheim
- Anna Elisabetha Farny[#184e] (1699-???) • *20.11.1699 Dürkheim
- Maria Elisabetha Farny[#184f] (1703-1704) • *04.04.1703 Dürkheim • +11.01.1704 Dürkheim

Geschwister aus zweiter, 1704 geschlossenen Ehe des Vaters Nikolaus Farny/Farni[#368] (1666-1745) mit Anna Margaretha Zollikofer[#369] (1680-???)

- Sybilla Philippina Farny[#184g] (1705-???) • *01.02.1705 Dürkheim
- Maria Katharina Farny[#184h] (1707-???) • *18.06.1707 Dürkheim

#185 **Hamsch, Maria Magdalena (1711-1775)**

Ⓥ ??? • Ⓜ ??? • *1711 • ∞ev-ref. 22.04.1738 Dürkheim mit Georg Farny[#184] (1710-1780) • Ⓚ Catharina Margaretha[#92a] (*1739); Johann

Jakob#92b (*1742); Maria Anna#92c (*1743); Johann Adam#92 (*1753 Dürkheim) • +28.11.1775 Dürkheim

#186 Fischer, Johann/Georg Bernhard (1731-???)

Ⓥ Philipp Friedrich Fischer#372 (1707-???) • Ⓜ Catharina Elisabetha Kall#373 (˜1707-1734) • *14.06.1731 Dürkheim • ∞09.07.1749 Wachenheim, Dürkheim mit Anna Elisabeth Steinmetz#187 • Ⓚ Susanna Elisabetha#93 (*1763 Dürkheim)

Geschwister aus erster Ehe des Vaters Philipp Friedrich Fischer#372 (1707-???) mit Catharina Kall#373 (˜1707-˜1735)

- Johannes Franciscus Fischer#186a (1732-???) • ⌣ev 16.06.1732 Dürkheim

- Maria Katharina Fischer#186b (1734-???) • ⌣ev 04.05.1734 Dürkheim

Halbgeschwister aus zweiter Ehe des Vaters mit Anna Juliana Müller

- Johannes Fischer#186c (1736-???) • ⌣ev 03.12.1736 Dürkheim
- Johann Christian Fischer#186d (1738-???) • *06.12.1738 Dürkheim
- Susanna M. Fischer#186e (1740-???) • *23.12.1740 Dürkheim
- Johann Peter Fischer#186f (1742-???) • *28.10.1742 Dürkheim

#187 Steinmetz, Anna Elisabetha

Ⓥ Johann Michael Steinmetz#374 • Ⓜ ??? • ∞09.07.1749 Wachenheim, Dürkheim mit Georg Bernhard Fischer#186 • Ⓚ Susanna Elisabetha#93 (*1763 Dürkheim)

#202 MacKay, Angus (˜1712-˜1789)

Ⓥ Robert MacKay#404 (˜1685-???) • Ⓜ ??? • *˜1712 Aberach, Sutherland, Schottland • Ⓚ NN♀#101a (*˜1733 Kinlochbeg, Sutherland, Schottland);

Robert#101b (*~1735 Kinlochbeg, Sutherland, Schottland); Angus#101c (*~1740 Kinlochbeg, Sutherland, Schottland); Hugh#101d (*~1750 Moy, Iverness, Schottland); William#101e (*~1752 Orkney, Schottland); Mary#101 (*~1753 Kinlochbeg, Sutherland, Schottland) • +~1789 Kinlochbeg, Sutherland, Schottland

- Robert MacKay#202a (???-1865) • Kaufmann und Schiffsbesitzer in Glasgow • +1865 (?)

- William MacKay#202b

- George MacKay#202c • tacksman of Halmdary • ∞ mit NN Mathiesons of Shiness • Ⓚ Marion; Christina

- Murdo MacKay#202d • tenant in Lettirmore • ∞ mit NN Munro • Ⓚ Agnus; John

XII
Generation IX

#260   Kohl, Paulus (1645->1715)

Ⓥ Christman Kohl[#520] (˜1610-???) • Ⓜ Agnes NN[#521] • ⌣ev-luth. 10.12.1645 Battenberg, Dürkheim • ∞ mit Anna Clara NN (˜1650->1715) • Ⓚ Hans Adam[#130] (*1670 Battenberg, Dürkheim); Johann Georg[#130a] (*1672 Battenberg, Dürkheim); Lorentz[#130b] (*1675 Battenberg, Dürkheim); Anna Margaretha[#130c] (*1678 Battenberg, Dürkheim); Johann Christian[#131d] (*1680 Battenberg, Dürkheim); Anna Agnes[#130e] (*1683 Battenberg, Dürkheim); Johann Jacobus[#130f] (*1685 Battenberg, Dürkheim); Eva Maria[#130g] (*1687 Battenberg, Dürkheim) • +>1715

#261   NN, Anna Clara (˜1650->1715)

Ⓥ ??? • Ⓜ ??? • *˜1650 • ∞ mit Anna Clara NN (˜1650->1715) • Ⓚ Hans Adam[#130] (*1670 Battenberg, Dürkheim); Johann Georg[#130a] (*1672 Battenberg, Dürkheim); Lorentz[#130b] (*1675 Battenberg, Dürkheim); Anna Margaretha[#130c] (*1678 Battenberg, Dürkheim); Johann Christian[#131d] (*1680 Battenberg, Dürkheim); Anna Agnes[#130e] (*1683 Battenberg, Dürkheim); Johann Jacobus[#130f] (*1685 Battenberg, Dürkheim); Eva Maria[#130g] (*1687 Battenberg, Dürkheim) • +>1715

#262   Jaeck, Johann Jakob

Ⓥ ??? • Ⓜ ??? • ∞ev-luth. 02.07.1667 Battenberg, Dürkheim mit Catharina Hungin[#263] • Ⓚ Anna Maria[#131a] (*1669 Battenberg, Dürkheim); Anna Margaretha[#131] (*1675 Battenberg, Dürkheim); Johann Valentin[#131b] (*1676 Battenberg, Dürkheim); Johann Melchior[#131c] (*1679 Battenberg, Dürkheim); Maria Barbara[#131d] (*1680 Battenberg, Dürkheim)

Generation IX

#263 **Hungin, Catharina**

Ⓥ ??? • Ⓜ ??? • ∞ev-luth. 02.07.1667 Battenberg, Dürkheim mit Johann Jakob Jaeck#262 • Ⓚ Anna Maria#131a (*1669 Battenberg, Dürkheim); Anna Margaretha#131 (*1675 Battenberg, Dürkheim); Johann Valentin#131b (*1676 Battenberg, Dürkheim); Johann Melchior#131c (*1679 Battenberg, Dürkheim); Maria Barbara#131d (*1680 Battenberg, Dürkheim)

#272 **Bechtloff, Johann Georg (1671-1741)**

Ⓥ Johann Nicolai/Nickel Bechtloff#544 (1613-1690) • Ⓜ Anna Maria Kuntz#545 (???-1699) • *21.05.1671 Kallstadt, Dürkheim • ∞ev 23.11.1700 Kallstadt, Dürkheim mit Anna Eva Zimmer#273 (1673-1714) • Ⓚ Philipp Jacob#136 (*1703 Kallstadt, Dürkheim); Johann Niklaus#136a (*1705 Kallstadt, Dürkheim); Maria Magdalena#136b (*Kallstadt, Dürkheim) • ∞II ev 17.07.1715 Kallstadt, Dürkheim mit Anna Elisabeth Ursprung¹ • ∞III ev Kallstadt, Dürkheim mit Anna Catharina Jordan • +13.06.1741 Kallstadt, Dürkheim

- Maria Margaretha Bechtloff#272a (1675-???) • ᴗev 17.01.1675 Kallstadt, Dürkheim

- Johann Martin Bechtloff#272b (1683-1724) • ᴗev 19.09.1683 Kallstadt, Dürkheim • ∞ev 23.07.1709 Kallstadt, Dürkheim mit Anna Margaretha Wedel • Ⓚ Tobias • +1724

- Johann Tobias Bechtloff#272c (1688-???) • ᴗev 01.08.1688 Kallstadt, Dürkheim • ∞03.11.1721 Kallstadt, Dürkheim mit Anna Elisabetha Koch • Ⓚ Johannes² (*1741 Kallstadt, Dürkheim)

---

¹ Anna Elisabeth Ursprung • Ⓥ Johann Ursprung • Ⓜ ???
² Johannes Bechtloff (1741-???) *31.05.1741 Kallstadt, Dürkheim • ∞03.05.1774 Kallstadt, Dürkheim mit Anna Katharina Mayer (1744-???) • Ⓚ Katharina (*1776 Kallstadt, Dürkheim)

XII
Generation IX

#273   **Zimmer, Anna Eva (1673-1714)**

(V) ??? • (M) ??? • *1673 Oberarnbach (?) • ∞ev 23.11.1700 Kallstadt, Dürkheim mit Johann Georg Bechtloff[#272] (1671-1741) • (K) Philipp Jacob[#136] (*1703 Kallstadt, Dürkheim); Johann Niklaus[#136a] (*1705 Kallstadt, Dürkheim); Maria Magdalena[#136b] (*Kallstadt, Dürkheim) • +30.12.1714 Kallstadt, Dürkheim

#274   **Hänsel, Johann Konrad**

(V) ??? • (M) ??? • ∞ev mit Catharina Elisabeth NN[#275] • (K) Anna Katharina[#137] (*1699 Kallstadt, Dürkheim); Anna Margaretha[#137a] (*1703 Kallstadt, Dürkheim); Anna Maria[#137b] (*1706 Kallstadt, Dürkheim)

#275   **NN, Catharina Elisabeth**

(V) ??? • (M) ??? • ∞ev mit Johann Konrad Hänsel[#274] • (K) Anna Katharina[#137] (*1699 Kallstadt, Dürkheim); Anna Margaretha[#137a] (*1703 Kallstadt, Dürkheim); Anna Maria[#137b] (*1706 Kallstadt, Dürkheim)

#280   **Böhringer, Johann Georg**

(V) ??? • (M) ??? • (K) Johann Bernhard[#140]

#282   **Münch, Niklaus**

(V) ??? • (M) ??? • (K) Johann Bernhard[#140]

Generation IX

#284   Rank, Johann Valentin (1662-1735)

Ⓥ Johann Rank[#568] • Ⓜ Catharina NN[#569] • *1662 Kirchheim an der Eck, Frankenthal • ∞~1693 mit Anna Barbara Mutter[1] (~1667-1704) • Ⓚ Johann Georg[#142a] (*1695 Ungstein, Dürkheim); Johann[#142b] (*1703 Ungstein, Dürkheim) • ∞II 19.05.1705 Ungstein, Dürkheim mit Anna Margaretha Leysenheim[#285] (1672-???) • Ⓚ Johann Jacob[#142c] (*1709 Ungstein, Dürkheim); Johann Philipp[#142d] (*1712 Ungstein, Dürkheim); Johann Lorentz[#142] (*1720 Ungstein, Dürkheim) • +13.11.1735 Ungstein, Dürkheim • ⬜15.11.1735 Ungstein, Dürkheim

#285   Leysenheim, Anna Margaretha (1672-???)

Ⓥ Johann Leysenheim[#570] • Ⓜ Catharina NN[#571] • *1672 Lelbach, Waldeck • ∞19.05.1705 Ungstein, Dürkheim mit Anna Margaretha Leysenheim[#285] (1672-???) • Ⓚ Johann Jacob[#142c] (*1709 Ungstein, Dürkheim); Johann Philipp[#142d] (*1712 Ungstein, Dürkheim); Johann Lorentz[#142] (*1720 Ungstein, Dürkheim)

#286   Müller, Jacob (???-1741)

Ⓥ ??? • Ⓜ ??? • *Pfeffingen, Dürkheim • Ⓚ Anna Maria[#143] • +1741

#296   Ullrich, Philipp Heinrich (1709-1776)

Ⓥ Ludwig Erhard Ullrich[#592] (1683-1735) • Ⓜ Gertrud Magdalena Seitz[#593] (1680-1738) • *18.06.1709 • ∞I 17.02.1731 Altlußheim mit Anna Margaretha NN (???-1733) • ∞II 02.07.1737 Neulußheim mit Eva Johanna Margaretha Schmidt[#297] (1718-1789) • Ⓚ Elisabetha Margaretha[#148a] (*1738 Altlußheim); Maria Elisabetha[#148b] (*1740 Altlußheim); Johann Marcus[#148c] (*1742 Altlußheim); Eva Elisabetha[#148d] (*1745 Altlußheim); Johann Thomas[#148e] (*1748 Altlußheim); Georg

---

[1] Anna Barbara Mutter (~1667-1704) • Ⓥ Johann Mutter • Ⓜ Anna Dorothea NN • *~1667 Dörrenbach, Berzabern • +08.08.1704 Ungstein, Dürkheim • ⬜ev-luth. 10.08.1704 Ungstein, Dürkheim

XII
Generation IX

Ludwig^{#148} (*1750 Altlußheim); Eva Maria^{#148f} (*1753 Altlußheim); Johannes^{#148g} (*1756 Altlußheim); Maria Juliana^{#148h} (*1759 Altlußheim); Anna Barbara^{#148i} (*1762 Altlußheim) • +23.02.1776

- Ludwig Erhard Ullrich^{#296a} (˜1705-???) • *˜1705 • ∞16.08.1729 Neulußheim mit Susanna Katharina Betz

- Johann Caspar Ullrich^{#296b} (1712-1758) • *26.07.1712 • ∞28.07.1733 Neulußheim mit Eva Christina Wenzel[1] (1716-1766) • Ⓚ Georg Ludwig[2] (*1734 Neulußheim); Anna Susanna[3] (*1736 Neulußheim); Johann Georg[4] (*1739 Neulußheim); Philipp Jakob[5] (*1741 Neulußheim); Philippina Katharina[6] (*1742 Neulußheim); Philipp Bernhard[7] (*1745 Neulußheim); Johann Wilhelm[8] (*1747 Neulußheim); Johann Kaspar[9]

---

[1] Eva Christina Wenzel (1716-1766) • Ⓥ Johann Georg Wenzel • Ⓜ Anna Salome Feser • *11.12.1716 Neulußheim • +03.05.1766 Neulußheim
[2] Georg Ludwig Ullrich (1734-1750) • *16.02.1734 Neulußheim • +03.09.1750 Neulußheim
[3] Anna Susanna Ullrich (1736-1739) • *13.09.1736 Neulußheim • +20.08.1739 Neulußheim
[4] Johann Georg Ullrich (1739-???) • *29.03.1739 Neulußheim • ∞20.02.1759 Neulußheim mit Anna Barbara Schwesinger (1739-1794), Tochter von Johann Peter Schwesinger • Ⓚ Eva Christina (*1759 Altlußheim); Johannes (*1761 Altlußheim); Anna Margaretha (*1763 Altlußheim)
[5] Philipp Jakob Ullrich (1741-1795) • *15.08.1741 Neulußheim • ∞ mit Margaretha Weibel • +29.03.1795 Weinheim
[6] Philippina Katharina Ullrich (1742-1785) • *13.11.1742 Neulußheim • ∞ mit Jakob Nagel • +02.05.1785 Neulußheim
[7] Philipp Bernhard Ullrich (1745-1747) • *1745 Neulußheim • +14.03.1747 Altlußheim
[8] Johann Wilhelm Ullrich (1747-1794) • ᴗ18.07.1747 Neulußheim • ∞01.03.1775 Neulußheim mit Anna Margaretha Wolf • Ⓚ Elisabeth Margaretha (*1774 Neulußheim); Elisabetha Margaretha (*1776 Neulußheim); Johann Georg (*1777 Neulußheim); Eva Elisabeth (*1779 Neulußheim); Johann Stephan (*1781 Neulußheim); Johann Thomas (*1782 Neulußheim); Georg Heinrich (*˜1785 Neulußheim); Georg Philipp (*1788 Neulußheim); Anna Maria (*1789 Neulußheim); Philipp Jakob (*1791 Neulußheim) • +17.09.1794 Neulußheim
[9] Johann Kaspar Ullrich (1749-???) • *02.03.1749 Neulußheim • ∞ mit Maria C. Erlenbacher (1754-1817)

XII
Generation IX

(*1749 Neulußheim); Eva Christina Margaretha[1] (*1751 Neulußheim); Johann Christoph[2] (*1753 Neulußheim) • +27.09.1758 Neulußheim

- Johann Jakob Ullrich[#296c] (~1715-???) • *~1715

- Christian Gottlieb Ullrich[#296d] (1721-???) • *02.12.1721

#297 Schmidt, Eva Johanna Margaretha (1718-1789)

Ⓥ Johann Peter Schmid[#594] (1665-1735) • Ⓜ Anna Maria Wittmer[#595] (1679-1742) • *23.06.1718 • ∞02.07.1737 Neulußheim mit Philipp Heinrich Ullrich[#296] (1709-1776) • Ⓚ Elisabetha Margaretha[#148a] (*1738 Altlußheim); Maria Elisabetha[#148b] (*1740 Altlußheim); Johann Marcus[#148c] (*1742 Altlußheim); Eva Elisabetha[#148d] (*1745 Altlußheim); Johann Thomas[#148e] (*1748 Altlußheim); Georg Ludwig[#148] (*1750 Altlußheim); Eva Maria[#148f] (*1753 Altlußheim); Johannes[#148g] (*1756 Altlußheim); Maria Juliana[#148h] (*1759 Altlußheim); Anna Barbara[#148i] (*1762 Altlußheim) • +20.02.1789 Altlußheim

Halbgeschwister aus der ersten Ehe des Vaters Johann Peter Schmid[#594] (1665-1735) mit Anna Ursula Weis (???-1704)

- Christoph Schmid[#297a] (~1688-???) • *~1688

- Michael Schmid[#297b] (~1689-1700) • *~1689 • +1700

- Johann Adam Schmid[#297c] (1689-1730) • 08.03.1689 Altlußheim • ∞11.02.1721 Altlußheim mit Anna Margareta Engel[3] (1694-1756) • Ⓚ Eva Maria[4] (*1723 Altlußheim) • +26.08.1730 Altlußheim

---

[1] Eva Christina Margaretha Ullrich (1751-???) • *31.07.1751 Neulußheim
[2] Johann Christoph Ullrich (1753-???) • *06.07.1753 Neulußheim
[3] Anna Margareta Engel (1694-1756) • Ⓥ Peter Engel (???-1736) • Ⓜ Christina Susanna Ruhl (1662-1740), Tochter von Peter Ruhl und Gertraude NN • *23.10.1694 Seeheim, Darmstadt • +16.01.1756 Altlußheim
[4] Eva Maria Schmid (1723-1757) • *04.03.1723 Altlußheim • ∞15.02.1746 Altlußheim mit Johann Marcus Feyerling (1722-1757), Sohn von Johann August Feyerling (1684-1735) und Appollonia Ochs (1687-1726) • Ⓚ Mathias (*1749 Altlußheim); Johannes

XII
Generation IX

- Hannss Marcus Schmid[#297d] (1696-1755) • *22.08.1696 Altlußheim • ∞I 26.05.1724 Altlußheim mit Elisabetha Margaretha Müller (1688-1735) • ∞II 20.11.1737 Altlußheim mit Anna Barbara Heller (1711-1775) • Ⓚ Elisabetha Margaretha[1] (*1738 Altlußheim); Johann Marcus[2] (*1740 Altlußheim); Johann Marcus[3] (*1742 Altlußheim); Elisabetha Margaretha[4] (*1744 Altlußheim); Johannes[5] (*1747 Altlußheim); Anna Maria[6] (*1750 Altlußheim) • 1755 Altlußheim

Halbgeschwister aus der zweiten Ehe des Vaters Johann Peter Schmid[#594] (1665-1735) mit Anna Maria Wittmer[#595] (1679-1742)

- Johann Marcus Schmid[#297e] (1705-???) • *16.10.1705 Speyer

- Eva Schmid[#297f] (1707-1707) • *04.09.1707 Altlußheim • +12.09.1707 Altlußheim

- Johann Peter Schmid[#297g] (1711-???) • *19.06.1711 Altlußheim

- Conrad Schmid[#297h] (1714-???) • *22.04.1714 Altlußheim

(*1750 Altlußheim); Johann Marcus (*1753 Altlußheim); Elisabetha Margaretha (*1754 Altlußheim) • +15.04.1757 Altlußheim
[1] Elisabetha Margaretha Schmid (1738-1741) • *21.12.1738 Altlußheim • +16.04.1741 Altlußheim
[2] Johann Marcus Schmid (1740-1740) • *06.02.1740 Altlußheim • +09.08.1740 Altlußheim
[3] Johann Marcus Schmid (1742-1786) • *28.03.1742 Altlußheim • ∞08.02.1769 Altlußheim mit Anna Margaretha Barbara Hörlein (1749-1832), Tochter von Marcus Daniel Hörlein (1724-1792) und Eva Maria Schwesinger (1727-1803) • Ⓚ Anna Barbara (*1768 Altlußheim); Eva Maria (*1770 Altlußheim); Johann Marcus (*1774 Altlußheim); Christina Margaretha (*1776 Altlußheim); Eva Elisabetha Margaretha (*Altlußheim); Johannes (*1779 Altlußheim); Elisabetha Margaretha (*1780 Altlußheim); Eva Katharina (*1782 Altlußheim); Johann Wilhelm (*1785 Altlußheim) • +12.04.1786 Altlußheim
[4] Elisabetha Margaretha Schmid (1744-1797) • *06.03.1744 Altlußheim • +06.01.1797 Altlußheim
[5] Johannes Schmid (1747-1812) • *03.01.1747 Altlußheim • ∞23.04.1776 Altlußheim mit Maria Agnes Stephan (1748-1800), Tochter von Georg Adam Stephan (1711-1769) und Anna Margaretha Büchner (1721-1767) • +08.06.1812 Altlußheim
[6] Anna Maria Schmid (1750-1820) • *25.04.1750 Altlußheim • +15.07.1820 Altlußheim

XII
Generation IX

- Johann Thomas Schmid[#297i] (1716-???) • *02.03.1716 Altlußheim

- Katharina Barbara Schmid[#297j] (1722-???) • *14.10.1722 Altlußheim

#298**Bernthaler, Johann Jakob (1737-1776)**

Ⓥ Samuel Friedrich Bernthaler[#596] (1707-1738) • Ⓜ Christina Cordula Hofschneider[#597] (1713-1743) • *16.01.1737 Altlußheim • ∞10.05.1763 Altlußheim mit Anna Barbara Ursula Stephan[#299] (1741-1807) • Ⓚ Anna Ursula[#149a] (*1764 Altlußheim); Anna Barbara[#149b] (*1766 Altlußheim); Anna Barbara[#149] (*1767 Altlußheim); Johanna Elisabetha[#149c] (*1770 Altlußheim) • +14.01.1776 Altlußheim

- Christina Codula Bernthaler[#298a] (1734-1737) • *26.10.1734 Altlußheim • +24.03.1737 Altlußheim

#299**Stephan, Anna Barbara Ursula (1741-1807)**

Ⓥ Conrad Stephan[#598] (1709-???) • Ⓜ Anna Ursula Schrödinger[#599] (1708-1783) • *18.02.1741 Altlußheim • ∞10.05.1763 Altlußheim mit Johann Jakob Bernthaler[#298] (1737-1776) • Ⓚ Anna Ursula[#149a] (*1764 Altlußheim); Anna Barbara[#149b] (*1766 Altlußheim); Anna Barbara[#149] (*1767 Altlußheim); Johanna Elisabetha[#149c] (*1770 Altlußheim) • +17.02.1807 Altlußheim• □18.01.1807 Altlußheim

- Johann Peter Stephan[#299a] (1733-1737) • *27.12.1733 Altlußheim • +06.03.1737 Altlußheim

- Georg Adam Stephan[#299b] (1736-1780) • *03.03.1736 Altlußheim • ∞13.05.1760 Altlußheim mit Eva Katharina Stephan[1] (1739-1794) • Ⓚ Anna Barbara[2] (*1763 Altlußheim); Anna Margaretha[1] (*1766

---

[1] Eva Katharina Stephan (1739-1794) • Ⓥ Johann Philipp Stephan (1710-1755) • Ⓜ Anna Margaretha Hoffmann (1716-1747), Tochter von Johann Georg Hoffmann (1693-1750) und Maria Elisabeth Midel (1695-1748) • *28.02.1739 Altlußheim • +22.02.1794 Altlußheim
[2] Anna Barbara Stephan (1763-1797) • *06.02.1763 Altlußheim • ∞06.07.1780 Altlußheim mit Georg Ludwig Stephan (1756-1835), Sohn von Georg Adam Stephan

XII
Generation IX

Altlußheim); Johann Conrad² (*1770 Altlußheim) • +02.10.1780 Altlußheim

- Maria Agnes Stephan^{#299c} (1738-1740) • *15.12.1738 Altlußheim • +05.03.1740 Altlußheim

- Konrad Stephan^{#299d} (1743-1818) • *24.06.1743 Altlußheim • ∞28.06.1768 Altlußheim mit Christina Cordula Hoffmann³ (1750-1832) • Ⓚ Anna Margaretha⁴ (1769 Altlußheim); Georg Ludwig⁵ (*1771 Altlußheim); Eva Maria⁶ (*1774 Altlußheim); Georg Adam⁷ (*1777 Altlußheim); Maria Magdalena⁸ (*1780 Altlußheim); Juliuis Heinrich⁹

(1711-1769) und Anna Margaretha Büchner (1721-1767) • Ⓚ Georg Ludwig (*1781 Neulußheim); Johannes (*1783 Neulußheim); Anna Margaretha (*1786 Neulußheim); Ludwig (*1789 Altlußheim); Maria Agnes (*1794 Altlußheim) • +09.11.1797 Altlußheim
¹ Anna Margaretha Stephan (1766-1780) • *26.03.1766 Altlußheim • +16.08.1780 Altlußheim
² Johann Conrad Stephan (1170-1840) • *11.10.1770 Altlußheim • ∞20.01.1795 Altlußheim mit Anna Katharina Köhler (1759-1828), Tochter von Johann Caspar Köhler (1702-1761) und Eva Katharina Knäussler (1732-808) • Ⓚ Anna Barbara (*1795 Altlußheim); Eva Maria (*1798 Altlußheim); Katharina Barbara (*1800 Altlußheim); Susanna Margaretha (*1802 Altlußheim) • +11.06.1840 Altlußheim
³ Christina Cordula Hoffmann (1750-1832) • Ⓥ Johann Georg Ludwig Hoffmann • Ⓜ Eva Maria Hörlin • *29.03.1750 Altlußheim • +15.07.1832 Altlußheim
⁴ Anna Margaretha Stephan (1769-???) • *17.02.1769 Altlußheim
⁵ Georg Ludwig Stephan (1771-???) • *28.02.1771 Altlußheim • ∞04.06.1799 Altlußheim mit Wilhelmina Rosina Pfänder (1778-1834), Tochter von Jacob Daniel Pfänder (1750-1814) und Johanna Gertraud Holzinger (1752-1805) • Ⓚ Anna Margaretha (*1800 Altlußheim); Matthias (*1805 Altlußheim) • +19.11.1827 Altlußheim
⁶ Eva Maria Stephan (1774-1837) • *09.11.1774 Altlußheim • +28.04.1837
⁷ Georg Adam Stephan (1777-1847) • *20.12.1777 Altlußheim • +06.04.1847 Altlußheim
⁸ Maria Magdalena Stephan (1780-???) • *14.04.1780 Altlußheim
⁹ Juliuis Heinrich Stephan (1789-1816) • *04.04.1789 Altlußheim • +06.04.1816 Altlußheim

(*1789 Altlußheim); Frederike Henrike[1] (*1796 Altlußheim) • +16.01.1818 Altlußheim

▪ Maria Agnes Stephan[#299e] (1746-1747) • *18.03.1746 Altlußheim • +08.04.1747 Altlußheim

▪ Johann Daniel Stephan[#299f] (1748-???) • *14.03.1748 Altlußheim

▪ Christina Margaretha Stephan[#299g] (1751-???) • *29.01.1751 Altlußheim

#314　　　Popp, Samuel (1686-???)

Ⓥ ??? • Ⓜ ??? • *05.12.1686 Altwiedermus • ∞1711 Deutschland mit Anna Maria Mohn[#315] (1691-1736) • Ⓚ Anna Catherine[#157] (*1712 Eckartshausen); Johann Friedrich[#157a] (*1714 Eckartshausen); Johann Conrad[#157b] (*1717 Eckartshausen)

#315　　　Mohn, Anna Maria (1691-1736)

Ⓥ ??? • Ⓜ ??? • *05.01.1691 Eckartshausen • ∞1711 Deutschland mit Samuel Popp[#314] (1686-???) • Ⓚ Anna Catherine[#157] (*1712 Eckartshausen); Johann Friedrich[#157a] (*1714 Eckartshausen); Johann Conrad[#157b] (*1717 Eckartshausen) • +1736

#316　　　Zimmermann, Hanß Jörg

Ⓥ ??? • Ⓜ ??? • Ⓚ Philipp Jakob[#158] (*1723 Wachenheim an der Weinstraße, Dürkheim)

#320　　　Christ, Zacharias (~1684-1736)

Ⓥ Hans Dietrich Christ[#640] (???-1714) • Ⓜ Anna Catharina NN[#641] • *~1684 Herxheim/Berg • ∞14.11.1714 Herxheim am Berg mit Maria

---

[1] Frederike Henrike Stephan (1796-???) • *01.02.1796 Altlußheim • ∞1812 Altlußheim mit Julius Jakob Pfänder

Elisabetha Hayn[#321] (1686-1722) • Ⓚ Philipp Kaspar[#160] (*1717 Herxheim am Berg) • +04.12.1736 Freinsheim

#321   Hayn, Maria Elisabetha (1686-1722)

Ⓥ Georg Hayn[#642] (~1666-1731) • Ⓜ Anna Elisabeth NN[#643] (1673-1762) • *07.07.1686 Freinsheim (?) • ∞14.11.1714 Herxheim am Berg mit Zacharias Christ[#320] (~1684-1736) • Ⓚ Philipp Kaspar[#160] (*1717 Herxheim am Berg) • +24.11.1722 Freinsheim

#322   Schmidt, Johann Philipp (1674-1755)

Ⓥ Christoph Schmidt[#644] (~1630-1690) • Ⓜ Gertraudt NN[#645] • *1674 Kallstadt, Dürkheim • ∞ev 11.07.1702 Kallstadt, Dürkheim mit Anna Sophia Heintz (1680-1746) • Ⓚ Sophia Elisabetha[#161] (*1720 Kallstadt, Dürkheim); Georg Hermann[#161a] (*1725 Kallstadt, Dürkheim) • +25.02.1755 Kallstadt, Dürkheim • ⌑28.02.1755 Kallstadt, Dürkheim

#323   Heintz, Anna Sophia (1680-1746)

Ⓥ Johann Joachim Heintz[#646] (???-1690) • Ⓜ Anna Catharina Weygant[#647] (???-1677) • *22.02.1680 Kallstadt, Dürkheim • ∞ev 11.07.1702 Kallstadt, Dürkheim mit Johann Philipp Schmidt[#322] (1674-1755) • Ⓚ Sophia Elisabetha[#161] (*1720 Kallstadt, Dürkheim); Georg Hermann[#161a] (*1725 Kallstadt, Dürkheim) • +10.05.1746 Kallstadt, Dürkheim • ⌑11.05.1746 Kallstadt, Dürkheim

▪ Johann Lorentz Heintz[#323a] (1674-1746) • →#326

#324   Ott, Georg (1676-1738)

Ⓥ Johann Philipp Ott[#648] (1642-1694) • Ⓜ Anna Katharina Münch[#649] (1649-1690) • *Jun 1676 • ∞10.08.1706 Kallstadt, Dürkheim mit Anna Elisabetha Volz[#325] (1681-1751) • Ⓚ Johann Georg[#162] (*1709 Kallstadt, Dürkheim • +04.12.1738 Kallstadt, Dürkheim

Generation IX

#325   Volz, Anna Elisabetha (1681-1751)

Ⓥ ??? • Ⓜ ??? • *1681 Willstätt • ∞10.08.1706 Kallstadt, Dürkheim mit Georg Ott[#324] (1676-1738) • Ⓚ Johann Georg[#162] (*1709 Kallstadt, Dürkheim) • +1751 Kallstadt, Dürkheim

#326   Heintz, Johann Lorenz (1674-1746)

Ⓥ Johann Joachim Heintz[#652] (???-1690) • Ⓜ Anna Catharina Weygant[#653] (???-1677) • *01.05.1674 Kallstadt, Dürkheim • ∞26.05.1739 Kallstadt, Dürkheim mit Anna Elisabeth Dresch[#327] (1674->1739) • Ⓚ Anna Margaretha[#163] (*1716 Kallstadt, Dürkheim) • +1746 Kallstadt, Dürkheim

#327   Dresch, Anna Elisabeth (1674->1739)

Ⓥ Matthias C. Dresch[#654] (???-1688) • Ⓜ Anna Christina Münch[#655] • *20.04.1674 Kallstadt, Dürkheim • ∞26.05.1739 Kallstadt, Dürkheim mit Johann Lorenz Heintz[#326] (1674-1746) • Ⓚ Anna Margaretha[#163] (*1716 Kallstadt, Dürkheim) • +>1739 Kallstadt, Dürkheim

#336   Hartung, Augustinus (1677-1739)

Ⓥ Johann Christoph Hartung[#672] (˜1640-???) • Ⓜ ??? • *24.12.1677 Mechterstädt, Gotha • ∞05.10.1706 Dürkheim mit Anna Sophia Schwab[#337] (1685-1753) • Ⓚ Johann Christoph[#168a] (*1708 Dürkheim); Johann Michael[#168] (*1708 Dürkheim); Georg[#168b] (*1710 Dürkheim); Anna Maria[#168c] (*1712 Dürkheim); Catharina Elisabetha[#168d] (*1716 Dürkheim); Wilhelm Adam[#168e] (*1718 Dürkheim); Anna Margaretha[#168f] (*1719 Dürkheim); Maria Luisa[#168g] (*1723 Dürkheim); Polexina[#168h] (*1726 Dürkheim) • +1739 Dürkheim

XII
Generation IX

#337   Schwab, Anna Sophia (1685-1753)

Ⓥ Johann Balthasar Schwab[#674] (1661-1732) • Ⓜ Catharina Elisabetha Müller[#675] (1658-1699) • *20.04.1685 Dürkheim • ∞05.10.1706 Dürkheim mit Augustinus Hartung[#336] (1677-1739) • Ⓚ Johann Christoph[#168a] (*1708 Dürkheim); Johann Michael[#168] (*1708 Dürkheim); Georg[#168b] (*1710 Dürkheim); Anna Maria[#168c] (*1712 Dürkheim); Catharina Elisabetha[#168d] (*1716 Dürkheim); Wilhelm Adam[#168e] (*1718 Dürkheim); Anna Margaretha[#168f] (*1719 Dürkheim); Maria Luisa[#168g] (*1723 Dürkheim); Polexina[#168h] (*1726 Dürkheim) • +03.09.1753 Dürkheim

#338   Baum, Johann Michael (1678-1758)

Ⓥ Hans Conrad Baum[#676] (1643-1706) • Ⓜ Anna Ursula Hoffmann[#675] (1645-1695) • *09.01.1678 Göllheim, Dürkheim • ⌣13.01.1678 Göllheim, Dürkheim • ∞I 05.04.1707 Göllheim, Dürkheim mit Maria Anna Steg • ∞II 29.09.1716 Göllheim, Dürkheim mit Maria Elisabetha Rempel (1694-1725) • ∞III 21.05.1725 Göllheim, Dürkheim mit Anna Sophia Lieurner[#339] (1694-1756) • Ⓚ Sophia Margaretha[#169a] (*1727 Göllheim, Dürkheim); Johann Konrad Baum[#169b] (*1729 Göllheim, Dürkheim); Maria Luise[#169] (*1730 Göllheim, Dürkheim); Anna Dorothea Elisabetha[#169c] (*1734 Göllheim, Dürkheim); Johann Karl[#169d] (*1737 Göllheim, Dürkheim) • +22.01.1758 Göllheim, Dürkheim

Gastwirt und Schöffe zu Göllheim, Dürkheim

#339   Lieurner, Anna Sophia (1694-1756)

Ⓥ Johann Lieurner[#678] • Ⓜ ??? • *1694 Dürkheim • ∞21.05.1725 Göllheim, Dürkheim mit Johann Michael Baum[#338] (1678-1758) • Ⓚ Sophia Margaretha[#169a] (*1727 Göllheim, Dürkheim); Johann Konrad Baum[#169b] (*1729 Göllheim, Dürkheim); Maria Luise[#169] (*1730 Göllheim, Dürkheim); Anna Dorothea Elisabetha[#169c] (*1734 Göllheim, Dürkheim); Johann Karl[#169d] (*1737 Göllheim, Dürkheim) • +02.12.1756 Göllheim, Dürkheim

XII
Generation IX

#340　　　　　　**Schuster, Lorenz**

Ⓥ ??? • Ⓜ ??? • Ⓚ Johann Georg[#170] (*1747)

#342　　　　　　**Kall, Georg Heinrich (1702-???)**

Ⓥ Johannes Kall[#684] (1680-???) • Ⓜ Anna Elisabeth Schüler[#685] (1680-1714) • */∪18.08.1702 Kallstadt, Dürkheim • ∞15.02.1729 Kallstadt, Dürkheim mit Anna Margaretha Hänsel[#343] (~1709-???) • Ⓚ Katharina Elisabetha[#171a] (*1727 Kallstadt, Dürkheim); Katharina Elisabetha[#171b] (*1730 Kallstadt, Dürkheim); Philipp Jakob[#171c] (*1732 Kallstadt, Dürkheim); Anna Elisabeth[#171] (*1735 Kallstadt, Dürkheim); Anna Margaretha[#171d] (*1735 Kallstadt, Dürkheim); Johann Philipp[#171e] (*1738 Kallstadt, Dürkheim); Johann Daniel[#171f] (*1741 Kallstadt, Dürkheim)

- Johannes Kall[#342a] (1700-???) • *21.03.1700 Kallstadt, Dürkheim

- Maria Magdalena Kall[#342b] (1706-???) • *15.07.1706 Kallstadt, Dürkheim • ∞ mit Johann Philipp Antoni (1710-???) • Ⓚ Johannes Philipp[1] (*1731 Kallstadt, Dürkheim); Georg Heinrich[2] (*1733 Kallstadt, Dürkheim); Anna Margaretha[3] (*1735 Koblenz)

#343　　　　　　**Hänsel, Anna Margaretha (~1709-???)**

Ⓥ Johann Conrad Hänsel[#686] (1673-1740) • Ⓜ Catharina Elisabetha NN[#687] (1670-1749) • *~1709 Kallstadt, Dürkheim • ∞15.02.1729 Kallstadt, Dürkheim mit Georg Heinrich Kall[#342] (1702-???) • Ⓚ Katharina Elisabetha[#171a] (*1727 Kallstadt, Dürkheim); Katharina Elisabetha[#171b] (*1730 Kallstadt, Dürkheim); Philipp Jakob[#171c] (*1732 Kallstadt, Dürkheim); Anna Elisabeth[#171] (*1735 Kallstadt, Dürkheim); Anna Margaretha[#171d] (*1735 Kallstadt, Dürkheim); Johann Philipp[#171e]

---

[1] Johannes Philipp Antoni (1731-???) • *06.04.1731 Kallstadt, Dürkheim
[2] Georg Heinrich Antoni (1733-???) • *14.06.1733 Kallstadt, Dürkheim
[3] Anna Margaretha Antoni (1735-1793) • *14.06.1735 Koblenz • ∞01.02.1752 Retterath mit Johann Niklaus Werhahn (1736-1810) • +09.04.1793 Retterath

Generation IX

(*1738 Kallstadt, Dürkheim); Johann Daniel$^{#171f}$ (*1741 Kallstadt, Dürkheim)

#344 Hänsel, Johann Konrad

Ⓥ ??? • Ⓜ ??? • ∞ mit Catharina Elisabetha NN$^{#345}$ • Ⓚ Johann Lorenz$^{#172}$ (*1701 Kallstadt, Dürkheim)

#345 NN, Catharina Elisabetha

Ⓥ ??? • Ⓜ ??? • ∞ mit Johann Konrad Hänsel$^{#344}$ • Ⓚ Johann Lorenz$^{#172}$ (*1701 Kallstadt, Dürkheim)

#346 Keller, Jacob Adam

Ⓥ Hans Georg Keller$^{#692}$ • Ⓜ ??? • ∞23.11.1700 Kallstadt, Dürkheim mit Anna Maria Ott$^{#347}$ • Ⓚ Juliana Elisabetha$^{#173}$ (*1715)

#347 Ott, Anna Maria

Ⓥ Hans Ott$^{#694}$ • Ⓜ ??? • ∞23.11.1700 Kallstadt, Dürkheim mit Jacob Adam Keller$^{#346}$ • Ⓚ Juliana Elisabetha$^{#173}$ (*1715)

#348 Freund, Johann Michael

Ⓥ Hans Schweickert Freund$^{#696}$ • Ⓜ ??? • ∞30.06.1733 Kallstadt, Dürkheim mit Anna Margaretha Voltz$^{#349}$ (???-1758) • Ⓚ Johann Andreas$^{#174}$ (*1734 Kallstadt, Dürkheim)

#349 Voltz, Anna Margaretha (???-1758)

Ⓥ Johann Michael Voltz$^{#698}$ • Ⓜ ??? • ∞30.06.1733 Kallstadt, Dürkheim mit Johann Michael Freund$^{#348}$ • Ⓚ Johann Andreas$^{#174}$ (*1734 Kallstadt, Dürkheim) • □30.06.1733 Kallstadt, Dürkheim

XII
Generation IX

#350   Unverzagt, Johann Georg

Ⓥ Johann Philipp Unverzagt[#700] • Ⓜ ??? • ∞04.07.1725 Kallstadt, Dürkheim mit Anna Kunigunda Münch[#351] (???-1758) • Ⓚ Johann Georg[#175a] (*1731 Kallstadt, Dürkheim); Maria Elisabeth[#175] (*1735 Kallstadt, Dürkheim); Johann Bernhard[#175b] (*1739 Kallstadt, Dürkheim)

#351   Münch, Anna Kunigunda (???-1758)

Ⓥ Nicolaei Münch[#702] • Ⓜ ??? • ∞04.07.1725 Kallstadt, Dürkheim mit Johann Georg Unverzagt[#350] • Ⓚ Johann Georg[#175a] (*1731 Kallstadt, Dürkheim); Maria Elisabeth[#175] (*1735 Kallstadt, Dürkheim); Johann Bernhard[#175b] (*1739 Kallstadt, Dürkheim) • +1758

#356   Peter, Michel

Ⓥ Johann Balthasar Peter[#712] • Ⓜ Veronika Durstberger[#713] • ∞15.01.1704 Dürkheim mit Anna Dorothea Herter[#357] • Ⓚ Johann Simon[#178] (*1713 Dürkheim)

▪ Juliana Margaretha Peter[#356a] (1667-???) • ∪ev 1667 Dürkheim

#357   Herter, Anna Dorothea

Ⓥ ??? • Ⓜ ??? • ∞15.01.1704 Dürkheim mit Michel Peter[#356] • Ⓚ Johann Simon[#178] (*1713 Dürkheim)

#360   Bechtloff, Tobias (1714-1778)

Ⓥ Johann Martin Bechtloff[#720] (1683-???) • Ⓜ Anna Margaretha Wedel[#721] • *22.04.1714 Kallstadt, Dürkheim • ∞ev 25.11.1738 (oder 14.05.1744) Kallstadt, Dürkheim mit Anna Elisabeth Hänsel[#361] (1712-1784) • Ⓚ Johann Conrad[#180] (*1739 Kallstdt, Dürkheim); Johannes[#180a] (*1741 Kallstadt, Dürkheim); Johann Hartmuth[#180b] (*1744 Kallstadt,

Dürkheim); Johann Tobias[#180c] (*1747 Kallstadt, Dürkheim); Anna Elisabetha[#180d] (*1749 Kallstadt, Dürkheim); Anna Elisabetha[#180e] (*1751 Kallstadt, Dürkheim); Philipp Jakob[#180f] (*1755 Kallstadt, Dürkheim) • †01.02.1778 Kallstadt, Dürkheim

#361   Hänsel, Anna Elisabeth (1712-1784)

Ⓥ Konrad Hänsel[#722] • Ⓜ ??? • *10.12.1712 Kallstadt, Dürkheim • ∞ev 25.11.1738 (oder 14.05.1744) Kallstadt, Dürkheim mit Tobias Bechtloff[#360] (1714-???) • Ⓚ Johann Conrad[#180] (*1739 Kallstdt, Dürkheim); Johannes[#180a] (*1741 Kallstadt, Dürkheim); Johann Hartmuth[#180b] (*1744 Kallstadt, Dürkheim); Johann Tobias[#180c] (*1747 Kallstadt, Dürkheim); Anna Elisabetha[#180d] (*1749 Kallstadt, Dürkheim); Anna Elisabetha[#180e] (*1751 Kallstadt, Dürkheim); Philipp Jakob[#180f] (*1755 Kallstadt, Dürkheim) • †11.10.1784 Kallstadt, Dürkheim

#364   Humann, Stephan

Ⓥ Johann Humann[#728] • Ⓜ ??? • ∞ev 10.05.1707 Kallstadt, Dürkheim mit Susanne Salome Kraushaar[#365] • Ⓚ Konrad[#182]

Schmied und Messergerichtsmitglied in Kallstadt, Dürkheim

#365   Kraushaar, Susanne Salome

Ⓥ Johann Daniel Kraushaar[#730] • Ⓜ ??? • ∞ev 10.05.1707 Kallstadt, Dürkheim mit Stephan Humann[#364] • Ⓚ Konrad[#182]

#368   Farny/Farni, Nikolaus (1666-1745)

Ⓥ Adam Farny/Fahrni[#736] (1627-1676) • Ⓜ Catharina Rüegsegger[#737] (1639-1676) • ~04.10.1666 Steffisburg, Bern, Schweiz • ∞I mit Christina

XII
Generation IX

Apollonia NN¹ (~1671-1703) • Ⓚ Maria Salome^{#184a} (*1689 Dürkheim); Anna Elisabetha^{#184b} (*1690 Dürkheim); Anna Catharina^{#184c} (*1693 Dürkheim); Anna Sophia^{#184d} (*1697 Dürkheim); Maria Elisabetha^{#184e} (*1699 Dürkheim); Maria Elisabetha^{#184f} (*1703 Dürkheim) • ∞II 30.05.1704 mit Anna Margaretha Zollikofer^{#369} (1680-1732) • Ⓚ Sybilla Philippina^{#184g} (*1705 Dürkheim); Maria Katharina^{#184h} (*1707 Dürkheim); Johann Georg^{#184} (1710 Dürkheim) • ∞III 30.11.1734 mit Barbara Elisabetha NN² • Ⓚ keine • +27.02.1745 Wachenheim, Dürkheim

Angehöriger der Glaubensgruppe der Täufer (Mennoniten)³ • 1671 entschließt sich der Berner Magistrat schließlich zu einer ultimativen Lösung seines „Täufer-Problems": Rund 700 Berner Täufer wurden im Verlauf des Jahres 1671 auf Weisung der Berner Räte aus der Schweiz vertrieben; viele dieser Täufer sind bereits durch Gefängnisstrafen,

---

[1] Christina Apollonia NN (~1671-1703) • *~1671 • +16.12.1703 Wachemheim, Dürkheim
[2] Barbara Elisabetha NN • ∞I mit NN Bockmeyer
[3] Die schweizerische Täuferbewegung ist als eine Art innerreformatorische Protestbewegung zu verstehen. Sie entsteht um 1524/25 zunächst in kleineren Haus- und Gebetskreisen in Zürich und richtet sich anfänglich vor allem gegen ein zu enges Bündnis zwischen reformierter Pfarrerschaft und weltlicher Obrigkeit in der Stadt Zürich. Anstelle des wachsenden Eingriffs reformierter Stadträte in Kirchenordnung, Ehegerichtsbarkeit, Armen- und Schulwesen der Kommune setzen die Täufer auf die radikale Autonomie der christlichen Gemeinde gegenüber allen anderen weltlichen Autoritäten. Die Säuglingstaufe wird abgelehnt. Da die ersten Anhänger der Schweizer Täuferbewegung jedoch selbst als Kinder getauft worden sind, wiederholen die zum Glauben gekommenen Täufer nun also den Taufakt gegenseitig, was ihnen bei ihren Gegnern rasch die Bezeichnung „Wiedertäufer" einbringt. Erste Wiedertaufakte wurden in Zürich im Januar 1525 vorgenommen. Noch deutlicher tritt der Gegensatz der Täufer zur neuen Ordnung in den ablehnenden täuferischen Positionen zur Waffengewalt (Schwertgewalt), beziehungsweise zum Eidschwören hervor. Die Verweigerung von Kriegsdiensten und bürgerschaftlichen Treueeiden gegenüber weltlichen Stadt- und Landgemeinden bedroht aus Sicht der Obrigkeit dagegen Kernbereiche des neu entstehenden konfessionell-orientierten Staatswesens. Auch die Schweizer Eidgenossen bilden hierin keine Ausnahme. Innerhalb kürzester Zeit werden die frühneuzeitlichen Täufer, nicht allein in der Schweiz, Opfer einer brutalen Repressions- und Verfolgungspolitik, die bald das gesamte damalige Heilige römische Reich deutscher Nation erfasst.

XII
Generation IX

Geldbußen und Güterkonfiskationen ruiniert worden und machen sich nun völlig mittellos auf den Weg in die Pfalz • 1687-1689 Auswanderung von Steffisburg, Bern, Schweiz nach Wachenheim, Dürkheim[1] • in dem deutschen Kurfürstentum unter Kurfürst Karl Ludwig zu Pfalz (1617-1680), regierend ab 1649, profitieren die angesiedelten Schweizer Täufer namentlich von einem besonderen kurfürstlichen Duldungsgesetz, das ihnen in einem engen Rahmen die Ausübung ihrer Religion gestattet • wohnt im Lauer-Quartier, Nachbar ist der ebenfalls aus Steffisburg stammende Peter Zimmermann

- Hans Farny[#366a] (1659-???) • ∪16.01.1659 Steffisburg, Bern, Schweiz
- Christen Farny[#366b] (1663-1734) • *26.07.1663 Steffisburg, Bern, Schweiz • ∞I mit Anna Christina NN[2] (???-1705) • Ⓚ Christian; Mattaus; Johann Adam[3] (*1690); Maria Christina[4]; Felix (*~1696); Elisabeth[5] (*1700 Wachenheim, Dürkheim); Rosina Margaretha[6] (*1702 Wachenheim, Dürkheim); Rosina Margaretha[7] (*1704 Wachenheim,

---

[1] Wachenheim, Dürkheim ist 1674 nahezu vollständig abgebrannt und befindet sich 1687-89 noch im Wiederaufbau
[2] Anna Christina NN (???-1705) • ☐07.03.1705 Wachenheim, Dürkheim
[3] Johann Adam Farny/Forney (1690-1752) • *1690 • 1705 Kommunion Wachenheim, Dürkheim • Schneider • wandert mit Ehefrau und vier Kindern nach Amerika aus, 16.10.1721 Ankunft in Philadelphia, USA • ∞Jan 1713 mit Elisabetha Louisa NN • Ⓚ Max (*06.10.1713 Wachenheim, Dürkheim; ∪10.11.1713 Wachenheim, Dürkheim); Johann Nikolaus/Nidas (*01.07.1715 Wachenheim, Dürkheim; ∪07.07.1713 Wachenheim, Dürkheim); NN♀ (*Jan 1717, Totgeburt); Louisa Charlotte (*24.04.1718 Wachenheim, Dürkheim; ∪26.04.1718 Wachenheim, Dürkheim); Maria Eva (*06.01.1721 Wachenheim, Dürkheim; ∪08.01.1721 Wachenheim, Dürkheim); Frederik (Philip) (*29.09.1724 Pennsylvania, USA); Clara (*16.02.1728 Pennsylvania, USA) • +1752
[4] Maria Christina Farny/Forny • ∞15.01.1713 Seelbach mit Hans Georg Fili
[5] Elisabeth Farny/Forney (1700-???) • ∪07.11.1700 Wachenheim, Dürkheim; Taufpatin: Elisabetha Johannis Oberly, Bürgerin in Wachenheim
[6] Rosina Margaretha Farny/Forney (1702-1703) • ∪03.09.1702 Wachenheim, Dürkheim; Taufpaten: Peter und Rosina Margaretha Zimmermann, Bürger zu Wachenheim • +22.03.1703 Wachenheim, Dürkheim
[7] Rosina Margaretha Farny/Forney (1704-1713) • ∪07.12.1704 Wachenheim, Dürkheim; Taufpatin: Rosina Margaretha, Ehefrau von Peter Zimmermann • ☐18.04.1713 Wachenheim, Dürkheim

XII
Generation IX

Dürkheim) • ∞II 26.08.1705 Wachenheim, Dürkheim mit Appolonia NN¹ • ∞III 01.12.1722 Wachenheim, Dürkheim mit Anna NN² (???-1724) • ∞IV 02.01.1725 Wachenheim, Dürkheim mit Dorothea NN³ (???-1746) • □04.03.1734

▪ Hans Farny^{#366c} (1665-???) • ∪22.10.1665 Steffisburg, Bern, Schweiz

▪ Matthys Farni^{#366d} (~1670-1749) • ~1670 Steffisburg, Bern, Schweiz • ∞09.01.1700 Dürkheim mit NN • +05.10.1749

#369 Zollikofer, Anna Margaretha (1680-1732)

Ⓥ ??? • Ⓜ ??? • *1680 Weinheim an der Bergstraße • ∞30.05.1704 mit Nikolaus Farny/Farni^{#368} (1666-1745) • Ⓚ Sybilla Philippina^{#184g} (*1705 Dürkheim); Maria Katharina^{#184h} (*1707 Dürkheim); Johann Georg^{#184} (1710 Dürkheim) • +17.12.1732 Wachenheim, Dürkheim

#372 Fischer, Philipp Friedrich (1707-???)

Ⓥ Johann Ludwig Fischer^{#744} • Ⓜ Susanna Catharina NN^{#745} • *02.08.1707 Dürkheim • ∪ev 05.08.1707 Dürkheim • ∞I 11.01.1729 Dürkheim mit Catharina Elisabertha Kall^{#373} (~1707-1734) • Ⓚ Georg Bernhard^{#186} (*1731 Dürkheim); Johannes Franciscus^{#186a} (*1732 Dürkheim); Maria Katharina^{#186b} (*1734 Dürkheim) • ∞II 22.09.1735 Dürkheim mit Anna Juliana Müller • Ⓚ Johannes^{#186c} (*1736 Dürkheim); Johann Christian^{#186d} (*1738 Dürkheim); Susanna M.^{#186e} (*1740 Dürkheim); Johann Peter^{#186f} (*1742 Dürkheim)

---

¹ Appolonia NN • ∞I mit Matthias Hasslers, Bauer in Turckheim
² Anna NN (???-1724) • ∞I mit Hans Gayger • □13.08.1724 Wachenheim, Bad Dürkheim
³ Dorothea NN • ∞I mit Engelhard Buhl • □22.07.1746 Wachenheim, Dürkheim

XII
Generation IX

#373   **Kall, Catharina Elisabetha (~1707-1734)**

Ⓥ ??? • Ⓜ ??? • *~1707 • ∞11.01.1729 Dürkheim mit Philipp Friedrich Fischer[#372] (~1707-???)• Ⓚ Georg Bernhard[#186] (*1731 Dürkheim); Johannes Franciscus (*1732 Dürkheim); Maria Katharina (*1734 Dürkheim) • ☐17.04.1734 Kallstadt

#374   **Steinmetz, Johann Michael**

Ⓥ ??? • Ⓜ ??? • Ⓚ Anna Elisabetha[#187]

#404   **MacKay, Robert (~1685-???)**

Ⓥ Alexander MacKay[#808] (~1650-???) • Ⓜ Margaret Fearn[#809] (~1655-???) • *~1685 Halmadary, Sutherland, Schottland • Ⓚ Angus[#202] (*~1712 Aberach, Sutherland, Schottland); Robert[#202a]; William[#202b]; George[#202c]; Murdo[#202d]

tacksman of Halmdary

- Angus MacKay[#404a]

- William MacKay[#404b] (???-1730) • Minister of Tongue • +1730 Tongue, Schottland

- Barbara MacKay[#404c] • ∞ mit Rev. George Brodie, Minister of Edderachillis • Ⓚ NN♀; Henrietta; Christina

XIII
Generation X

#520   **Kohl, Christman (~1610-???)**

Ⓥ ??? • Ⓜ ??? • *~1610 • ∞ mit Agnes NN[#521] • Ⓚ Paulus[#260] (*~1610)

#521   **NN, Agnes**

Ⓥ ??? • Ⓜ ??? • ∞ mit Christman Kohl[#520] (~1610-???) • Ⓚ Paulus[#260] (*~1610)

#544   **Bechtloff, Nicolai/Nickel (1613-1690)**

Ⓥ Hanß Bechtloff[#1.088] (1590-1649) • Ⓜ Maria Anna NN[#1.089] (1594-1669) • *1613 Kallstadt, Dürkheim oder Kleinkarlbach • ∞ev 19.04.1670 Kallstadt, Dürkheim mit Anna Maria Kuntz[#545] (???-1699) • Ⓚ Johannes Georg[#272] (*1671 Kallstadt, Dürkheim); Maria Margaretha[#272a] (*1675 Kallstadt, Dürkheim); Johann Martin[#272b] (*1683 Kallstadt, Dürkheim); Johann Tobias[#272c] (*1688 Kallstadt, Dürkheim) • +30.09.1690 Kallstadt, Dürkheim

#545   **Kuntz, Anna Maria (1650-1699)**

Ⓥ Hanß Joerg Kuntz[#1.090] (1622-1714) • Ⓜ Magdalena Gubler[#1.091] (1626-1685) • *1650 Schweiz • ∞ev 19.04.1670 Kallstadt, Dürkheim mit Johann Nicolai/Nickel Bechtloff[#544] (1613-1690) • Ⓚ Johannes Georg[#272] (*1671 Kallstadt, Dürkheim); Maria Margaretha[#272a] (*1675 Kallstadt, Dürkheim); Johann Martin[#272b] (*1683 Kallstadt, Dürkheim); Johann Tobias[#272c] (*1688 Kallstadt, Dürkheim) • +07.03.1699 Kallstadt, Dürkheim

- Jacob Kuntz[#545a] (???-1731) • +06.03 Rueti, Zürich, Schweiz

XIV
Generation X

- Hans Heinrich Kuntz[#545b] (1654-1714) • *01.06.1654 Wald, Zürich, Schweiz • ∞ mit Anna Honegger (1659-???) • +21.08.1714 Wald, Zürich, Schweiz • Ⓚ Maria (*1680 Wald, Zürich, Schweiz); Hans Joerg (*1683 Laupen, Zürich, Schweiz); Hans Rudolf (*1685 Laupen, Zürich, Schweiz); Hans Georg (*1688 Laupen, Zürich, Schweiz); Susanna (*1692 Wald, Zürich, Schweiz); Hans Heinrich (*1697 Wald, Zürich, Schweiz) • +21.08.1714 Wald, Zürich, Schweiz

#568　　　Rank, Johann

Ⓥ ??? • Ⓜ ??? • * Kirchheim an der Eck, Frankenthal • ∞ mit Catharina NN[#569] • Ⓚ Johann Valentin[#28g] (*1662 Kirchheim an der Eck, Frankenthal)

#569　　　NN, Catharina

Ⓥ ??? • Ⓜ ??? • ∞ mit Johann Rank[#568] • Ⓚ Johann Valentin[#28g] (*1662 Kirchheim an der Eck, Frankenthal)

#570　　　Leysenheim, Johann

Ⓥ ??? • Ⓜ ??? • *Lelbach, Waldeck • ∞ mit Catharina NN[#571] • Ⓚ Anna Margaretha[#285] (*1672 Lelbach, Waldeck)

#571　　　NN, Catharina

Ⓥ ??? • Ⓜ ??? • ∞ mit Johann Leysenheim[#570] (???-1705) • Ⓚ Anna Margaretha[#285] (*1672 Lelbach, Waldeck)

#592　　　Ullrich, Ludwig Erhard (1683-1735)

Ⓥ Johann Erhard Ullrich[#1.184] (1647-1718) • Ⓜ Anna Regina NN[#1.185] • *29.03.1683 Tübingen • ∞1702 Deutschland mit Gertrud Magdalena Seitz[#593] (1680-1738) • Ⓚ Ludwig Erhard[#296a] (*~1705); Philipp

Heinrich[#296] (*1709); Johann Caspar[#296b] (*1712); Johann Jakob[#296c] (*~1715); Christian Gottlieb[#296d] (*1721) • +19.05.1735

#593 Seitz, Gertrud Magdalena (1680-1738)

Ⓥ Johann Valentin Seitz[#1.186] • Ⓜ Anna Maria NN[#1.187] • *1680 Linkenheim-Hochstetten, Karlsruhe • ∞I mit Philipp Börig, Kammerdiener beim Herrn v. Münzesheim • ∞II 1702 Deutschland mit Ludwig Erhard Ullrich[#592] (1683-1735) • Ⓚ Ludwig Erhard[#296a] (*~1705); Philipp Heinrich[#296] (*1709); Johann Caspar[#296b] (*1712); Johann Jakob[#296c] (*~1715); Christian Gottlieb[#296d] (*1721) • +25.05.1738 Neulußheim

#594 Schmid, Johann Peter (1665-1735)

Ⓥ Johannes Schmid[#1.188] • Ⓜ Anna Barbara Rüb[#1.189] (1646-1712) • *05.03.1665 Altlußheim • ∞I 09.02.1688 Altlußheim mit Anna Ursula Weis (???-1704) • Ⓚ Christoph[#297a] (*~1688); Michael[#297b] (*~1689); Johann Adam[#297c] (*1689 Altlußheim); Hannss Marcus[#297d] (*1696 Altlußheim) • ∞II 21.10.1704 Altlußheim mit Anna Maria Wittmer[#595] (1679-1742) • Ⓚ Johann Marcus[#297e] (*1705); Eva[#297f] (*1707 Altlußheim); Johann Peter[#297g] (*1711 Altlußheim); Conrad[#297h] (*1714 Altlußheim); Johann Thomas[#297i] (*1716 Altlußheim); Eva Johanna Margaretha[#297] (*1718); Katharina Barbara[#297j] (*1722 Altlußheim) • +11.12.1735 Altlußheim

▪ Anna Ursula Schmid[#594a] (1666-???) • ⌣ev 12.08.1666 Altlußheim • ∞I 20.01.1685 Altlußheim mit Hannss Stephan Schwesinger[1] (1654-???) • Ⓚ Hannss Marcus[2] (*1685 Altlußheim); Johann Adam[1] (*1687 Altlußheim) • ∞II 1698 Altlußheim mit Martin Mayer

---

[1] Hannss Stephan Schwesinger (1654-???) • Ⓥ Hannss Schwesinger (1623-???), Sohn von Hermann Schwesinger (1585-1644) und Anna Kessel (1595-1657) • Ⓜ Anna Midel • *1654
[2] Hannss Marcus Schwesinger (1685-1765) • *12.10.1685 Altlußheim • ∞17.05.1718 Altlußheim mit Eva Elisabetha Fischer (1700-1761) • Ⓚ Andreas Martin (*1719

XIV
Generation X

- Eva Schmid[#594b] (1667-???) • ᴗev 29.10.1667 Altlußheim • ∞29.04.1691 Heidelberg (?) mit Daniel Schwechheimer[2] (1657-1719) • Ⓚ Christina Cordula[3] (*1699 Altlußheim); Samuel Friedrich[4] (*1701 Altlußheim); Anna Ursula[5] (*1702 Altlußheim); Anna Barbara[6] (*1705 Altlußheim); Eva Maria[7] (*1707 Altlußheim); Mathias Daniel[8] (*1709 Altlußheim)

Altlußheim); Johann Adam (*1720 Altlußheim); Anna Margaretha (*1723 Altlußheim); Anna Margaretha (*1724 Altlußheim); Anna Katharina (*1726 Altlußheim); Anna Eva (*1729 Altlußheim); Johann Martin (*1731 Altlußheim); Johannes (*1734 Altlußheim); Christina Cordula (*1735 Altlußheim); Anna Eva (*1739 Altlußheim); Eva Katharina (*1742 Altlußheim) • +26.09.1765 Altlußheim

[1] Johann Adam Schwesinger (1687-???) • *20.09.1687 Altlußheim

[2] Daniel Schwechheimer (1657-1719) • Ⓥ Christopher Schwechheimer (1624-1657), Sohn von Amadeus Schwechheimer (1597-1635) und Katharina NN • Ⓜ Barbara Theobald (1618-???), Tochter von Andreas Theobald/Debold (1599-1658) und Katharina Schäfer • *15.07.1657 Altlußheim • +21.11.1719 Altlußheim

[3] Christina Cordula Schwechheimer (1699-1772) • *19.06.1699 Altlußheim • ∞I 27.10.1716 Altlußheim mit Konrad Ballreich (1694-1739) • ∞II 08.11.1740 Altlußheim mit Johannes Gari (1718-1744), Sohn von Simon Gari (1689-1752) und Margaretha Weyrauch (1685-1754) • Ⓚ Johann Leonhard (*1742 Altlußheim) • +21.09.1772 Altlußheim

[4] Samuel Friedrich Schwechheimer (1701-1782) • *02.01.1701 Altlußheim • ∞I 18.02.1721 Altlußheim mit Eva Maria Hoffmann (???-1728) • ∞II 25.01.1729 Altlußheim mit Anna Catharina Kuch/Koch • +03.02.1782 Long Valley, New Jersey, USA

[5] Anna Ursula Schwechheimer (1702-???) • *15.10.1702 Altlußheim • ∞1718 Altlußheim mit Johann Adam Marx (1696-???)

[6] Anna Barbara Schwechheimer (1705-1750) • *27.02.1705 Altlußheim • ∞21.04.1722 Altlußheim mit Matthias Schwesinger (1696-1776), Sohn von Hannss Peter Schwesinger (1662-1743) und Maria Catherina Rumpelmayer (1670-1737) • Ⓚ Johann Philipp (*1723 Altlußheim); Anna Ursula (*1725 Altlußheim); Eva Maria (1727 Altlußheim); Anna Ursula (*1730 Altlußheim); Anna Margaretha (*1731 Altlußheim); Johann Adam (*1732 Altlußheim); Magdalena (*1735 Altlußheim); Johannes (*1737 Altlußheim); Magdalena (*1740 Altlußheim); Johannes (*1742 Altlußheim); Eva Barbara (*1745 Altlußheim) • +02.05.1750 Altlußheim

[7] Eva Maria Schwechheimer (1707-1772) • *02.08.1707 Altlußheim • ∞24.04.1725 Altlußheim mit Johann Jakob Huber (1709-1756), Sohn von Johann Rudolph Huber (1662-1726) • Ⓚ Maria Barbara (*1734 Altlußheim); Anna Margaretha (*1736 Altlußheim) • +05.04.1772 Altlußheim

[8] Mathias Daniel (1709-1751) • *02.04.1709 Altlußheim oder Speyer • ∞08.05.1731 Altlußheim mit Anna Barbara Stepan (1713-1772), Tochter von Leonhard Stephan

XIII
Generation X

- Johann Jost Schmid[#594c] (1669-???) • ∪ev 12.11.1669 Altlußheim

- Anna Margaretha Schmid[#594d] (1671-1744) • ∪ev 08.11.1671 Altlußheim • ∞ev 18.01.1698 Altlußheim mit Johann Adam Schwechheimer[#2.395c] (1675-1748) • Ⓚ Anna Ursula (*1699 Altlußheim) • +16.01.1744 Altlußheim

- Barbara Schmid[#594e] (1676-???) • ∪ev 30.01.1676 Altlußheim

- Conrad Schmid[#594f] (1679-1688) • *24.08.1679 Altlußheim • +17.05.1688 Altlußheim

#595 Wittmer, Anna Maria (1679-1742)

Ⓥ Michael Wittmer[#1.190] • Ⓜ Maria Barbara NN[#1.191] • *12.01.1679 • ∞21.10.1704 Altlußheim mit Johann Peter Schmid[#594] (1665-1735) • Ⓚ Johann Marcus[#297e] (*1705); Eva[#297f] (*1707 Altlußheim); Johann Peter[#297g] (*1711 Altlußheim); Conrad[#297h] (*1714 Altlußheim); Johann Thomas[#297i] (*1716 Altlußheim); Eva Johanna Margaretha[#297] (*1718); Katharina Barbara[#297j] (*1722 Altlußheim) • +11.05.1742 Altlußheim

#596 Bernthaler, Samuel Friedrich (1707-1738)

Ⓥ Johann Georg Bernthaler[#1.192] (1667-???) • Ⓜ Anna Barbara Stephan[#1.193] (1682-1718) • ∪ev 06.08.1707 Altlußheim • ∞05.05.1733 Altlußheim mit Christina Cordula Hofschneider[#597] (1713-1743) • Ⓚ Johann Jakob[#298] (*1737 Altlußheim); Christina Codula[#298a] (*1734 Altlußheim) • +29.01.1738 Altlußheim

- Eva Bernthaler[#596a] (1700-1701) • *28.04.1700 Altlußheim • +03.11.1701 Altlußheim

---

(1683-1748) und Maria Katharina Ballreich (1685-1746) • Ⓚ Anna Margaretha (*1732 Altlußheim); Maria Agnes (*1734 Altlußheim); Matthias (*1737 Altlußheim); Anna Katharina (*1739 Altlußheim); Elisabeth Margaretha (*1747 Altlußheim) • +16.01.1751 Altlußheim

XIV
Generation X

- Daniel Bernthaler[#596b] (1701-1781) • *28.08.1701 Altlußheim • wandert vor 1734 mit Ehefrau von Altlußheim nach Philadelphia in die USA aus, dort unter dem Namen Berndaller und Barndollar • ∞ mit Ann Margaretha NN[1] (1705-1798) • Ⓚ Johannes/John[2] (*1736 Philadelphia, USA); Michael[3] (*1740 Philadelphia, USA); Ann Elizabeth[4] (*1745 Philadelphia, USA); George (*1746 Philadelphia, USA); Anna Susanna[5] (*1748 Philadelphia, USA); Margaretha[6] (*1750 Philadelphia, USA); Barbara[7] (*1759 Philadelphia, USA); Peter[8] (*1762 Philadelphia, USA); Nicholas[9] (*1764 Philadelphia, USA) • +17.01.1781 Philadelphia, USA

- Eva Bernthaler[#596c] (1703-1713) • *20.06.1703 Altlußheim • +11.06.1713 Altlußheim

---

[1] Ann Margaretha NN (1705-1798) • *1705 • +10.03.1798 Philadelphia, USA
[2] Johannes/John Bernthaler/Barndollar (1736-1809) • *Dez 1736 Philadelphia, USA • ∞ mit Susanna Elisabeth Jacobi (1744-1809), Tochter von Christophel Jacobi (1709-1786) und Johanna Elizabeth Eberhardt • Ⓚ Johanna Elizabeth (*1761 Philadelphia, USA); Susanna (*1766 Philadelphia, USA); Mary Magdalena (*1768 Philadelphia, USA); Daniel (*1770 Philadelphia, USA); Eva Catharina (*1772 Philadelphia, USA); Christopher (*1776 Philadelphia, USA); Johann Georg (*1790 USA) • +06.11.1809 Philadelphia, USA
[3] Michael Bernthaler/Barndollar (1740-1818) • *19.08.1740 Philadelphia, USA • ∞ mit Catherine Margarethe NN (~1755-1821) • +29.03.1818 Bloody Run, Pennsylvania, USA
[4] Ann Elizabeth Bernthaler/Barndollar (1745-???) • *10.06.1745 Philadelphia, USA • ∞29.03.1781 mit William Brewster
[5] Anna Susanna Bernthaler/Barndollar (1748-???) • *18.08.1748 Philadelphia, USA • ∞17.08.1768 mit David Snyder
[6] Margaretha Bernthaler/Barndollar (1750-1781?) • *30.10.1750 Philadelphia, USA • ∞ mit Heinrich Bockele • +06.01.1781
[7] Barbara Bernthaler/Barndollar (1759-???) • *29.12.1759 Philadelphia, USA • ∞mit Christopher Lentz
[8] Peter Bernthaler/Barndollar (1762-???) • *10.07.1762 Philadelphia, USA • ∞ mit Margaret Wilkinson
[9] Nicholas Bernthaler/Barndollar (1764-???) • *11.11.1764 Philadelphia, USA • ∞ mit Catherine Stone

XIII
Generation X

- Christina Cordula Bernthaler[#596d] (1709-1767) • *26.03.1709 Altlußheim • ∞22.11.1729 Altlußheim mit Johann Michael Büchner[1] (1714-???) • Ⓚ Christina Margaretha[2] (*1731 Altlußheim); Johann Martin[3] (*1733 Altlußheim); Maria Elisabetha[4] (*1738 Altlußheim); Anna Barbara[5] (*1741 Altlußheim); Johann Philipp[6] (1744 Altlußheim); Anna Katharina[7] (*1749 Altlußheim); Johann Caspar[8] (*1750 Altlußheim) • +22.10.1767 Altlußheim

#597   Hofschneider, Christina Cordula (1713-1743)

Ⓥ Johann Georg Hofschneider[#1.194] (???-1732) • Ⓜ Anna Maria NN[#1.195] (???-1728) • *29.01.1713 Altlußheim • ∞I 05.05.1733 Altlußheim mit Samuel Friedrich Bernthaler[#596] (1707-1738) • Ⓚ Johann Jakob[#298] (*1737 Altlußheim); Christina Codula[#298a] (*1734 Altlußheim) • ∞II 1738 Altlußheim mit Peter Mack • +20.11.1743 Altlußheim

- Johann Friedrich Hofschneider[#597a] (1710-1728) • *01.09.1710 Altlußheim • +26.09.1728 Altlußheim

---

[1] Johann Michael Büchner (1714-???) • Ⓥ Peter Büchner (1666-1714) • Ⓜ Margaretha NN • *1714
[2] Christina Margaretha Büchner (1731-1734) • *03.10.1731 Altlußheim • +03.03.1734 Altlußheim
[3] Johann Martin Büchner (1733-1816) • *10.01.1733 Altlußheim • ∞I 29.01.1760 Altlußheim mit Anna Margaretha Schwesinger (1732-1773), daughter of Johann Peter Schwesinger • Ⓚ Johann Adam (*1762 Altlußheim); Anna Elisabetha (*1763 Altlußheim); Johanna Elisabetha (*1766 Altlußheim); Johann Georg (*1769 Altlußheim); Johann Peter (*1773 Altlußheim) • ∞II 15.02.1774 Eva Maria Kodel (1739-1816), Sohn von Peter Kodel • +05.04.1816 Altlußheim
[4] Maria Elisabetha Büchner (1738-???) • *26.11.1738 Altlußheim • ∞21.01.1766 Altlußheim mit Conrad Zöller, Sohn von Georg Leonhard Zöller
[5] Anna Barbara Büchner (1741-1761) • *08.04.1741 Altlußheim • +16.06.1761 Altlußheim
[6] Johann Philipp Büchner (1744-1774) • *18.07.1744 Altlußheim • ∞28.08.1770 Altlußheim mit Elisabetha Margaretha Schwechheimer (1747-1774), Tochter von Mathias Daniel Schwechheimer (1709-1751) und Anna Barbara Stephan (1713-1772) • +22.10.1774 Altlußheim
[7] Anna Katharina Büchner (1749-???) • *23.01.1749 Altlußheim
[8] Johann Caspar Büchner (1750-???) • *07.03.1750 Altlußheim

XIV
Generation X

Halbgeschwister aus zweiter Ehe des Vaters Johann Georg Hofschneider[#1.194] (???-1732) mit Anna Eva Rauch

- Maria Barbara Hofschneider[#597b] (1731-???) • *02.03.1731 Altlußheim

- Johann Georg Hofschneider[#597c] (1732-1733) • *12.12.1732 Altlußheim • +04.06.1733 Altlußheim

#598   Stephan, Conrad (1709-???)

Ⓥ Leonhard Stephan[#1.196] (1683-1748) • Ⓜ Maria Katharina Ballreich[#1.197] (1685-1746) • *09.01.1709 Altlußheim • ∞30.05.1732 Altlußheim mit Anna Ursula Schrödinger[#599] (1708-1783) • Ⓚ Johann Peter[#299a] (*1733 Altlußheim); Georg Adam[#299b] (*1736 Altlußheim); Maria Agnes[#299c] (*1738 Altlußheim); Anna Barbara Ursula[#299] (*1741 Altlußheim); Konrad[#299d] (*1743 Altlußheim); Maria Agnes[#299e] (*1746 Altlußheim); Johann Daniel[#299f] (*1748 Altlußheim); Christina Margaretha[#299g] (*1751 Altlußheim)

- Georg Adam Stephan[#598a] (1711-1769) • *16.07.1711 Altlußheim • ∞03.02.1739 Altlußheim mit Anna Margaretha Büchner[1] (1721-1767) • Ⓚ Anna Margaretha[2] (*1740 Altlußheim); Johann Georg[3] (*1742 Altlußheim); Georg Adam[4] (*1744 Altlußheim); Georg Adam[5] (*1745

---

[1] Anna Margaretha Büchner (1721-1767) • Ⓥ Johann Friedrich Büchner (1700-???) • Ⓜ Anna Barbara Schwechheimer (1697-1733), Tochter von Hanß Conrad Schwechheimer (1643-1704) und Anna Margaretha Schäfer (???-1719) • *29.04.1712 Altlußheim • +03.06.1767 Altlußheim

[2] Anna Margaretha Stephan (1740-1741) • *24.02.1740 Altlußheim • +14.03.1741 Altlußheim

[3] Johann Georg Stephan (1742-1807) • *09.03.1742 Altlußheim • ∞26.01.1768 Altlußheim mit Johanna Elisabetha Specht (1740-???) • Ⓚ Anna Margaretha (*1768 Altlußheim); Johannes (*1769 Altlußheim); Anna Barbara (*1773 Altlußheim) • +24.09.1807 Altlußheim

[4] Georg Adam Stephan (1744-1744) • *09.03.1744 Altlußheim • +16.03.1744 Altlußheim

[5] Georg Adam Stephan (1745-1748) • *30.06.1745 Altlußheim • +13.07.1748 Altlußheim

Altlußheim); Maria Agnes[1] (*1748 Altlußheim); Eva Katharina[2] (*1751 Altlußheim); Anna Margaretha[3] (*1753 Altlußheim); Georg Ludwig[4] (*1756 Altlußheim); Eva Katharina[5] (*1759 Altlußheim) • +09.09.1769 Altlußheim

- Anna Barbara Stephan[#598b] (1713-1772) • *16.04.1713 Altlußheim • ∞08.05.1731 Altlußheim mit Mathias Daniel Schwechheimer (1709-1751) • Ⓚ Anna Margaretha (*1732 Altlußheim); Maria Agnes (*1734 Altlußheim); Matthias (*1737 Altlußheim); Anna Katharina (*1739 Altlußheim); Elisabetha Margaretha (*1747 Altlußheim) • +12.12.1772 Altlußheim

- Maria Agnes Stephan[#598c] (1715-???) • *03.10.1715 Altlußheim

- Anna Margaretha Stephan[#598d] (1717-1717) • *18.07.1717 Altlußheim • +28.09.1717 Altlußheim

- Anna Margaretha Stephan[#598e] (1718-???) • *1718 Altlußheim

- Johann Marcus Stephan[#598f] (1721-1721) • *01.03.1721 Altlußheim • +13.08.1721 Altlußheim

- Johann Marcus Stephan[#598g] (1722-1723) • *26.07.1722 Altlußheim • +03.09.1723 Altlußheim

- Johann Jakob Stephan[#598h] (1725-1794) • *19.02.1725 Altlußheim • ∞10.02.1750 Altlußheim mit Maria Barbara Huber (1734-1801) • Ⓚ Georg Ludwig (*1751 Altlußheim); Marcus Daniel (*1758 Altlußheim); Johann Georg (*1760 Altlußheim); Samuel Friedrich (*1772 Altlußheim); Elisabetha Margaretha (*1775 Altlußheim) • +03.08.1794 Altlußheim

---

[1] Maria Agnes Stephan (1748-1800) • *24.01.1748 Altlußheim • ∞23.04.1776 Altlußheim mit Johannes Schmid (1747-1812) • +25.07.1800 Altlußheim
[2] Eva Katharina Stephan (1751-1751) • *25.11.1751 Altlußheim • +01.12.1751 Altlußheim
[3] Anna Margaretha Stephan (1753-1774) • *13.03.1753 Altlußheim • ∞06.09.1774 Altlußheim mit Johann Ludwig Schwechheimer
[4] Georg Ludwig Stephan (1756-1835) • *27.04.1756 Altlußheim • +08.07.1835 Altlußheim
[5] Eva Katharina Stephan (1759-???) • *20.06.1759 Altlußheim

XIV
Generation X

- Anna Elisabetha Stephan[#598i] (1729-???) • *15.11.1729 Altlußheim • ∞1756 Speyer mit Johann Ludwig Müller

#599   **Schrödinger, Anna Ursula (1708-1783)**

Ⓥ Johann Jakob Schrödinger[#1.198] (1669-1750) • Ⓜ Anna Christina Feyerling[#1.199] (1669-1732) • *20.12.1708 Altlußheim • ∞30.05.1732 Altlußheim mit Conrad Stephan[#598] (1709-???) • Ⓚ Johann Peter[#299a] (*1733 Altlußheim); Georg Adam[#299b] (*1736 Altlußheim); Maria Agnes[#299c] (*1738 Altlußheim); Anna Barbara Ursula[#299] (*1741 Altlußheim); Konrad[#299d] (*1743 Altlußheim); Maria Agnes[#299e] (*1746 Altlußheim); Johann Daniel[#299f] (*1748 Altlußheim); Christina Margaretha[#299g] (*1751 Altlußheim) • +21.10.1783 Altlußheim

- Johann Martin Schrödinger[#599a] (1701-???) • *25.03.1701

- Hans Jörg Schrödinger[#599b] (1704-???) • *09.04.1704

- Ursula Schrödinger[#599c] (1707-1709) • *19.07.1707 Altlußheim • +03.02.1709 Altlußheim

#640   **Christ, Hans Dietrich (???-1714)**

Ⓥ ??? • Ⓜ ??? • ∞ mit Anna Catharina NN[#641] • Ⓚ Zacharias[#320] (*~1684) • +1714

#641   **NN, Anna Catharina**

Ⓥ ??? • Ⓜ ??? • ∞ mit Hans Dietrich Christ[#640] (???-1714) • Ⓚ Zacharias[#320] (*~1684)

#642   **Hayn, Georg (~1666-1731)**

Ⓥ Johann Wilhelm Hayn[#1.284] • Ⓜ ??? • *~1666 • ∞ mit Anna Elisabeth NN[#643] (1673-1762) • Ⓚ Maria Elisabetha[#321] (*1686 Freinsheim ?) • +13.06.1731 Freinsheim

XIII
Generation X

#643   **NN, Anna Elisabeth (1673-1762)**

Ⓥ ??? • Ⓜ ??? • *1673 • ∞ mit Georg Hayn[#642] (~1666-1731) • Ⓚ Maria Elisabetha[#321] (*1686 Freinsheim ?) • +27.03.1762 Freinsheim

#644   **Schmidt, Christoph (~1630-1690)**

Ⓥ ??? • Ⓜ ??? • *~1630 • ∞ mit Gertraudt NN[#645] • Ⓚ Johann Philipp[#322] (*1674 Kallstadt, Dürkheim) • +25.09.1690 Kallstadt, Dürkheim

#645   **NN, Gertraudt**

Ⓥ ??? • Ⓜ ??? • ∞ mit Christoph Schmidt[#644] (~1630-1690) • Ⓚ Johann Philipp[#322] (*1674 Kallstadt, Dürkheim)

#646   **Heintz, Johann Joachim (???-1690)**

Ⓥ Adam Heintz[#1.292] (???-1597) • Ⓜ ??? • ∞ mit Anna Catharina Weygant[#647] (???-1677) • Ⓚ Johann Lorenz[#323a] (*1674 Kallstadt, Dürkheim); Anna Sophia[#323] (*1680 Kallstadt, Dürkheim) • +11.10.1690 Kallstadt, Dürkheim

#647   **Weygant, Anna Catharina (???-1677)**

Ⓥ Nikolaus Weygant[#1.294] • Ⓜ Apollonia NN[#1.295] • ∞ mit Johann Joachim Heintz[#646] (???-1690) • Ⓚ Johann Lorenz[#323a] (*1674 Kallstadt, Dürkheim); Anna Sophia[#323] (*1680 Kallstadt, Dürkheim) • +1677

#648   **Ott, Johann Philipp (1642-1694)**

Ⓥ Johannes Ott[#1.296] (1599-1678) • Ⓜ Ursula Heintz[#1.297] (1605-1664) • *1642 Dürkheim • ∞ mit Anna Katharina Münch[#649] (1649-1690) • Ⓚ Georg[#324] (*1676) • +23.03.1694 Kallstadt, Dürkheim

Schultheiß

XIV
Generation X

#649   **Münch, Anna Katharina (1649-1690)**

Ⓥ Theobald Münch[#1.298] (1596-1664) • Ⓜ Ottilia Pflüger[#1.299] (???-1665) • *10.05.1649 Hardenburg, Dürkheim • ∞ mit Johann Philipp Ott[#648] (1642-1694) • Ⓚ Georg[#324] (*1676) • +15.09.1690 Kallstadt, Dürkheim

▪ Anna Christina Münch[#649a] • →#655

#652   **Heintz, Johann Joachim (???-1690)**

→#646

#653   **Weygant, Anna Catharina (???-1677)**

→#647

#654   **Dresch, Matthias Cleophas (???-1688)**

Ⓥ Bartholomäus Dresch[#1.308] (???-1667) • Ⓜ Elisabetha NN[#1.309] (???-1674) • ∞ mit Anna Christina Münch[#655] • Ⓚ Anna Elisabeth[#327] (*1674 Kallstadt, Dürkheim) • +10.10.1688 Ungstein

#655   **Münch, Anna Christina**

Ⓥ Theobald Münch[#1.310] (1596-1664) • Ⓜ Ottilia Pfüger[#1.311] (???-1665) • ∞ mit Matthias C. Dresch[#654] (???-1688) • Ⓚ Anna Elisabeth[#327] (*1674 Kallstadt, Dürkheim)

▪ Anna Katharina Münch[#655a] (1649-1690) • → #649

#672   **Hartung, Johann Christoph (~1640-???)**

Ⓥ ??? • Ⓜ ??? • *~1640 • Ⓚ Augustinus[#336] (*1677 Mechterstädt, Gotha) • +Dürkheim

XIII
Generation X

#674   **Schwab, Johann Balthasar (1661-1732)**

Ⓥ ??? • Ⓜ ??? • *01.06.1661 Dürkheim • ∞ mit Catharina Elisabetha Müller#675 (1658-1699) • Ⓚ Anna Sophia#337 (*1685 Dürkheim) • +21.11.1732 Dürkheim

#675   **Müller, Catharina Elisabetha (1658-1699)**

Ⓥ ??? • Ⓜ ??? • *1658 Dürkheim • ∞ mit Johann Balthasar Schwab#674 (1661-1732) • Ⓚ Anna Sophia#337 (*1685 Dürkheim) • +04.02.1699 Dürkheim

#676   **Baum, Hans Conrad (1643-1706)**

Ⓥ Siebel Seyfried Baum#1.352 (1595-1666) • Ⓜ Anna Katharina NN#1.353 (???-1673) • *1643 Göllheim, Dürkheim • ∞21.05.Göllheim, Dürkheim mit Anna Ursula Hoffmann#675 (1645-1695) • Ⓚ Johann Michael#338 (*1678 Göllheim, Dürkheim) • +20.03.1706 Göllheim, Dürkheim

#677   **Hoffmann, Anna Ursula (1645-1695)**

Ⓥ ??? • Ⓜ ??? • *1645 Göllheim, Dürkheim • ∞21.05.Göllheim, Dürkheim mit Hans Conrad Baum#676 (1643-1706) • Ⓚ Johann Michael#338 (*1678 Göllheim, Dürkheim) • +04.08.1695 Göllheim, Dürkheim

#678   **Lieurner, Johann**

Ⓥ ??? • Ⓜ ??? • *Dürkheim • Ⓚ Anna Sophia#339 (*1694 Dürkheim)

#684   **Kall, Johannes (1680-???)**

Ⓥ Christophel Kall#1.368 • Ⓜ ??? • *1680 Kallstadt, Dürkheim • ∞08.10.1698 Kallstadt, Dürkheim mit Anna Elisabeth Schüler#685 (1680-???) • Ⓚ Johannes#342a (*1700 Kallstadt, Dürkheim); Georg Heinrich#342

Generation X

(*1702 Kallstadt, Dürkheim); Maria Magdalena#342b (*1706 Kallstadt, Dürkheim)

#685   **Schüler, Anna Elisabeth (1680-1714)**

Ⓥ Matthias Schüler#1.370 (1623-1690) • Ⓜ Anna Margaretha Spahl#1.371 (1648-1722) • *1680 Kallstadt, Dürkheim • ∞08.10.1698 Kallstadt, Dürkheim mit Johannes Kall#684 (1680-???) • Ⓚ Johannes#342a (*1700 Kallstadt, Dürkheim); Georg Heinrich#342 (*1702 Kallstadt, Dürkheim); Maria Magdalena#342b (*1706 Kallstadt, Dürkheim) • †1714 Kallstadt, Dürkheim

#686   **Hänsel, Johann Conrad (1673-1740)**

Ⓥ ??? • Ⓜ ??? • *1673 • ∞ mit Catharina Elisabetha NN#687 (1670-1749) • Ⓚ Anna Margaretha#343 (*~1709 Kallstadt, Dürkheim) • †09.04.1740 Kallstadt, Dürkheim

#687   **NN, Catharina Elisabetha (1670-1749)**

Ⓥ ??? • Ⓜ ??? • *1670 • ∞ mit Johann Conrad Hänsel#686 (1673-1740) • Ⓚ Anna Margaretha#343 (*~1709 Kallstadt, Dürkheim) • †14.08.1749 Kallstadt, Dürkheim

#692   **Keller, Hans Georg**

Ⓥ ??? • Ⓜ ??? • Ⓚ Jacob Adam#346

#694   **Ott, Hans**

Ⓥ ??? • Ⓜ ??? • Ⓚ Anna Maria#347

#696   **Freund, Hans Schweickert**

XIII
Generation X

Ⓥ ??? • Ⓜ ??? • Ⓚ Johann Michael[#348]

#698   **Voltz, Johann Michael**

Ⓥ ??? • Ⓜ ??? • Ⓚ Anna Margaretha[#349]

#700   **Unverzagt, Johann Philipp**

Ⓥ ??? • Ⓜ ??? • Ⓚ Johann Georg[#350]

#702   **Münch, Nicolaei**

Ⓥ ??? • Ⓜ ??? • Ⓚ Anna Kunigunda[#351]

#712   **Peter, Johann Balthasar**

Ⓥ ??? • Ⓜ ??? • ∞28.05.1661 Dürkheim mit Veronika Durstberger[#713] • Ⓚ Michel[#356] ; Juliana Margaretha[#356a] (*1667 Dürkheim)

#713   **Durstberger, Veronika**

Ⓥ ??? • Ⓜ ??? • ∞28.05.1661 Dürkheim mit Johann Balthasar Peter[#712] • Ⓚ Michel[#356] ; Juliana Margaretha[#356a] (*1667 Dürkheim)

#720   **Bechtloff, Johann Martin (1683-1724)**

Ⓥ Johann Nicolai/Nickel Bechtloff[#1.440] (1613-1690) • Ⓜ Anna Maria Kuntz[#1.441] (???-1699) • ⌣ev 19.09.1683 Kallstadt, Dürkheim • ∞ev 23.07.1709 Kallstadt, Dürkheim mit Anna Margaretha Wedel[#721] • Ⓚ Tobias[#360] • +1724

- Johannes Georg Bechtloff[#720a] (1671-1741) • → #272
- Maria Margaretha Bechtloff[#720b] (1675-???) • → #272 a

XIV
Generation X

▪ Johann Tobias Bechtloff[#720c] (1688-???) • → #272 c

#721   Wedel, Anna Margaretha

Ⓥ ??? • Ⓜ ??? • ∞ev 23.07.1709 Kallstadt, Dürkheim mit Johann Martin Bechtloff[#720] (1683-1724) • Ⓚ Tobias[#360]

#728   Humann, Johann

Ⓥ ??? • Ⓜ ??? • Ⓚ Stephan[#364]

#730   Kraushaar, Johann Daniel

Ⓥ ??? • Ⓜ ??? • Ⓚ Susanne Salome[#365]

von Wildungen • 1672 Studium in Straßburg • 1675 Studium in Wittenberg • evangelischer Pfarrer in Fußgönheim und Assenheim

#736   Farny/Fahrni, Adam (1627-1676)

Ⓥ Hans Fahrni[#1.472] (1591-???) • Ⓜ Barbara Erb[#1.473] (1607-1624) • *13.01.1627 Steffisburg, Bern, Schweiz • ⌣18.01.1627 Steffisburg, Bern, Schweiz • ∞1658 Oberdiessbach, Bern, Schweiz mit Catharina Rüegsegger[#737] (1639-1676) • Ⓚ Hans[#368a] (*1659 Steffisburg, Bern, Schweiz); Christen[#368b] (*1663 Steffisburg, Bern, Schweiz); Hans Farny[#368c] (*1665 Steffisburg, Bern, Schweiz); Nikolaus[#368] (*1666 Steffisburg, Bern, Schweiz); Matthys[#368d] (*~1670 Steffisburg, Bern, Schweiz) • +1676

wahrscheinlich Angehöriger der Glaubensgruppe der Täufer (Mennoniten)

▪ Ulrich Farny/Fahrni[#736a] (1616-???) • *21.08.1616 Steffisburg, Bern, Schweiz

XIII
Generation X

- Hans Farny/Fahrni[#736b] (1617-???) • *31.08.1617 Steffisburg, Bern, Schweiz

- Stephan Farny/Fahrni[#736c] (1620-???) • *08.02.1620 Steffisburg, Bern, Schweiz

- Christian Farny/Fahrni[#736d] (1623-???) • *27.04.1623 Steffisburg, Bern, Schweiz

- Margreth Farny/Fahrni[#736e] (1624-???) • *04.07.1624 Steffisburg, Bern, Schweiz

- Christian Farny/Fahrni[#736f] (1630-???) • *11.01.1630 Steffisburg, Bern, Schweiz

- Barbli Farny/Fahrni[#736g] (1632-???) • *28.10.1632 Steffisburg, Bern, Schweiz

- Stephan Farny/Fahrni[#736a] (1637-???) • *12.02.1637 Steffisburg, Bern, Schweiz

#737   Rüegsegger, Catharina (1639-1676)

Ⓥ Niklaus Rüegsegger[#1.474] (1596-???) • Ⓜ Barbara Gerber[#1.475] (1609-???) • *24.03.1639 Bern, Schweiz • ∞1658 Oberdiessbach, Bern, Schweiz mit Adam Farny/Fahrni[#736] (1627-1676) • Ⓚ Hans[#368a] (*1659 Steffisburg, Bern, Schweiz); Christen[#368b] (*1663 Steffisburg, Bern, Schweiz); Hans Farny[#368c] (*1665 Steffisburg, Bern, Schweiz); Nikolaus[#368] (*1666 Steffisburg, Bern, Schweiz); Matthys[#368d] (*~1670 Steffisburg, Bern, Schweiz) • +1676

- Magdalena Rüegsegger[#737a] (1631-???) • *06.03.1631 Bern, Schweiz

- Ulrich Rüegsegger[#737b] (1632-???) • *23.09.1632 Bern, Schweiz

- Barbli Rüegsegger[#737c] (1634-???) • *12.10.1634 Bern, Schweiz

- Daniel Rüegsegger[#737d] (1636-???) • *13.03.1636 Röthenbach, Bern, Schweiz • ∪14.03.1636 Röthenbach, Bern, Schweiz • ∞24.08.1665 Bern,

XIV
Generation X

Schweiz mit Barbara Eyacher • Ⓚ Niklaus¹ (*1666 Bern, Schweiz); Peter² (*1673 Bern, Schweiz); Anna³ (*1677 Bern, Schweiz); Barbara⁴ (*1681 Bern, Schweiz); Hans⁵ (*1684 Rothenbach, Bern, Schweiz))

- Anna Rüegsegger$^{#737e}$ (1638-???) • *21.01.1638 Bern, Schweiz

- Katharina Rüegsegger$^{#737f}$ (1642-???) • *02.01.1642 Bern, Schweiz

- Niklaus Rüegsegger$^{#737g}$ (1644-???) • *21.06.1644 Rothenbach, Bern, Schweiz • ∪21.06.1644 Rothenbach, Bern, Schweiz • ∞~1665 mit Verena Gerber

#744 Fischer, Johann Ludwig

Ⓥ ??? • Ⓜ ??? • ∞ mit Susanna Catharina NN$^{#745}$ • Ⓚ Philipp Friedrich$^{#372}$ (*1707 Dürkheim)

#745 NN, Susanna Catharina

Ⓥ ??? • Ⓜ ??? • ∞ mit Johann Ludwig Fischer$^{#744}$ • Ⓚ Philipp Friedrich$^{#372}$ (*1707 Dürkheim)

#808 MacKay, Alexander (~1650-???)

Ⓥ Robert MacKay$^{#1.616}$ (~1620-???) • Ⓜ Isabella Munro$^{#1.617}$ (~1620-???) • *~1650 Aberach, Sutherland, Schottland • ∞ mit Margaret Fearn$^{#809}$ (~1655-???) • Ⓚ Angus$^{#404a}$; Robert$^{#404}$ (*~1685 Halmadary, Sutherland, Schottland); William$^{#404b}$; Barbara$^{#404c}$

---

¹ Niklaus Ruegsegger (1666-???) • *05.08.1666 Bern, Schweiz
² Peter Ruegsegger (1673-???) • *05.01.1673 Bern, Schweiz
³ Anna Ruegsegger (1677-???) • *01.07.1677 Bern, Schweiz
⁴ Barbara Ruegsegger (1681-???) • *06.02.1681 Bern, Schweiz
⁵ Hans Ruegsegger (1684-1758) • *1684 Rothenbach, Bern, Schweiz • ∞1707 mit Maria Egli (1668-1758) • Ⓚ Katharina (*1710 Bern, Schweiz); Christian (*1713 Bern, Schweiz); Magdalena (*1717 Bern, Schweiz); Hans (*1720 Rothenbach, Bern, Schweiz) • +10.02.1758

XIII
Generation X

- Murdo MacKay[#808a] • ∞ Jane MacKay, Tochter von Captain Willian MacKay of Borley • Ⓚ Robert; Donald; Angus; Murdo; Elizabeth

- John MacKay[#808b] • teaching tutor of 3rd Lord Reay

- William MacKay[#808c]

- Janet MacKay[#808d]

- Christina MacKay[#808e] • ∞ mit Hugh MacKay of Cairnloch, Sohn von John MacKay of Skerray

#809   **Fearn, Margaret (~1655-???)**

Ⓥ Andrew Fearn (of Pitcallion)[#1.618] • Ⓜ Christian Ross[#1.619] • *~1655 • ∞ mit Alexander MacKay[#808] (~1650-???) • Ⓚ Angus[#404a]; Robert[#404] (*~1685 Halmadary, Sutherland, Schottland); William[#404b]; Barbara[#404c]

XIV
Generation XI

#1.088 Bechtloff, Hanß (1590-~1652)

Ⓥ ??? • Ⓜ ??? • *1590 Kallstadt, Dürkheim • ∞1610 Kallstadt, Dürkheim mit Maria Anna NN[#1.089] (1594-1669) • Ⓚ Nicolai/Nickel[#544] (*1613 Kallstadt, Dürkheim) • +1649 oder 1656 Kallstadt, Dürkheim

#1.089 NN, Anna Maria (1594-1669)

Ⓥ ??? • Ⓜ ??? • *1594 Groß Zimmern • ∞1610 Kallstadt, Dürkheim mit Hanß Bechtloff[#1.088] (1590-1649) • Ⓚ Nicolai/Nickel[#544] (*1613 Kallstadt, Dürkheim) • +06.12.1669 Kallstadt, Dürkheim

#1.090 Kuntz, Hanß Joerg (1622-1714)

Ⓥ ??? • Ⓜ ??? • *1622 Schweiz • ∞ mit Magdalena Gubler[#1.091] (1626-1685) • Ⓚ Anna[#545] (*1650 Schweiz) • +18.01.1714 Rueti, Zürich, Schweiz

#1.091 Gubler, Magdalena (1626-1685)

Ⓥ ??? • Ⓜ ??? • *1626 Guntisberg, Zürich, Schweiz • ∞ mit Hanß Joerg Kuntz[#1.090] (1622-1714) • Ⓚ Anna[#545] (*1650 Schweiz) • +1685 Rueti, Zürich, Schweiz

#1.184 Ullrich, Johann Erhard (1647-1718)

Ⓥ ??? • Ⓜ ??? • *1647 • ∞ mit Anna Regina NN[#1.185] • Ⓚ Ludwig Erhard[#592] (*1683 Tübingen) • +1718

XIV
Generation XI

#1.185 NN, Anna Regina

Ⓥ ??? • Ⓜ ??? • ∞ mit Johann Erhard Ullrich#1.184 (1647-1718) • Ⓚ Ludwig Erhard#592 (*1683 Tübingen)

#1.186 Seitz, Johann Valentin

Ⓥ ??? • Ⓜ ??? • ∞ mit Anna Maria NN#1.187 • Ⓚ Gertrud Magdalena#593 (*1680 Linkenheim-Hochstetten, Karlsruhe)

#1.187 NN, Anna Maria

Ⓥ ??? • Ⓜ ??? • ∞ mit Johann Valentin Seitz#1.186 • Ⓚ Gertrud Magdalena#593 (*1680 Linkenheim-Hochstetten, Karlsruhe)

#1.188 Schmid, Johannes

Ⓥ Veit Schmid#2.376 • Ⓜ ??? • ∞10.05.1664 Altlußheim mit Anna Barbara Rüb#1.189 (1646-1712) • Ⓚ Johann Peter#594 (*1665 Altlußheim); Anna Ursula#594a (*1666 Altlußheim); Eva#594b (*1667 Altlußheim); Johann Jost#594c (*1669 Altlußheim); Anna Margaretha#594d (*1671 Altlußheim); Barbara#594e (*1676 Altlußheim); Conrad#594f (*1679 Altlußheim)

#1.189 Rüb, Anna Barbara (1646-1712)

Ⓥ Johannes Rüb#2.378 (1605-1681) • Ⓜ Katharina NN#2.379 (???-1681) • *1646 • ∞10.05.1664 Altlußheim mit Johannes Schmid#1.188 • Ⓚ Johann Peter#594 (*1665 Altlußheim); Anna Ursula#594a (*1666 Altlußheim); Eva#594b (*1667 Altlußheim); Johann Jost#594c (*1669 Altlußheim); Anna Margaretha#594d (*1671 Altlußheim); Barbara#594e (*1676 Altlußheim); Conrad#594f (*1679 Altlußheim) • +25.11.1712 Altlußheim

XIV
Generation X

#1.190 Wittmer, Michael

Ⓥ ??? • Ⓜ ??? • ∞ mit Maria Barbara NN[#1.191] • Ⓚ Anna Maria[#595] (*1679)

#1.191 NN, Maria Barbara

Ⓥ ??? • Ⓜ ??? • ∞ mit Michael Wittmer[#1.190] • Ⓚ Anna Maria[#595] (*1679)

#1.192 Bernthaler, Johann Georg (1667-???)

Ⓥ Abraham Bernthaler[#2.384] (1640-???) • Ⓜ Barbara Kogbauer[#2.385] (1645-???) • *07.07.1667 Dornstadt • ∞31.01.1699 Altlußheim mit Anna Barbara Stephan[#1.193] (1682-1718) • Ⓚ Eva[#596a] (*1700 Altlußheim); Daniel[#596b] (*1701 Altlußheim); Eva[#596c] (*1703 Altlußheim); Samuel Friedrich[#596] (*1707 Altlußheim); Christina Cordula[#596d] (*1709 Altlußheim)

#1.193 Stephan, Anna Barbara (1682-1718)

Ⓥ Johann Adam Stephan[#2.386] (1645-???) • Ⓜ Anna Christina Baumeister[#2.387] (1646-???) • *06.02.1682 Altlußheim • ∞I 31.01.1699 Altlußheim mit Johann Georg Bernthaler[#1.192] (1667-???) • Ⓚ Eva[#596a] (*1700 Altlußheim); Daniel[#596b] (*1701 Altlußheim); Eva[#596c] (*1703 Altlußheim); Samuel Friedrich[#596] (*1707 Altlußheim); Christina Cordula[#596d] (*1709 Altlußheim) • ∞II 19.09.1713 Altlußheim mit Johann Peter Specht (1686-1756) • +25.07.1718 Altlußheim

#1.194 Hofschneider, Johann Georg (???-1732)

Ⓥ ??? • Ⓜ ??? • ∞I mit Anna Maria NN[#1.195] (???-1728) • Ⓚ Johann Friedrich[#597a] (*1710 Altlußheim); Christina Cordula[#597] (*1713 Altlußheim) • ∞II 16.06.1731 Altlußheim mit Anna Eva Rauch[1] • Ⓚ

---

[1] Anna Eva Rauch • Ⓥ Hieronymus Rauch • *Heubach

Maria Barbara#597b (*1731 Altlußheim); Johann Georg#597c (*1732 Altlußheim) • +1732 Altlußheim

#1.195   NN, Anna Maria (???-1728)

Ⓥ ??? • Ⓜ ??? • ∞ mit Johann Georg Hofschneider#1.194 (???-1732) • Ⓚ Johann Friedrich#597a (*1710 Altlußheim); Christina Cordula#597 (*1713 Altlußheim) • +26.09.1728 Altlußheim

#1.196   Stephan, Leonhard (1683-1748)

Ⓥ Johann Adam Staphan#2.392 (1645-???) • Ⓜ Anna Christina Baumeister#2.393 (1646-???) • *07.11.1683 Altlußheim • ∞07.02.1708 Altlußheim mit Maria Katharina Ballreich#1.197 (1685-1746) • Ⓚ Conrad#598 (*1709 Altlußheim); Georg Adam#598a (*1711 Altlußheim); Anna Barbara#598b (*1713 Altlußheim); Maria Agnes#598c (*1715 Altlußheim); Anna Margaretha#598d (*1717 Altlußheim); Anna Margaretha#598e (*1718 Altlußheim); Johann Marcus#598f (*1721 Altlußheim); Johann Marcus#598g (*1722 Altlußheim); Johann Jakob#598h (*1725 Altlußheim); Anna Elisabetha#598i (*1729 Altlußheim) • +19.03.1748 Altlußheim

#1.197   Ballreich, Maria Katharina (1685-1746)

Ⓥ Cornelius Johannes Ballreich#2.394 (1660-1729) • Ⓜ Maria Agnesa Schwechheimer#2.395 (1667-1735) • *17.12.1685 Altlußheim • ∞07.02.1708 Altlußheim mit Leonhard Stephan#1.196 (1683-1748) • Ⓚ Conrad#598 (*1709 Altlußheim); Georg Adam#598a (*1711 Altlußheim); Anna Barbara#598b (*1713 Altlußheim); Maria Agnes#598c (*1715 Altlußheim); Anna Margaretha#598d (*1717 Altlußheim); Anna Margaretha#598e (*1718 Altlußheim); Johann Marcus#598f (*1721 Altlußheim); Johann Marcus#598g (*1722 Altlußheim); Johann Jakob#598h (*1725 Altlußheim); Anna Elisabetha#598i (*1729 Altlußheim) • +25.11.1746 Altlußheim

XIV
Generation X

#1.198   Schrödinger, Johann Jakob (1669-1750)

Ⓥ Andreas Schrödinger[#2.396] • Ⓜ ??? • *18.05.1669 Eppelheim • ∞11.01.1698 Altlußheim mit Anna Christina Feyerling[#1.199] (1669-1732) • Ⓚ Johann Martin[#599a] (*1701); Hans Jörg[#599b] (*1704); Ursula[#599c] (*1707); Anna Ursula (*1708 Altlußheim) • +09.05.1750 Altlußheim

#1.199   Feyerling, Anna Christina (1669-1732)

Ⓥ Balthasar Feyerling[#2.398] (1630-???) • Ⓜ Anna Krach[#2.399] (1627-1687) • *18.05.1669 Eppelheim • ∞11.01.1698 Altlußheim mit Johann Jakob Schrödinger[#1.198] (1669-1750) • Ⓚ Johann Martin[#599a] (*1701); Hans Jörg[#599b] (*1704); Ursula[#599c] (*1707); Anna Ursula (*1708 Altlußheim) • +23.12.1732 Altlußheim

▪ Johann Marcus Feyerling[#1.199a] (1655-1687) • *11.03.1655 Altlußheim • ∞22.05.1683 Altlußheim mit Anna Ursula Klein (1656-1727) • Ⓚ Johann August[1] (*1684 Altlußheim); Anna Barbara[2] (*1687 Altlußheim) • +24.07.1687 Altlußheim

#1.284   Hayn, Johann Wilhelm

Ⓥ ??? • Ⓜ ??? • Ⓚ Georg[#642] (*~1666)

#1.292   Heintz, Adam (???-1597)

Ⓥ ??? • Ⓜ ??? • Ⓚ Johann Joachim[#646] • +1597

---

[1] Johann August Feyerling (1684-1735) • *1684 Altlußheim • ∞25.01.1707 Altlußheim mit Appollonia Ochs (1687-1726), Tochter von Johann Ulrich Ochs (1653-???) und Maria Barbara Schwechheimer (1654-???) • Ⓚ Anna Ursula (*1707); Maria Elisabetha (*1709); Johannes (*1710); Anna Ursula (*1711); Johann Peter (*1713); Elisabetha Margareta (*1715); Johann Peter (*1717); Johann Marcus (*1719); Eva Maria (*1720); Johann Marcus (*1722); Georg Adam (*1723); Johann Philipp (*1725) • +09.07.1735 Altlußheim

[2] Anna Barbara Feyerling (1687-1735) • *1687 Altlußheim • ∞08.09.1708 Altlußheim mit Andreas Sonier (1681-1723) • Ⓚ Anna Margaretha • +08.06.1735 Altlußheim

XIV
Generation XI

#1.294 Weygant, Nikolaus

Ⓥ ??? • Ⓜ ??? • ∞ mit Apollonia NN[#1.295] • Ⓚ Anna Catharina[#647]

#1.295 NN, Apollonia

Ⓥ ??? • Ⓜ ??? • ∞ mit Nikolaus Weygant[#1.294] • Ⓚ Anna Catharina[#647]

#1.296 Ott, Johannes (1599-1678)

Ⓥ ??? • Ⓜ ??? • *1599 • ∞ mit Ursula Heintz[#1.297] (1605-1664) • Ⓚ Johann Philipp[#648] (*1642 Dürkheim) • +09.11.1678 Dürkheim

Winzer • Gerichtsmann

#1.297 Heintz, Ursula (1605-1664)

Ⓥ Adam Heintz[#2.594] • Ⓜ ??? • *1605 • ∞ mit Johannes Ott[#1.296] (1599-1678) • Ⓚ Johann Philipp[#648] (*1642 Dürkheim) • +07.02.1664 Dürkheim

#1.298 Münch, Theobald (1596-1664)

Ⓥ ??? • Ⓜ ??? • *1596 Hochspeyer • ∞11.11.1642 Hardenburg, Dürkheim mit Ottilia Pflüger[#1.297] (???-1665) • Ⓚ Anna Katharina[#649] (*1649 Hardenberg, Dürkheim); Anna Christina[#649a] • +16.02.1664 Kallstadt, Dürkheim

1624 Bürgeraufnahme Hochspeyer • 1626 Kirchenjurat Hochspeyer • 1640-1649 im Hartenburger Tal aufhaltend • 1650 Dürkheim • ab 1652 Bürger uund Winzer in Ungstein • 1659 in Frankenstein beim Amtstag des Grafen v. Leiningen anwesend

#1.299   Pflüger, Ottilia (???-1665)

Ⓥ Erasmus Pflüger$^{#2.598}$ • Ⓜ ??? • ∞11.11.1642 Hardenburg, Dürkheim mit Theobald Münch$^{#1.298}$ (1596-1664) • Ⓚ Anna Katharina$^{#649}$ (*1649 Hardenberg, Dürkheim) • +12.07.1665 Kallstadt, Dürkheim

#1.304   Heintz, Adam (???-1597)

→#1.292

#1.306   Weygant, Nikolaus

→#1.294

#1.307   NN, Apollonia

→#1.295

#1.308   Dresch, Bartholomäus (???-1667)

Ⓥ ??? • Ⓜ ??? • ∞ mit Elisabetha NN$^{#1.309}$ (???-1674) • Ⓚ Matthias C.$^{#654}$ • +1667

#1.309   NN, Elisabetha (???-1674)

Ⓥ ??? • Ⓜ ??? • ∞ mit Bartholomäus Dresch$^{#1.308}$ (???-1667) • Ⓚ Matthias C.$^{#654}$ • +15.11.1674 Ungstein

#1.310   Münch, Theobald (1596-1664)

→ #1.298

Generation XI

#1.311   Pflüger, Ottilia (???-1665)

→ #1.299

#1.352   Baum, Siebel Seyfried (1595-1666)

Ⓥ Nickel Hansen Baum$^{\#2.704}$ (~1570-1626) • Ⓜ Agnes Stockheim$^{\#2.705}$ (1570-1634) • *1595 Sulzbach, Saarbrücken • ∞ mit Anna Katharina NN$^{\#1.353}$ (???-1673) • Ⓚ Hans Conrad$^{\#676}$ (*1643 Göllheim, Dürkheim) • +06.02.1666 Göllheim, Dürkheim

#1.353   NN, Anna Katharina (???-1673)

Ⓥ ??? • Ⓜ ??? • ∞ mit Siebel Seyfried Baum$^{\#1.352}$ (1595-1666) • Ⓚ Hans Conrad$^{\#676}$ (*1643 Göllheim, Dürkheim) • +01.09.1673 Göllheim, Dürkheim

#1.368   Kall, Christophel

Ⓥ ??? • Ⓜ ??? • Ⓚ Johannes$^{\#684}$ (*1680 Kallstadt, Dürkheim)

#1.370   Schüler, Matthias (1637-1690)

Ⓥ Staden Schüler$^{\#2.740}$ (???-1676) • Ⓜ Catharina NN$^{\#2.741}$ (???-1676) • *1637 Kallstadt, Dürkheim • ∞ mit Anna Margaretha Spahl$^{\#1.371}$ (1648-1722) • Ⓚ Anna Elisabeth$^{\#685}$ (*1680 Kallstadt, Dürkheim) • +1690 Kallstadt, Dürkheim

#1.371   Spahl, Anna Margaretha (1648-1722)

Ⓥ ??? • Ⓜ ??? • *1648 Kallstadt, Dürkheim • ∞ mit Matthias Schüler$^{\#1.370}$ (1623-1690) • Ⓚ Anna Elisabeth$^{\#685}$ (*1680 Kallstadt, Dürkheim) • +1722 Kallstadt, Dürkheim

XIV
Generation X

#1.440   **Bechtloff, Nicolai/Nickel (1613-1690)**

→ #544

#1.441   **Kuntz, Anna Maria (1650-1699)**

→ #545

#1.472   **Fahrni, Hans (1591->1637)**

Ⓥ Michel Fahrni$^{\#2.944}$ (1565-1611) • Ⓜ Anna Imhof$^{\#2.945}$ (1572-1611) • *14.02.1591 Steffisburg, Bern, Schweiz • ∞30.10.1615 Steffisburg, Bern, Schweiz mit Barbara Erb$^{\#1.473}$ (1607-???) • Ⓚ Ulrich$^{\#736a}$ (*1616 Steffisburg, Bern, Schweiz); Hans$^{\#736b}$ (*1617 Steffisburg, Bern, Schweiz); Stephan$^{\#736c}$ (*1620 Steffisburg, Bern, Schweiz); Christian$^{\#736d}$ (*1623 Steffisburg, Bern, Schweiz); Margreth$^{\#736e}$ (*1624 Steffisburg, Bern, Schweiz); Adam$^{\#736}$ (*1627 Steffisburg, Bern, Schweiz); Christian$^{\#736f}$ (*1630 Steffisburg, Bern, Schweiz); Barbli$^{\#736g}$ (*1632 Steffisburg, Bern, Schweiz); Stephan$^{\#736a}$ (*1637 Steffisburg, Bern, Schweiz) • +>1637

■ Steffen Fahrni$^{\#1.472a}$ (1600-???) • ∪24.08.1600 Steffisburg, Bern, Schweiz • ∞ mit Magdalena Glarman • Ⓚ Steffen^{1} (*1628 Steffisburg, Bern, Schweiz)

#1.473   **Erb, Barbara (1607-???)**

Ⓥ ??? • Ⓜ ??? • *1607 Eriz, Bern, Schweiz • ∞30.10.1615 Steffisburg, Bern, Schweiz mit Hans Fahrni$^{\#1.472}$ (1591-???) • Ⓚ Ulrich$^{\#736a}$ (*1616 Steffisburg, Bern, Schweiz); Hans$^{\#736b}$ (*1617 Steffisburg, Bern, Schweiz); Stephan$^{\#736c}$ (*1620 Steffisburg, Bern, Schweiz); Christian$^{\#736d}$ (*1623 Steffisburg, Bern, Schweiz); Margreth$^{\#736e}$ (*1624 Steffisburg, Bern, Schweiz); Adam$^{\#736}$ (*1627 Steffisburg, Bern, Schweiz);

---

[1] Steffen Fahrni (1628-???) • */∪ 07.12.1628 Steffisburg, Bern, Schweiz • ∞1651 mit Barbara Reusser • Ⓚ Steffen (*1669 Steffisburg, Bern. Schweiz)

Christian#736f (*1630 Steffisburg, Bern, Schweiz); Barbli#736g (*1632 Steffisburg, Bern, Schweiz); Stephan#736a (*1637 Steffisburg, Bern, Schweiz)

#1.474 Rüegsegger, Niklaus (1596-???)

Ⓥ Niklaus Rüegsegger#2.948 (1574-???)[1] • Ⓜ Margaritha Russer#2.949 (1575-???) • *18.04.1596 Rothenbach, Bern, Schweiz • ∪23.02.1592 Oberdiesbach, Bern, Schweiz • ∞30.04.1629 Bern, Schweiz mit Barbara Gerber#1.475 (1609-???) • Ⓚ Magdalena#737a (*1631 Bern, Schweiz); Ulrich#737b (*1632 Bern, Schweiz); Barbli#737c (*1634 Bern, Schweiz); Daniel#737d (*1636 Röthenbach, Bern, Schweiz); Anna#737e (*1638 Bern, Schweiz); Catharina#737 (*1639 Bern, Schweiz); Katharina#737f (*1642 Bern, Schweiz); Niklaus#737g (*1644 Bern, Schweiz)

- Barbli Rüegsegger#1.466a (1597-???) • *09.09.1597 Bern, Schweiz
- Anni Rüegsegger#1.466c (1600-???) • *16.10.1600 Bern, Schweiz
- Ulrich Rüegsegger#1.466d (1601-???) • *13.09.1601 Bern, Schweiz
- Verena Rüegsegger#1.466e (1604-???) • *09.09.1604 Bern, Schweiz
- Hans Rüegsegger#1.466f (1608-???) • *31.01.1608 Bern, Schweiz
- Anna Rüegsegger#1.466g (1609-???) • *29.10.1609 Bern, Schweiz
- Stephan Rüegsegger#1.466h (1613-???) • *04.07.1613 Bern, Schweiz

#1.475 Gerber, Barbara (1609-???)

Ⓥ Hans Gerber#2.950 (⁻1562-???) • Ⓜ Catharina Roth#2.951 (1574-???) • *1609 Bern, Schweiz • ∞30.04.1629 Bern, Schweiz mit Nikolaus Rüegsegger#1.474 (1596-???) • Ⓚ Magdalena#737a (*1631 Bern, Schweiz); Ulrich#737b (*1632 Bern, Schweiz); Barbli#737c (*1634 Bern, Schweiz);

---

[1] Niklaus Rüegsegger (1574-???) • Ⓥ Steffan Rüegsegger (1553-???), Sohn Peter Rüegsegger (1530-???) und Anna Schneider (1530-???) • Ⓜ Christina zum Oberenbach (1553-???) • *1574

XIV
Generation X

Daniel[#737d] (*1636 Röthenbach, Bern, Schweiz); Anna[#737e] (*1638 Bern, Schweiz); Catharina[#737] (*1639 Bern, Schweiz); Katharina[#737f] (*1642 Bern, Schweiz); Niklaus[#737g] (*1644 Bern, Schweiz)

#1.616 MacKay[1] (of Aberach), Robert (~1620-???)

Ⓥ Murdo MacKay[#3.232] (1576-???) • Ⓜ Christina MacKay[#3.233] • *~1620 Lettermore, Tongue, Sutherland, Schottland • ∞ mit Isabella Munro[#1.617] • Ⓚ Murdo[#808a]; Alexander[#808] (*~1650 Aberach, Sutherland, Schottland); John[#808b]; William[#808c]; Janet[#808d]; Christina[#808e]

Chef des Clans der MacKays of Aberach (Aberach chieftain) • 1649 zusammen mit dem John Mackay (~1612-1681), 2. Lord Reay, Gefangennahme in Balveny Castle on the Spey und Festsetzung im Edinburgh Castle • Nachfolger als Clanchef wird sein Neffe Hugh (*1715)

- Angus MacKay (of Aberach)[#1.616a]
- Murdo MacKay (of Aberach)[#1.616b] • Ⓚ Hugh[2] (*1715)

#1.617 Munro, Isabella (~1620-???)

Ⓥ Hugh Munro[#3.234] (~1608-1698) • Ⓜ Anna MacKay[#3.235] • *~1620 Aberach, Sutherland, Schottland • ∞ mit Robert MacKay[#1.616] (~1620-???) • Ⓚ Murdo[#808a]; Alexander[#808] (*~1650 Aberach, Sutherland, Schottland); John[#808b]; William[#808c]; Janet[#808d]; Christina[#808e]

#1.618 Fearn (of Pitcallion), Andrew

Ⓥ ??? • Ⓜ ??? • ∞ mit Christian Ross[#1.619] • Ⓚ Margaret[#809] (*~1655)

---

[1] Gaelic: Mac Aoidh
[2] Hugh MacKay (of Aberach) (1715-1797) • *1715 • Chef des Clans der MacKays of Aberach • genannt „Huistean McCorrichie" • ∞ mit Catherine MacKay, Tochter von John Mackay of Lettermore • Ⓚ George; Murdo; John; Isabella; Barbara • †1797

#1.619 Ross, Christian

Ⓥ ??? • Ⓜ ??? • ∞ mit Andrew Fearn (of Pitcallion)[#1.618] • Ⓚ Margaret[#809] (*~1655)

XIV
Generation XII

#2.376 Schmid, Veit

Ⓥ ??? • Ⓜ ??? • *Guntersdorf, Hollabrunn, Österreich • Ⓚ Johannes[#1.188]

#2.378 Rüb, Johannes (1605-1681)

Ⓥ Johannes Rüb[#4.756] • Ⓜ Apollonia Nolt[#4.757] (1646-1712)[1] • *13.01.1605 Altlußheim • ∞~1640 mit Katharina NN[#2.379] (???-1681) • Ⓚ Anna Barbara[#1.189] (*1646) • +21.08.1681 Altlußheim

- Apollonia Rüb[#2.378a] (1606-???) • *14.11.1606 Altlußheim
- Sebastian Rüb[#2.378b] (1611-???) • *02.09.1611 Altlußheim
- Johann Jacob Rüb[#2.378c] (1613-???) • *05.09.1613 Altlußheim
- Hannss Georg Rüb[#2.378d] (1615-1619) • *30.09.1615 Altlußheim • +10.01.1619 Altlußheim

#2.379 NN, Katharina (???-1681)

Ⓥ ??? • Ⓜ ??? • *1605 • ∞~1640 mit Johannes Rüb[#2.378] (1605-1681) • Ⓚ Anna Barbara[#1.189] (*1646) • +04.08.1681 Altlußheim

#2.384 Bernthaler, Abraham (1643-???)

Ⓥ Hans Bernthaler[#4.768] (1623-???)[1] • Ⓜ ??? • *1643 Geilsheim, Wassertrüdingen • ∞03.02.1662 Dornstadt mit Barbara Kogbauer[#2.385] (1645-???) • Ⓚ Johann Georg[#1.192] (*1667 Dornstadt)

---

[1] Apollonia Nolt (1646-1712) • Ⓥ Johann Peter Nolt (???-1614) • Ⓜ Anna NN • *1646 • +1712

XIV
Generation XII

#2.385   **Kogbauer, Barbara (1645-???)**

Ⓥ George Kogbauer[#4.770] • Ⓜ ??? • *1645 Dornstadt (?)• ∞03.02.1662 Dornstadt mit Abraham Bernthaler[#2.384] (1640-???) • Ⓚ Johann Georg[#1.192] (*1667 Dornstadt)

#2.386   **Stephan, Johann Adam (1645-???)**

Ⓥ Wolf Stephan[#4.772] (1615-1673)[2] • Ⓜ Anna Barbara NN[#4.773] • *1645 • ∞05.06.1671 Altlußheim mit Anna Christina Baumeister[#2.387] (1646-???) • Ⓚ Anna Barbara[#1.193] (*1682 Altlußheim)

#2.387   **Baumeister, Anna Christina (1646-???)**

Ⓥ Hannss Baumeister[#4.774] (1607-???)[3] • Ⓜ Anna Maria Pistorius[#4.775] (1615-???)[4] • ⌣07.09.1646 Lußheim • ∞05.06.1671 Altlußheim mit Johann Adam Stephan[#2.386] (1645-???) • Ⓚ Anna Barbara[#1.193] (*1682 Altlußheim)

#2.392   **Stephan, Johann Adam (1645-???)**

→ #2.386

#2.393   **Baumeister, Anna Christina (1646-???)**

→ #2.387

---

[1] Hans Bernthaler[#4.768] (1623-???) • *1623 Ottenheim, Österreich • immigriert um 1650 von Ottenheim, Österreich in die Region Wassertrüdingen (Geilsheim, Dornstadt)
[2] Wolf Stephan (1615-1673) • Ⓥ Ulrich Stephan (1585-1652) • Ⓜ Anna NN • *1615 • +1673
[3] Hannss Baumeister (1607-???) • Ⓥ Nikolaus Baumeister (~1580-1608) • Ⓜ Ottilia Warskopp (~1580-???), Tochter von Andreas Warskopp und Anna NN • *15.10.1607 Altlußheim
[4] Anna Maria Pistorius (1615-???) • Ⓥ Georg Friedrich Pistorius (???-1635) • Ⓜ Anna Spängel (???-1630) • *10.12.1615 Altlußheim

#2.394 Ballreich, Cornelius Johannes (1660-1729)

Ⓥ Wendel Ballreich#4.788 (1628-1666)¹ • Ⓜ Anna Helena Schwechheimer#4.789 (???-1668)² • *04.11.1660 Lußheim • ∞02.07.1685 Lußheim mit Maria Agnesa Schwechheimer#2.395 (1667-1735) • Ⓚ Maria Katharina#1.197 (*1685 Altlußheim) • +19.03.1729 Lußheim

- Matthias Daniel Ballreich#2.394a (1654-???) • *02.01.1654 Altlußheim • ∞ mit Anna Apollonia Graf

- Anna Margaretha Ballreich#2.394b (1655-???) • *05.07.1655 Altlußheim

- Cordula Sophie Ballreich#2.394c (1657-1659) • *18.01.1657 Altlußheim • *11.09.1659 Altlußheim

- Matthias Ballreich#2.394d (1663-1703) • *01.03.1663 Altlußheim • ∞23.10.1688 Altlußheim mit Anna Barbara Martin (1662-1715) • +02.04.1703 Altlußheim

- Andreas Ballreich#2.394e (1665-1736) • *27.03.1665 Altlußheim • ∞I ~1697 mit Anna Barbara NN • Ⓚ Anna Elisabeth (*1698 Altlußheim); Christina Margaretha (*1701 Altlußheim); Johann Philipp (*1703 Altlußheim); Marcus (*1707 Altlußheim) • ∞II 1709 Altlußheim mit Anna Rosina Ditch • Ⓚ Adam (*1710 Altlußheim) • +02.04.1703 Altlußheim

- Rosa Sophie Ballreich#2.394f (1668-1668) • *16.01.1668 Altlußheim • +22.04.1668 Altlußheim

---

¹ Wendel Ballreich#4.788 (1628-1666) • Ⓥ Johannes Ballreich (1597-???), Sohn von Andreas Ballreich (~1575->1624) und Anna Bart (~1575-1624) • Ⓜ Appolonia Schwechheimer (1596-1667), Tochter von Johannes Schwechheimer (???-1614) und Margaretha Müdel (???-1611) • *02.03.1628 Altlußheim • +1666 Altlußheim
² Anna Helena Schwechheimer#4.789 (???-1668) • Ⓥ Christoph Schwechheimer (1593-???), Sohn von Wilhelm Schwechheimer (1565-1616) und Barbara Midle (~1565-1595) • Ⓜ Maria Nonnenmacher (1595-???), Tochter von Johannes Nonnenmacher (~1570-???) und Dorothea Schwechheimer (~1570-???) • +29.03.1668 Altlußheim

XIV
Generation XII

#2.395   **Schwechheimer, Maria Agnesa (1667-1735)**

Ⓥ Hanß Cunrad Schwechheimer[#4.790] (1643-1704)[1] • Ⓜ Maria Katharina Berblinger[#4.791] (~1625-???)[2] • *15.06.1667 Lußheim • ∞02.07.1685 Lußheim mit Cornelius Johannes Ballreich[#2.394] (1660-1729) • Ⓚ Maria Katharina[#1.197] (*1685 Altlußheim) • +19.01.1735 Altlußheim

- Maria Benedicta Schwechheimer[#2.395a] (1664-???) • *08.06.1664 Altlußheim

- Hanss Marcus Schwechheimer[#2.395b] (1668-???) • *06.12.1668 Altlußheim

- Johann Adam Schwechheimer[#2.395c] (1675-1748) • *26.08.1675 Altlußheim • ∞18.01.1698 Altlußheim mit Anna Margaretha Schmid[#594d] (1671-1744) • Ⓚ Anna Ursula (*1699 Altlußheim) • +03.04.1748 Altlußheim

#2.396   **Schrödinger, Andreas**

Ⓥ ??? • Ⓜ ??? • *Eppelheim • Ⓚ Johann Jakob[#1.198] (*1669 Altlußheim)

#2.398   **Feyerling/Feyerlein, Balthasar (1630-???)**

Ⓥ ??? • Ⓜ ??? • *1630 Feuchtwangen • ∞24.01.1653 Altlußheim mit Anna Karch[#2.399] (1627-1687) • Ⓚ Johann Marcus[#1.199a] (*1655 Altlußheim); Anna Christina[#1.199] (*1669 Eppelheim)

---

[1] Hanß Cunrad Schwechheimer (1643-1704) • Ⓥ Johann Georg Schwechheimer (1613-1685), Sohn von Christoph Schwechheimer (1593-???) und Maria Nonnenmacher (1595-???) • Ⓜ Ottilie Baumeister (1619-???), Tochter von Lorenz Baumeister und Elisabeth NN • *08.06.1643 Altlußheim • +18.03.1704 Altlußheim
[2] Maria Katharina Berblinger[#4.791] (~1625-???) • Ⓥ Benedict Israel Berblinger (1570-???), Pfarrer in Ispringen (1611)und Langenalb • *~1625

#2.399   Karch, Anna (1627-1687)

Ⓥ Lorenz Karch[#4.798] • Ⓜ Anna Schelzhorn[#4.799] • ⌣21.10.1627 Altlußheim • ∞24.01.1653 Altlußheim mit Balthasar Feyerling[#2.398] (1630-???) • Ⓚ Johann Marcus[#1.199a] (*1655 Altlußheim); Anna Christina[#1.199] (*1669 Eppelheim) • +13.12.1687 Altlußheim

- Johann Georg Karch[#2.399a] (1617-???) • ⌣21.09.1617 Altlußheim
- Lorenz Karch[#2.399b] (1625-???) • ⌣08.02.1625 Altlußheim
- Apollonia Karch[#2.399c] (1630-???) • ⌣03.01.1630 Altlußheim

#2.594   Heintz, Adam

Ⓥ ??? • Ⓜ ??? • *1605 • Ⓚ Ursula[#1.297] (*1605)

#2.598   Pflüger, Erasmus

Ⓥ ??? • Ⓜ ??? • Ⓚ Ottilia[#1.299]

#2.622   Pflüger, Erasmus

→ #2.598

#2.704   Baum, Nickel Hansen (~1570-1626)

Ⓥ Johann Niclaus (Schramm) Baum[#5.408] (1545-1615)[1] • Ⓜ Margaretha NN[#5.409] • *~1570 Sulzbach, Saarbrücken • ∞1591 mit Agnes Stockheim[#2.705] (1570-1634) • Ⓚ Siebel Seyfried[#1.352] (*1695 Sulzbach, Saarbrücken) • +01.03.1616 Fechingen, Saarbrücken

---

[1] Johann Nidaus (Schramm) Baum (1545-1615) • Ⓥ Johannes (Schramm) Baum (1520-???) • *1545 Deutschland • +1615

Generation XII

#2.705   **Stockheim, Agnes (1570-1634)**

Ⓥ Hans Stockheim[#5.410] (1550-1630)[1] • Ⓜ Agnes Baum[#5.411] (1540-1570)[2] • *1570 Fechingen, Saarbrücken • ∞1591 mit Nickel Hansen Baum[#2.704] (˜1570-1626) • Ⓚ Siebel Seyfried[#1.352] (*1695 Sulzbach, Saarbrücken) • †1634 Fechingen, Saarbrücken

#2.740   **Schüler, Staden(???-1676)**

Ⓥ Hans Lorenz Schüler[#5.480] (???-1687)[3] • Ⓜ Dorothea Christ[#5.481] (1590-1666)[4] • ∞ mit Catharina NN[#2.741] (???-1676) • Ⓚ Matthias[#1.370] (*1637 Kallstadt, Dürkheim) • †1676 Kallstadt, Dürkheim

#2.880   **Bechtloff, Hanß (1590-˜1652)**

→ #1.088

#2.881   **NN, Anna Maria (1594-1669)**

→ #1.089

#2.882   **Kuntz, Hanß Joerg (1622-1714)**

→ #1.090

#2.883   **Gubler, Magdalena (1626-1685)**

→ #1.091

---

[1] Hans Stockheim (1550-1630) • *1550 Fechingen, Saarbrücken • †1630 Dänemark
[2] Agnes Baum (1540-1570) • *1540 Fechingen, Saarbrücken • †1570
[3] Hans Lorenz Schüler[#5.480] (???-1687) • Ⓥ Velten Schüler (1575-1656), Sohn von Hans Schüller (1555-???) und Agatha NN ((1555-???) • Ⓜ Margaretha Leys • †1687 Kallstadt, Dürkheim
[4] Dorothea Christ[#5.481] (1590-1666) • *1590 Kallstadt, Dürkheim • †1666 Kallstadt, Dürkheim

Generation XII

#2.944   Fahrni, Michel (1565-1611)

Ⓥ ??? • Ⓜ ??? • *1565 Eriz, Bern, Schweiz • ∞22.01.1590 Steffisburg, Bern, Schweiz mit Anna Imhof[#2.945] (1572-1611) • Ⓚ acht u.a. Hans[#1.472] (*1591 Steffisburg, Bern, Schweiz); Steffen[#1.472a] (*1600 Steffisburg, Bern, Schweiz) • †1611

Angehöriger der Glaubensgruppe der Täufer (Mennoniten)

#2.945   Imhof, Anna (1572-1611)

Ⓥ (?) Anton Imhof[#5.890] • Ⓜ ??? • *1572 Steffisberg, Bern, Schweiz • ∞22.01.1590 Steffisburg, Bern, Schweiz mit Michel Fahrni[#2.944] (1565-1611) • Ⓚ acht u. a. Hans[#1.464] (*1591 Steffisburg, Bern, Schweiz); Steffen[#1.464a] (*1600 Steffisburg, Bern, Schweiz) • †1611

Angehörige der Glaubensgruppe der Täufer (Mennoniten)

#2.948   Rüegsegger, Niklaus (1574-1613)

Ⓥ Stephan Rüegsegger[#5.896] (1553-???) • Ⓜ Christina zum Oberenbach[#5.897] (1553-???) • *1574 Bern, Schweiz • ∞ mit Margaritha Russer[#2.949] (1575-???) • Ⓚ Niklaus[#1.466] (*1596 Bern, Schweiz); Barbli[#1.466a] (*1597 Bern, Schweiz); Anni[#1.466c] (*1600 Bern, Schweiz); Ulrich[#1.466d] (*1601 Bern, Schweiz); Verena[#1.466e] (*1604 Bern, Schweiz); Hans[#1.466f] (*1608 Bern, Schweiz); Anna[#1.466g] (*1609 Bern, Schweiz); Stephan[#1.466h] (*1613 Bern, Schweiz) • †1613 Bern, Schweiz

- Margaritha Rüegsegger[#2.948a] (1575-???) • *03.07.1575 Bern, Schweiz

- Ulrich Rüegsegger[#2.948b] (1576-???) • *23.12.1576 Bern, Schweiz

- Verena Rüegsegger[#2.948c] (1578-???) • *01.06.1578 Bern, Schweiz

- Rosina Rüegsegger[#2.948d] (1579-???) • *04.10.1579 Bern, Schweiz

XIV
Generation XII

#2.949 Russer, Margaritha (1575-???)

Ⓥ ??? • Ⓜ ??? • *1575 Bern, Schweiz • ∞ mit Niklaus Rüegsegger[#2.948] (1574-???) • Ⓚ Niklaus[#1.466] (*1596 Bern, Schweiz); Barbli[#1.466a] (*1597 Bern, Schweiz); Anni[#1.466c] (*1600 Bern, Schweiz); Ulrich[#1.466d] (*1601 Bern, Schweiz); Verena[#1.466e] (*1604 Bern, Schweiz); Hans[#1.466f] (*1608 Bern, Schweiz); Anna[#1.466g] (*1609 Bern, Schweiz); Stephan[#1.466h] (*1613 Bern, Schweiz)

#2.950 Gerber, Hans (1587-???)

Ⓥ Ulrich Gerber[#5.900] (1554-1580)[1] • Ⓜ Barbara Verena Erb[#5.901] (1555-1580) • *04.02.1587 Bern, Schweiz • ∞ mit Catharina Roth[#2.951] (1574-???) • Ⓚ Barbara[#1.467] (*1609 Bern, Schweiz)

Angehöriger der Glaubensgruppe der Täufer (Mennoniten)

- Daniel Gerber[#2.950a] (1575-1603) • *21.05.1575 Röthenbach im Emmental, Bern, Schweiz • ∞I 21.10.1596 Röthenbach, Bern, Schweiz mit Magdalena Imhof (1575-1603) • ∞II mit Lucia Buchschacher (~1590-???) +1603 Röthenbach im Emmental, Bern, Schweiz

- Margaretha Gerber[#2.950b] (1577-???) • *22.09.1577 Röthenbach im Emmental, Bern, Schweiz • ∞ mit Michel Bichsel

- Peter Gerber[#2.950c] (1579-???) • *10.05.1579 Röthenbach im Emmental, Bern, Schweiz • ∞ mit Stina Rodt (1579-???)

- Barbara Gerber[#2.950d] (1586-1589) • *16.01.1586 Röthenbach, Bern, Schweiz • +10.03.1589

- Stephen Gerber[#2.950e] (1592-???) • *13.08.1592 Röthenbach im Emmental, Bern, Schweiz

---

[1] Ulrich Gerber[#5.868] (1554-1580) • Ⓥ Peter Gerber (1524-1559), Sohn von Daniel Gerber und Barbara Blaser • Ⓜ Barbara Hasler (1530-1559) • *1554 Röthenbach im Emmental, Bern, Schweiz • +1580

Generation XII

#2.951   **Roth, Catharina (1574-???)**

Ⓥ Hans Peter Roth[#5.902] (1558-1606)[1] • Ⓜ Frieda Hebeisen[#5.903] (1548-???) • *1574 Steffisburg, Schweiz • ∞ mit Hans Gerber[#2.950] (1587-???) • Ⓚ Barbara[#1.467] (*1609 Bern, Schweiz)

wahrscheinlich Angehörige der Glaubensgruppe der Täufer (Mennoniten)

#3.232   **MacKay, Murdo (1576-???)**

Ⓥ Neil MacKay[#6.464] (1540-1571)[2] • Ⓜ Janet Alice Munro[#6.465] (1553-1625)[3] • ∞15.04.1615 mit Christina MacKay[#3.233] • Ⓚ Robert[#1.616] (*~1620 Lettermore, Tongue, Sutherland, Schottland)

#3.233   **MacKay, Christina**

Ⓥ Donald MacKay (of Scowry and Eriboll)[#6.466] (~1550-???)[4] • Ⓜ Euphemia Munro[#6.467] (1555-1590) • ∞ mit Murdo MacKay[#3.232] (1576-???) • Ⓚ Robert[#1.616] (*~1620 Lettermore, Tongue, Sutherland, Schottland)

---

[1] Hans Peter Roth (1558-1606) • Ⓥ Johannes Roth (1518-1574), Sohn von Peter Roth (1488-???) • Ⓜ Barbara Eichacker • *06.07.1558 Eriz, Bern, Schweiz • +02.08.1606 Steffisburg, Bern, Schweiz
[2] Neil MacKay (1540-1571) • Ⓥ John Willamson MacKay of Achness (1506-1548), 4th chieftain of Aberach • Ⓜ Florence MacKay (1520-???), Tochter von Donald MacKay of Strathnaver (1490-1550) und Helen Sinclair (1495-1540) • *1540 • +1571
[3] Janet Alice Munro (1553-1625) • Ⓥ Hector Munro of Contalich • *1553 • +1625
[4] Donald MacKay (of Scowry and Eriboll) (~1550-???) • Ⓥ Iye MacKay of Strathnaver (1500-1572) • Ⓜ Helen MacLeod (1500-1555) • *~1550

XIV
Generation XII

#3.234   Munro, Hugh (~1608-1698)

Ⓥ Alexander (Sandy) Munro[#6.468] (1576-1653) • Ⓜ Janet Cumming[#6.469] (1584-???)[1] • *~1608 • ∞ mit Anna MacKay[#3.235] • Ⓚ Isabella[#1.617] (*~1620 Aberach, Sutherland, Schottland) • +1698 Schottland

Studium der Philiosophie an der University of Aberdeen für ein Jahr • 1657 M.A. degree • 20.01.1663 als Nachfolge seines Vaters Minister of Durness

- Agnes Munro[#3.234a] (1599-???) • *1599 Durness, Sutherland, Schottland • ∞1620 Evanton, Schottland mit David Munro of Katewell[2] (1595-1648) • Ⓚ George[3] (*~1620 Schottland); John[4] (*~1620 Schottland); Andrew[5] (*1625 Evanton, Schottland); Robert (*~1627 Schottland); Hector (*~1629 Schottland); Janet[6] (*~1631 Schottland); Alexander[7] (*~1648 Schottland)

- Christian Munro[#3.234b] (1601-???) • *1601 Schottland • ∞I mit John MacKay of Achness (~1599-???) • Ⓚ William (*~1624) • ∞II mit Robert Munro of Milntown of Katewill • Ⓚ Hugh; Christian; Barbara; Mary; Margaret; Janet

---

[1] Janet Cumming[#6.469] (1584-???) • Ⓥ James Cumming (~1561-1622) • Ⓜ Margaret Fraser (~1579-???) • *1584 Schottland
[2] David Munro of Katewell (1595-1648) • Ⓥ George Munro of Katewell (~1560-1614) • Ⓜ Euphemia Munro (~1575-???) • *1595 Evanton, Schottland • +1648 Westmoreland, Virginia, USA
[3] George Munro of Katewell (~1620-???) • *~1620 • scheinbar gehen während seiner Lebenszeit die Ländereien Katewell in den Besitz von Sir Harry Munro of Foulis
[4] John Munro (1620-???) • *~1620 Schottland • ∞Virginia, USA mit Christian Blair (1658-1725) • Ⓚ Andrew (*1660); John (*1662)
[5] Andrew Munro (1625-1668) • *1625 Evanton, Schottland • ∞1658 Westmoreland Co., Virginia, USA mit Elizabeth Alexander (1640-1690) • Ⓚ Susannah (*1653 Westmoreland Co., Virginia, USA); Elizabeth (*1656 Westmoreland Co., Virginia, USA); Mary (*1659 Westmoreland Co., Virginia, USA): Andrew (*1661 Westmoreland Co., Virginia, USA); Thomas (*1662); George (*1663 Westmoreland Co., Virginia, USA); William Gent (*1666 Westmoreland Co., Virginia, USA) • +1668 Doctor's Point, Westmoreland Co., Virginia, USA
[6] Janet Munro (~1631-???) • *~1631 Schottland • ∞ mit Hugh Boggie (~1629-???)
[7] Alexander Munro of Katewell (~1648-???) • *~1648 Schottland • tenant of Teachait • Ⓚ George (*~1673); John (*~1675)

XV
Generation XII

- Donald Munro[#3.234c] (~1602-???) • *~1602 • 1650 Schulmeister in Alness • später Geistlicher

- John Munro[#3.234d] (~1604-1662) • *~1604 Schottland • ∞ mit Catherine Abernethy (~1605-???) • Ⓚ William (*~1628); John (*~1630); George (*~1632); Andrew (*~1634); Christian (*~1636); Isabella (*~1646) • minister of Alness • +1662

- Hector Munro[#3.234e] (~1606-???) • *~1606 Schottland

#3.235   **MacKay, Anna**

Ⓥ Donald MacKay[#6.470] (1591-1649), 1st Lord Reay, fiar of Strathnaver • Ⓜ Elizabeth Thomson[#6.471] (???-1637) • ∞ mit Hugh Munro[#3.234] (~1608-1698) • Ⓚ Isabella[#1.617] (*~1620 Aberach, Sutherland, Schottland)

XVI
Abstammung von König Edward III. v. England

Als direkter Vorfahre von Donald Trump in der Generation XXII konnte König Edward III. v. England (1312-1377) identifiziert werden.

König Edward III. v. England (1312-1377) war von 1327 bis 1377 König von England und Wales und gilt als einer der bedeutendsten englischen Herrscher des Mittelalters. Der Zeitgenosse Jean Froissart (~1337-~1405), Historiker und wichtigster Chronist des Hundertjährigen Krieges, schrieb in seinen Chroniken, dass es „niemanden seinesgleichen seit den Tagen König Artus"" gegeben habe.

Im folgenden sei die Abstammungslinie von König Eduard III. v. England (1312-1377) zu Donald Trump (*1946) zunächst als Übersicht und dann mit Detailinformationen zu den einzelnen Generationen aufgezeigt.

XVI
Abstammung von König Edward III. v. England

Übersicht

Die Abstammungslinie von König Eduard v. England (1312-1377) zu Donald Trump (*1946) führt über die Familiennamen Beaufort-Stewart-Gordon-Mac-Kay-MacLeod. Zumeist sind die Familien schottischer Abstammung.

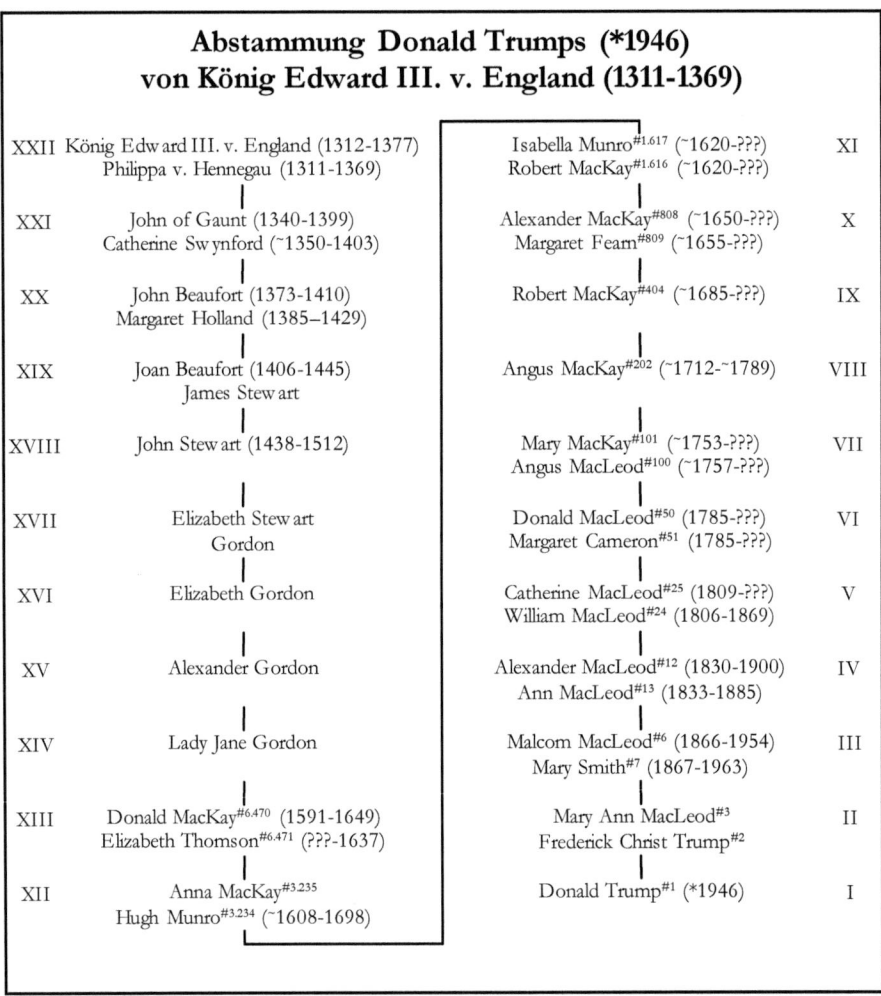

178

XVI
Abstammung von König Edward III. v. England

Generation XXII

Eduard III. v. England (1312-1377) aus dem Hause Anjou-Plantagenêt ist der Sohn von König Eduard II. v. England (1284-1327) und Isabella v. Frankreich (~1295-1358). Zahlreiche seiner Vorfahren sind königlicher Abstammung.

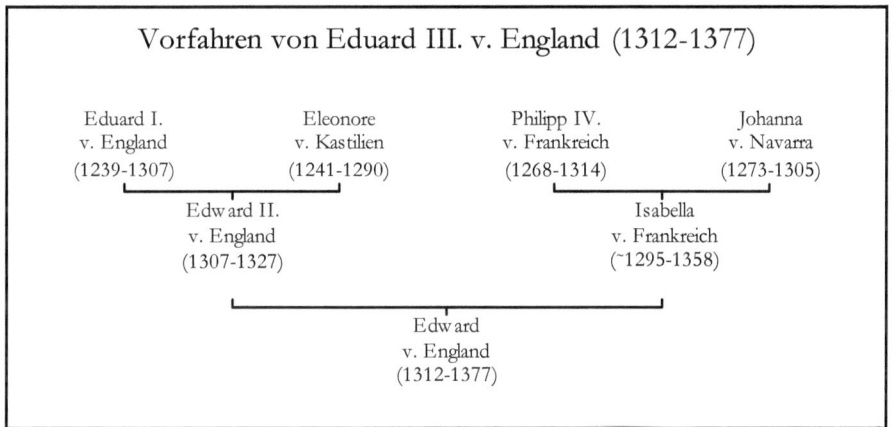

Er wird am 13.11.1312 in Windsor Castle in England geboren. Sein Vater König Eduard II. gilt als schwacher König, schwimmt und rudert (was als unwürdig für einen König angesehen wird), erregt durch seine Günstlingswirtschaft und den Verdacht auf Homosexualität großen Unmut, ist zweifelsfrei grausam und übellaunig und dazu schrecklich rachsüchtig. Sein Vater wird am 16. November 1326 gefangen gesetzt, erklärt im Januar 1327 den Verzicht auf den Thron und wird am 21. September 1327 im Gefängnis ermordet.

1325 kommt Eduard III. an den französischen Hof und nach dem Tod seines Vaters ist er zwar König v. England, doch die tatsächliche Herrschaft hat Roger Mortimer (1287-1330), 1. Earl of March und zudem Geliebter seiner Mutter Isabella. Edward III. inszeniert 1330 eine Palastrevolte, die mit der Hinrichtung des bisher vom Adel unterstützten Roger Mortimer am 29. November 1330 endet. Edwards

XVI
Abstammung von König Edward III. v. England

Mutter Isabella wird unter Hausarest gestellt und als 18jähriger König übernimmt er die Macht in England.

Er bringt den Adel auf seine Seite und steht für die Ideale des Rittertums; er läßt die Legenden um König Artus wieder aufleben. Er hat einen ausgeprägten Sinn für Glanz und Pracht, prunkvolle Tuniere und Gelage wie große Jagden. Er ist der letzte englische König, dessen Muttersprache Französisch ist. Unter seiner Regentschaft wird Englisch anstatt Französisch offizielle Amtssprache in England.

Nach den Niederlagen seines Vaters gegen die Schotten nimmt er den Kampf gegen die nördlichen Nachbarn unter der Führung von König David II. v. Schottland wieder auf. Auch mit dem Einsatz großer Streitkräfte kann er die Schotten nicht besiegen.

Als 1328 sein Onkel König Karls IV. v. Frankreich ohne männliche Nachkommen verstirbt, beansprucht er als Enkel von Philipp IV. den französischen Thron für sich. Französischer König wird Philipp v. Valois (1293-1350), der zudem noch den aus Schottland nach Frankreich geflohenen König David II unterstützt. 1337 besetzen französische Truppen sein Lehen Aquitanien und die Grafschaft Ponthieu. Im gleichen Jahr erklärt er Philipp v. Frankreich den Krieg; damit beginnt der Hundertjährige Krieg. Er schließt ein Bündnis mit Kaiser Ludwig dem Bayern und ist 1338 Ludwigs Gast während dessen Hoftags in Koblenz.

Er heiratet in der Kathedrale zu York am 24.01.1328 erst 15jährig die gerade mal 13jährige Philippa v. Hennegau (1311-1369), Tochter von Wilhelm III. v. Holland (1286-1337) und Johanna v. Valois (~1294-1352). Aus dieser Verbindung gehen zwölf Kinder u. a. Edward (*1330), Isabella (*1332), Joan (*1335), William (*1335) Lionel (*1338) und John (*1340) hervor.

Er verstirbt am 21.06.1377 in Sheen Palace mit 64 Jahren an einem Schlaganfall und wird in der Westminster Abbey in London bestattet. Da sein ältester Sohn Edward, genannt der „Schwarze Prinz", schon vor ihm verstirbt, tritt sein Enkel Richard (1367-1400) seine Nachfolge an.

Generation XXI

John of Gaunt (1340-1399), auch Johann von Gent, wird als dritter Sohn am 6. März 1340 in Gent geboren; sein Namenszusatz Gaunt/Gent leitet sich von seinem Geburtsort Gent in der Grafschaft Flandern ab. Er ist von 1362 bis zu seinem Tode Duke of Lancester, somit Herzog von Lancester. Seine weiteren Titel lauten: Ritter des Hosenbandordens, Lord High Steward of England, Herzog v. Aquitanien bzw. Herzog v. Guyenne, Earl of Derby, Earl of Lincoln, Earl of Richmond, Earl of Leicester, Lord of Bergerac & Roche-sur-Yon, Lord of Beaufort & Nogent und König v. Kastilien. Er verstirbt am 3. Februar 1399 in Leicester Castle.

In erster Ehe heiratet er 1359 Blanche of Lancester (1341-1368), in zweiter Ehe 1371 Konstanze v. Kastilien (1354-1394) und in dritter Ehe 1397 seine langjährige Mätresse Catherine Rouet (~1350-1403).

Catherine Rouet ist die Tochter von Payne Rouet, welcher als Ritter im Gefolge von Königin Philippa nach dem Tod seiner Ehefrau nach England gezogen ist. Hier heiratet sie Hugh Swynford, Lord of Kettlethorpe, und bekommt vier Kinder. Ihre Schwester Philippa ist bereits Hofdame bei Philippa v. Hennegau, Ehefrau von König Eduard v. England (1312-1377) und sie folgt ihrer Schwester 1365 als Hofdame von Blanche v. Lancester, der ersten Ehefrau von John of Gaunt (1340-1399), an den Hof. Als ihr Ehemann Hugh Swynford in einer Schlacht bei Bordeaux verstirbt und auch Blanche v. Lancester verstirbt, wird Catherine Rouet die Mätresse von John of Gaunt. Aus politischem Erwägungen heiratet er aber Konstanze v. Kastilien (1354-1394) und Catherine Rouet verw. Swynford bleibt weiterhin seine Geliebte und gebährt vier Kinder: John (*1373); Henry (*1375); Thomas (*1377) und Joan (*1379). Nach dem Tod von Konstanze v. Kastilien heiraten sie 1396 mit der Einwilligung des Papstes. Die bis dahin unehelichen Kinder werden 1397 von König Richard II, Neffe von John of Gaunt, für ehelich erklärt; haben jedoch keinerlei Rechte auf den englischen Thron. Nach dem Tod ihres Ehemannes im Jahre 1399 lebt sie zurückgezogen in ihrem Hause bei Pottergate in Lincoln und verstirbt dort 1403. Sie wird in der Lincoln Cathedral beerdigt.

Generation XX

John Beaufort (1373-1410) wird 1373 in Beaufort, Anjou geboren und ist zunächst ein illegitimes Kind von John of Gaunt (1340-1399) und seiner Mätresse Mätresse Catherine Rouet verh. Swynford (~1350-1403). Sein Name leitet sich von der Burg Beaufort in der Champagne (heute Montmorency-Beaufort) ab, die einst den Dukes of Lancaster gehörte.

Im Jahr 1390 nimmt er an dem Kreuzzug gegen Mahdia des Herzogs Ludwig II. v. Bourbon teil. Nach seiner Rückkehr wird er mit verschiedenen Ämtern betraut, wie der Statthalterschaft in der Guyenne oder dem Kommando über die Cinque Ports und Calais. 1397 wird er durch seinen Cousin König Richard II. v. England für ehelich erklärt und erhielt dazu die Titel und die damit verbundene Ländereien eines Earl of Somerset, Marquess of Dorset und Marquess of Somerset, weiterhin wird er zu einem Ritter des Hosenbandordens ernannt. Nach der Krönung König Heinrichs IV. werden ihm aber 1399 seine beiden Marquesstitel aberkannt. Er verstibt am 16. März 1410 und wird in der Kathedrale von Canterbury bestattet.

Er heiratet 1397 Margaret Holland, eine Tochter von Thomas Holland, 2. Earl of Kent und bekommt mit ihr sechs Kinder: Henry (*1401), John (*1404), Thomas (*1405), Joan (*1406), Edmund (*1406) und Margaret (1409). Nach seinem Tod heiratet seine Ehefrau 1411 Thomas of Lancaster (1388-1421), Duke of Clarence. Letzerer ist auch ein Bruder des späteren Königs Heinrich V. v. England.

Generation XIX

Joan Beaufort (1406-1445) wird 1406 geboren und verstirbt 1445 auf Dunbar Castle. Sie wird im im Kartäuserkloster in Perth begraben.

Sie verliebt sich in Jakob v. Schottland (1394-1437), der auf Schloss Windsor am Hofe des englischen Königs Heinrich IV. für mehr als 18 Jahre festgehalten wird. Nachdem dieser 1423 gegen ein Lösegeld von 40.000 Pfund freigelassen wird und nach Schottland zurückkeht, heiraten die beiden am 14. Februar 1424 in Southwark. Kurz darauf

XVI
Abstammung von König Edward III. v. England

wird Jakob I. zum schottischen König gekrönt und somit wird sie Königin v. Schottland. Mit ihm bekommt sie im Zeitraum 1424-1437 acht Kinder. Am 21. Februar 1437 wird ihr Ehemann Jakob durch schottischen Adlige unter Walter Stewart und Sir Robert Graham im Dominikanerkloster von Perth ermordet, er hatte noch versucht durch die Kanalisation des Klosters zu entkommen. Sie versucht, ihrem Mann bei der Ermordung beizustehen und wird selbst schwer verletzt.

In zweiter Ehe heiratet sie 1439 gegen ihren Willen James Stewart (˜1395-˜1448), genannt der „Schwarze Ritter von Lorn" und bekommt mit ihm drei Kinder: John (*1438), James und Andrew (*1443). Ihr Ehemann James wird während einer Schiffsreise nach England von flämischen Seeräubern getötet.

Ihr ältester Bruder ist John Beaufort (1404-1444). Dieser kommt nach dem Tod seines Vaters 1410 zunächst als Page an den Hof seines Großcousins König Heinrich V. v. England und wird später Knappe des Königs. Seine militärische Karriere beginnt 1419 in Frankreich. 1421 begleitet er seinen Stiefvater Thomas of Lancaster (1388-1421), Duke of Clarence zur Schlacht in Anjou; letzterer fällt in der Schlacht von Baugé und er selbst gerät in Gefangenschaft. Seine Gefangenschaft dauert 17 Jahre, da sich das Parlament weigert ihn gegen den Grafen v. Eu auszutauschen, der in englischer Kriegsgefangenschaft ist. Sein Onkel, Kardinal Henry Beaufort, und sein Bruder Edmund bemühen sich jahrelang um einen Austausch, was ihnen 1438 gelingt. Die Zeit als adliger Gefangener nutzt er zum Studieren von Büchern. Nach seiner Freilassung kommt er an den Hof des englischen Königs Heinrich VI., wo er dank seiner Bildung schnell zum Berater aufsteigt. 1443 wird er zum Duke of Somerset, zum Oberbefehlshaber der englischen Streitkräfte in Frankreich und zum Mitglied des Hosenbandordens erhoben. Allerdings scheitert sein Feldzug, daraufhin nimmt sein Kontrahent Richard Plantagenet, 3. Duke of York seine Stelle als Kommandant und Ratgeber des Königs ein. Nach einem Streit mit dem Hause York wird er schließlich vom Hof verbannt. Er verstirbt am 27. Mai 1444 möglicherweise durch Suizid und wird neben seiner Gattin im Minster of St. Cuthburga in Wimborne Minster beigesetzt.

Generation XVIII

John Stewart (1438-1512) wird in Balveny in Schottland geboren. Er wird zum Ritter geschlagen und erwirbt Balvenie Castle. Um 1457 verleiht ihm sein Halbbruder König Jakob II. v. Schottland den erblichen Adelstitel Earl of Atholl. Seit 1484 ist er schottischer Botschafter in England. Er verstirbt am 15. September 1512 in Laighwood, Perthshire in Schottland.

In erster Ehe heiratet er um 1460 Margaret Douglas. Sie ist die Tochter von Archibald Douglas, dem 5. Earl of Douglas. Mit ihr bekommt er die Töchter Janet/Jean, Elizabeth and Christian.

In zweiter Ehe heiratet er Eleanor Sinclair. Sie ist die Tochter von William Sinclair, 3. Earl of Orkney. Mit ihr bekommt er die Kinder John, Elizabeth (*~1495), Marjory, Janet, Andrew, Elspeth und Isabel.

Generation XVII

Lady Elizabeth Stewart (1495-1564), aus zweiter Ehe ihres Vaters, heiratet John Stewart (~1490-1526), den 3. Earl of Lennox. Er ist der Sohn von Matthew Stewart, Earl of Lennox und Elizabeth Hamilton. Er folgt seinem Vater als 3. Earl of Lennox 1513 nach. Er führt eine Armee nach Linlithgow um den jungen König Jakob V. v. Schottland aus dem Einfluss der proenglischen Familie Douglas zu befreien, wird aber durch den Earl of Arran besiegt, gefangengesetzt und durch James Hamilton of Finnart, dem Bastard von Arran, kaltblütig ermordet.

Mit ihm hat sie die vier Kinder Elizabeth (*~1510), Mattew (*1516), Robert (*1517) und John (*1519).

Generation XVI

Lady Elizabeth Stewart (1510-1564) wird um 1510 in Ayrshire in Schottland geboren und verstirbt 1564 in Schottland.

Sie heiratet John Gordon (1525-1567). Er wird 1525 auf Dunrobin Castle in Schottland geboren und später zum 11. Earl of Sutherland ernannt. Dieser Titel wurde erstmalig um 1230 für William de Moravia, genannt William Sutherland, geschaffen und ist auch in weiblicher Linie vererbbar. Familiensitz ist Dunrobin Castle bei Golspie im schottischen County Sutherland. John Gordon (1525-1567) verstirbt nach Vergiftung am 23. Juni 1567 auf Dunrobin Castle in Schottland.

Sie bekommen die Kinder John (*~1549), Alexander (*1552), Margaret (*1554), Jean Janet (*~1556) und Eleanor (*~1558).

Generation XV

Alexander Gordon (1552-1594) wird 1552 auf Darnaway Castle in Schottland geboren und verstirbt am 6. Dezember 1594 auf Dunrobin Castle in Schottland. Er ist der 12. Earl of Sutherland.

Er heiratet er Jean Jane Gordon (1546-1629). Sie ist die Tochter von George Gordon (1514-1562) und Elizabeth Keith und verstirbt am 14. März 1629 auf Dunrobin Castle in Schottland und wird in der Dornoch Cathedral beigesetzt. Mit ihr hat er die Kinder Jane (*1574), John (*1576), Robert (*1580) und Alexander (*1585).

Sein Schwiegervater ist George Gordon (1514-1562), Marquess of Huntly und 4. Earl of Huntly wie auch später Duke of Gordon. Stammsitz der Familie Gordon ist Gordon Castle. George Gordon (1514-1562) führt bereits die am 17. April 1599 geschaffenen Titel Marquess of Huntly, Earl of Enzie und Lord Gordon of Badenoch, sowie den 1445 geschaffenen Titel Earl of Huntly. Alle diese Titel gehören bzw. gehörten zur Peerage of Scotland. Zudem wird der Titel Duke of Gordon erstmals am 3. November 1684 an ihn verliehen. Die Verleihung erfolgt zusammen mit den nachgeordneten Titeln Earl of Huntly and Enzie, Viscount of Inverness und Lord Badenoch, Lochaber, Strathavon, Balmore, Auchindoun, Garthie and Kincardine.

Generation XIV

Lady Jane Gordon (1574-1615) wird auf Dunrobin Castle in Schottland geboren und verstirbt am 20. Februar 1615 in Strathnaver in Schottland.

Sie heiratet nach 1573 Hugh MacKay (1550-1614). Er wird 1550 in Strathnaver in Schottland als Sohn von Iye MacKay of Strathnaver (1500-1572) und Christian MacKay geboren. In erster Ehe ist er mit Lady Elizabeth Sinclair (1535-1573) verheiratet.

Mit ihm bekommt sie die Kinder Donald (*1590), John (*1592) und Mary (*~1605).

Generation XIII

Donald MacKay[#6.470] (1591-1649) wird im Februar 1590 geboren und verstirbt 1649 in Koppenhagen in Dänemark. Am 20. Juni 1628 wird er zum 1. Lord Reay ernannt.

In erster Ehe heiratet er 1610 Barbara MacKenzie, Tochter von Kenneth MacKenzie, 1. Lord Kintail und Chef des MacKenzie Clans. Mit ihr hat er sechs Kinder.

In zweiter Ehe heiratet er 1631 Elizabeth Thomson[#6.471] (???-1637), Tochter von Robert Thomson und bekommt mit dieser die Tochter Anna[#3.235] (*<1637).

In dritter Ehe heiratet er eine Tochter von Francis Sinclair of Stirkoke und bekommt mit dieser fünf Kinder.

Generation XII

Anna MacKay[#3.235] (<1637-???), aus zweiter Ehe des Vaaters, heiratet Hugh Munro[#3.234] (<1608-1698), Sohn von Alexander (Sandy) Munro[#6.468] (1576-1653) und Janet Cumming[#6.469] (1584-???).

Mit ihm bekommt sie die Tochter Isabella[#1.617] (*~1620).

Generation XI

Isabella Munro[#1.617] wird um 1620 in Aberach in Schottland geboren und heiratet Robert MacKay[#1.616] (~1620-???).

Robert MacKay[#1.616] (~1620-???) wird um 1620 in Lettermore, Tongue, in Schottland als Sohn von Murdo MacKay[#3.232] (1576-???) und Christina MacKay[#3.233] geboren. Er wird 1649 gefangengenommen in Balveny zusammen mit dem John MacKay (1612-1681), 2. Lord Reay.

Sie bekommt mit ihm die Kinder Murdo, Alexander[#808] (*~1650), John, William, Janet und Christina.

Generation X

Alexander MacKay[#808] (~1650-???) wird um 1650 in Aberach in Schottland geboren und heiratet Margaret Fearn[#809] (~1655-???), Tochter von Andrew Fearn (of Pitcallion)[#1.618] Christian Ross[#1.619].

Sie bekommen die Kinder Angus, Robert[#404] (*~1685), William und Barbara.

Generation IX

Robert MacKay[#404] (~1685-???) wird um 1685 in Halmadary in Schottland geboren. Er ist Pächter von Halmadary.

Er hat die Kinder Angus[#202] (*~1712), Robert, William, George und Murdo

Generation VIII

Angus MacKay[#202] (~1712-~1789) wird um 1712 in Aberach in Schottland geboren und verstirbt um 1789 in Kinlochbeg in Schottland.

Neben anderen Kindern hat er die Tochter Mary[#101] (*~1753 Kinlochberg, Schottland).

Generation VII

Mary MacKay[#101] (~1753-???) wird um 1753 in Kinlochberg, Schottland geboren.

Sie heiratet Angus MacLeod[#100] (~1757-???) und bekommt mit diesem den Sohn Donald[#50] (*1785).

Generation VI

Donald MacLeod[#50] (1785-???) wird 1785 auf der Isle of Lewis in Schottland geboren.

Er heiratet am 16. August 1805 auf der Isle of Lewis, Schottland Margaret Cameron[#51] (1785-???) und bekommt mit ihr die Tochter Catherine[#25] (*1809).

Generation V

Catherine MacLeod[#25] (1809-???) wird 1809 auf der Isle of Lewis in Schottland geboren.

Sie heiratet am 19. November 1828 auf der Isle of Lewis, Schottland William MacLeod[#24] (1806-1869) und bekommt mit ihm den Sohn Alexander[#12] (*1830).

Generation IV

Alexander MacLeod[#12] (1830-1900) wird am 10. Mai 1830 auf der Isle of Lewis in Schottland geboren.

Er heiratet am 3. Dezember 1853 auf der Isle of Lewis, Schottland Ann MacLeod[#13] (1833-1885) und bekommt mit ihr den Sohn Malcom[#6] (*1866).

Generation III

Malcom MacLeod[#6] (1866-1954) wird am 27. Dezember 1866 auf der Isle of Lewis in Schottland geboren.

Er heiratet am 23. April1891 auf der Isle of Lewis, Schottland Mary Smith[#7] (1867-1963), Tochter von Donald Smith[#14] (1835-1868) und Mary MacAuley[#15] (1826-???), und bekommt mit ihr die Tochter Mary Anne[#3].

Generation II

Mary Ann MacLeod[#3] heiratet in New York, USA Frederick Christ (Fred) Trump[#2], Sohn von Friedrich (Fred) Trump[#4] (1869-1918) und Elisabeth Christ[#5] (1880-1966).

Sie bekommen den Sohn <u>Donald</u> John[#1] (*1946 New York, USA).

Generation I

<u>Donald</u> John Trump[#1] (*1946 New York, USA)

XVII
Ahnengemeinschaft mit Henry John Heinz (1844-1919)

Übersicht

Es besteht eine Ahnengemeinschaft zwischen Donald Trump (*1946) und Henry John Heinz (1844-1919), dem Gründer des weltbekannten Unternehmens Heinz Ketchup.

Johann Paul Drumpf[#32] (1727-1792) und Maria Elisabetha Setzer[#33] (1728-1797) sind die Urururgroßeltern von Donald Trump (*1946) und die Urgroßeltern von Henry John Heinz (1844-1919).

Nachfolgend eine Übersicht über die Ahnengemeinschaft von Donald Trump (*1946) mit Henry John Heinz (1844-1919).

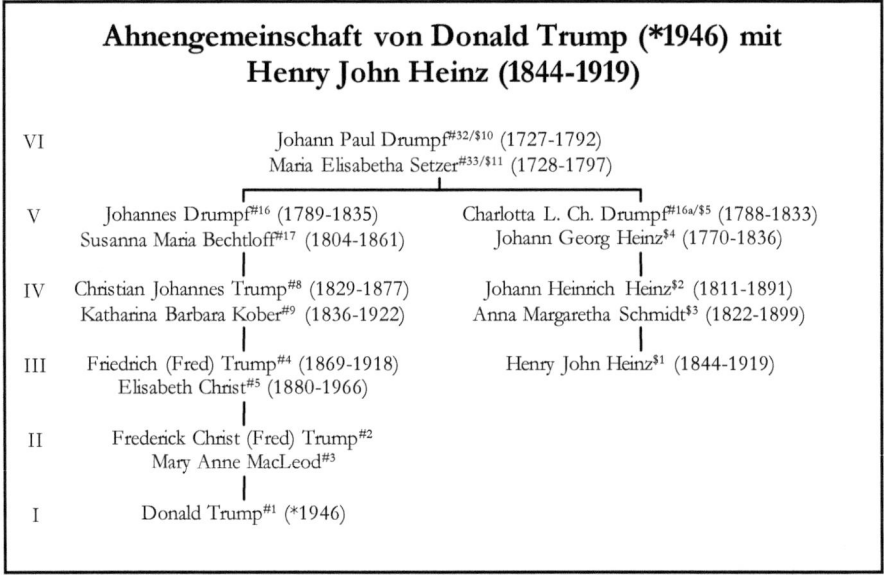

Das Leben von Henry John Heinz (1844-1919)

Henry John Heinz (1844-1919) wird 1844 als Sohn von Johann Heinrich Heinz (1811-1891) und Anna Margaretha Schmidt (1822-1899) geboren.

Sein Vater Johann Heinrich Heinz (1811-1891) ist 1811 in Kallstadt bei Dürkheim, damalig in Bayern gelegen, geboren. Er wandert von Kallstadt in die USA aus und läßt sich in der Kleinstadt (Borough) Birmingham im Süden der Stadt Pittsburgh nieder und betreibt dort eine Ziegelei.

Seine Mutter Anna Margaretha Schmidt (1822-1899), Tochter von Jakob Schmidt, wird 1822 in Kruspis geboren. Damalig gehörte Kruspis im „Deutschen Bund" zum Kurfürstentum Hessen mit der Landeshauptstadt Kassel. Seit 1972 gehört sie zur Gemeinde Haunetal. Sie wächst auf einem Bauernhof auf und bedingt durch Armut fasst sie den Entschluss nach Amerika auszuwandern. 1843 verabschiedet sie sich von ihrer Familie und ihr Vater bringt sie mit dem Pferdewagen von Kruspis in 80 km entfernte Kassel, von wo sie per Flussschiff an die deutsche Küste reist. Von dort aus mit dem Schiff über den Atlantik. Sie läßt sich im US- Bundesstaat Pennsylvania in der Kleinstadt (Borough) Birmingham im Süden der Stadt Pittsburgh nieder.

Seine Eltern heiraten 1843. Henry John wird ihr erstes Kind, geboren am 11. Oktober 1844 in Pittsburgh. Sie nennen ihn stehts "Harry".

Als Kind verkauft er Gemüse aus dem Kleingarten der Eltern. Mit zwölf Jahren hat er einen Garten, einen Pferdewagen und eine Kundenkartei. Seine besondere Spezialität: Meerrettich nach Mutters Art, fertig gewürzt und eingemacht in Gläsern - so dass man sieht, was man kauft. Anders als die Konkurrenz, die ihren Meerrettich in Dosen packt, um zu verstecken, dass er mit Rüben und Holzfasern gestreckt ist. Neben seiner Ausbildung am Duff's Mercantile College in Pittsburgh, hilft er seinem Vater in der Ziegelei und seiner Mutter in der Bewirtschaftung des grossen Gemüsegartens. Als er 25 Jahre alt ist, heiratet er am 23.09.1869 Sarah Sloan Young, deren wohlhabende Eltern aus County Down in Irland eingewandert sind.

XVII
Ahnengemeinschaft mit Henry John Heinz (1844-1919)

1869 gründet er mit seinem Freund L. Clarence Noble die Firma Noble & Heinz in Sharpsburg. Als erstes Produkt stellt seine Mutter für die Firma eine „Spicy Horseradish Sauce in clear bottles" her und legt so den Grundstein für die spätere rasante Entwicklung der „Heinz"-Unternehmungen zu einem Weltkonzern.

1876 gründet er mit seinem Bruder John und seinem Cousin Frederick die Firma F.&.J. Heinz Company, an der auch seine Frau Sarah beteiligt wird. Er ist Geschäftsführer. Im selben Jahr stellt er seinen Kunden ein neues Produkt vor, das später weltbekannt wird: Heinz Tomato Ketchup.

Henry John Heinz ist im Alter mehrmals in Kallstadt und verbringt Kuraufenthalte in Bad Kissingen, zuletzt 69-jährig 1914, als er vom Ersten Weltkrieg überrascht wird und das Hotel nicht verlassen darf. Dennoch gelingt es ihm zu fliehen und über Holland in die USA zurückzukehren. Dies ist sein letzter Besuch in Deutschland.

Am 14. Mai 1919 verstirbt er in seinem Haus in Pittsburgh an einer Lungenentzündung. Er hinterläßt ein „Heinz"-Imperium mit 25 Fabriken und mehreren Tausend Mitarbeitern. Er verfügt in seinem Testament, dass seiner Mutter, ein „building" (Gebäude) errichtet wird. Seine Kinder Howard, Clifford und Irene lassen deshalb eine Kathedrale für ihre deutschstämmige Grossmutter auf dem riesigen Campus der University of Pittsburg errichten: „The Heinz Memorial Chapel". 1938, nach fünfjähriger Bauzeit, wird diese im neu-gotischen Stil gehaltene Kathedrale fertiggestellt.

Das Unternehmen wird vom Sohn Howard Heinz bis 1941 und später von seinem Enkel Henry John Heinz bis 1987 weitergeführt und ausgebaut.

Die Vorfahren von Henry John Heinz (1844-1919)

Henry John Heinz (1844-1919) wird 1844 als Sohn von Johann Heinrich Heinz (1811-1891) und Anna Margaretha Schmidt (1822-1899) geboren. Seine weiteren Vorfahren sind nachfolgend übersichtlich dargestellt.

XVII
Ahnengemeinschaft mit Henry John Heinz (1844-1919)

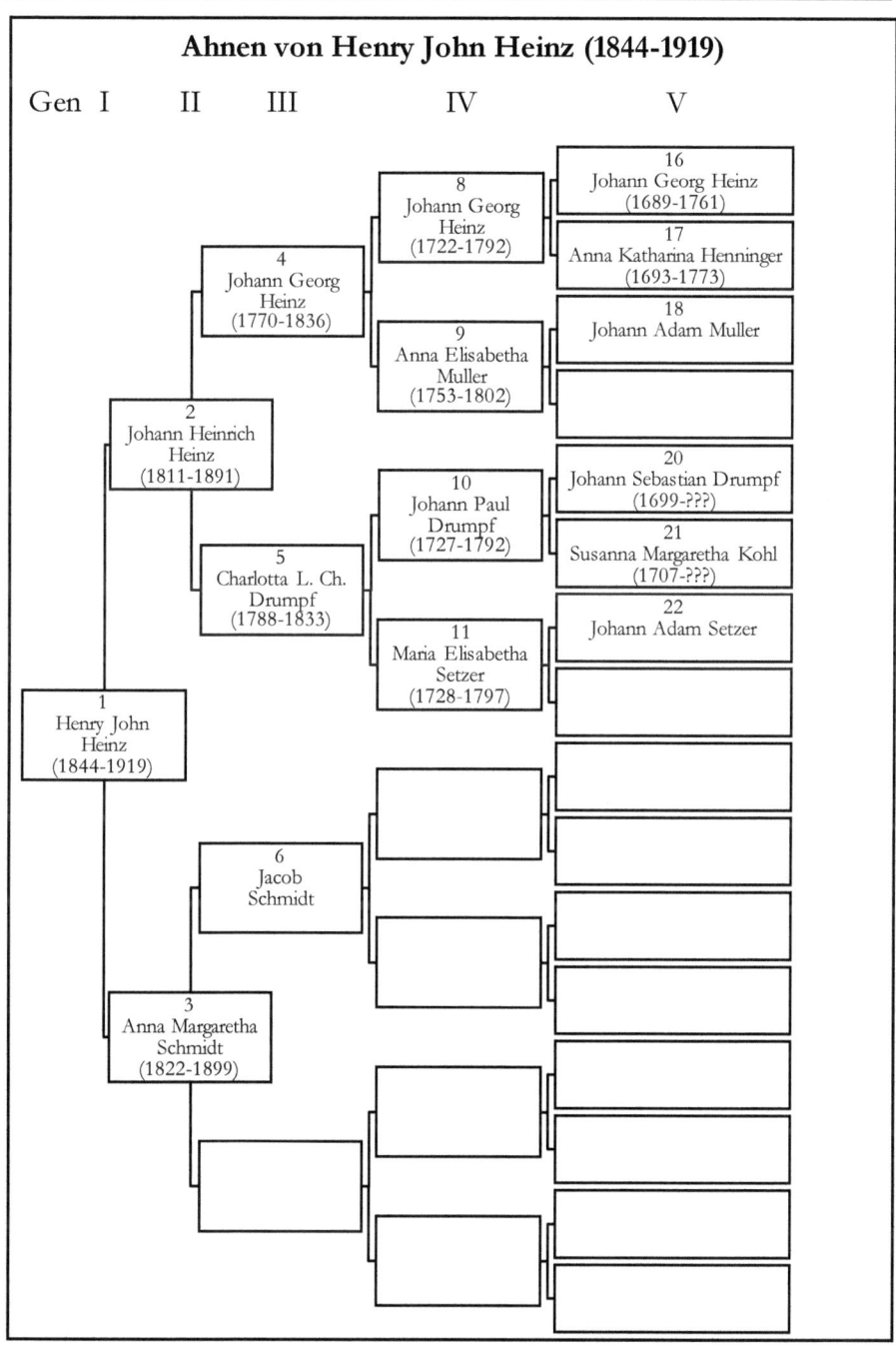